即将到来的地缘战争

THE REVENGE OF GEOGRAPHY

[美] 罗伯特·D. 卡普兰 著
Robert D.Kaplan
涵朴 译

无法回避的大国冲突及对地理宿命的抗争

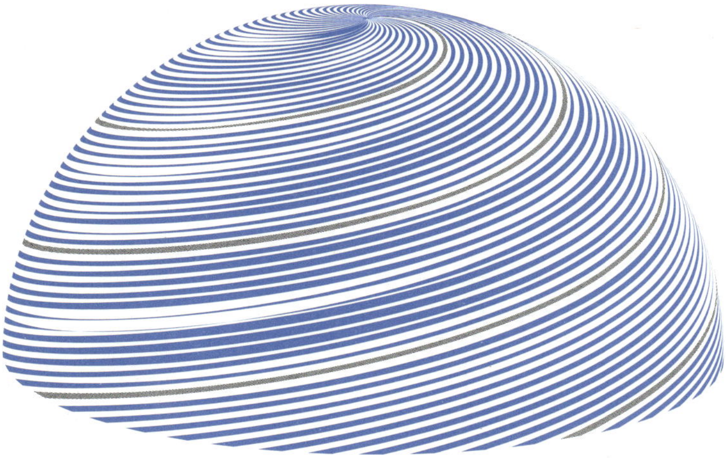

SPM
南方出版传媒
广东人民出版社
·广州·

图书在版编目（CIP）数据

即将到来的地缘战争 /（美）罗伯特 · D. 卡普兰（Robert D. Kaplan）著；涵朴译 . —广州：广东人民出版社，2013.6（2022.1 重印）

ISBN 978-7-218-08641-5

Ⅰ . ①即… Ⅱ . ①罗… ②涵… Ⅲ . ①地缘政治学－研究 Ⅳ . ① D5

中国版本图书馆 CIP 数据核字 (2013) 第 072582 号

Jijiang Daolai de Diyuan Zhanzheng
即将到来的地缘战争
[美] 罗伯特 · D. 卡普兰 著　涵　朴 译

出 版 人：肖风华

策　　划：中资海派
执行策划：黄　河　桂　林
责任编辑：肖风华　古海阳　张　静
特约编辑：梁桂芳　杜天宜　董莹雪
版式设计：王　雪
封面设计：安宁书装

出版发行：广东人民出版社
地　　址：广州市海珠区新港西路 204 号 2 号楼（邮政编码：510300）
电　　话：(020) 85716809（总编室）
传　　真：(020) 85716872
网　　址：http：//www.gdpph.com
印　　刷：深圳市雅佳图印刷有限公司
开　　本：787mm × 1092mm　1/16
印　　张：24　　**字　　数**：288 千
版　　次：2013 年 6 月第 1 版
印　　次：2022 年 1 月第 7 次印刷
定　　价：89.80 元

如发现印装质量问题，影响阅读，请与出版社（020-85716849）联系调换。

致中国读者信

To my Chinese readers,

It is a pleasure to introduce *THE REVENGE OF GEOGRAPHY.* This book has special relevance to China. For China is faced with both geographical opportunities and geographical dilemmas. Because of China's demographic and relative economic strength, it is able to influence adjacent areas like the Russian Far East, Outer Mongolia, and especially former-Soviet Central Asia, where it is building energy pipelines and other infrastructure. On the other hand, China is faced with developmental challenges within its own borders. Geography will thus go a long way to explain the future challenges of the Middle Kingdom.

Sincerely,
Robert D. Kaplan

亲爱的中国读者：

我荣幸地向您介绍《即将到来的地缘战争》，这本书与中国有着特殊的渊源。当今中国面临地理机遇与挑战并存的局面，中国的人口规模和相对经济实力使其对相邻地区国家有巨大的影响力，如远东地区的俄罗斯、蒙古，特别是苏联时期的中亚国家，这些国家正在建设与中国相连的输油管道和基础设施。另一方面，中国也正面临着内部发展的挑战。要预测这个“中央帝国”未来的发展方向，需要我们更加深入地从地理方面去研究。

致以深深的敬意，
罗伯特·D. 卡普兰

作者介绍

罗伯特·D. 卡普兰

- 《外交政策》评选其为“100位全球顶级思想者”之一
- 《大西洋月刊》资深国际事务记者
- 全球首屈一指的战略预测公司 STRATFOR 首席地缘政治分析师
- 美国海军学院特聘教授
- 华盛顿新美国安全中心高级研究员
- 美国防务政策委员会成员
- 曾担任美国陆军特种兵团、美国空军和美国海军顾问
- 地缘政治家、知名畅销书作家

卡普兰共写过14部外交事务及旅游类畅销书。在20世纪80年代，他是第一个对巴尔干地区即将发生的剧变发出警告的美国作家，《纽约时报》专栏作家托马斯·弗里德曼称他为“后冷战时代至关重要、值得受到广泛关注的四位作家之一”。他的主要作品包括：

《阿拉伯专家》（*The Arabists*）：《纽约时报》年度最值得阅

读的图书，《华尔街日报》关于美国与中东地区历史关系的五本必读书目之一

《巴尔干两千年》（*Balkan Ghosts*）：《纽约时报书评》年度最佳图书

《地球边缘》（*The Ends of the Earth*）：《纽约时报》年度最值得阅读的图书

《帝国的荒野》（*An Empire Wilderness*）：《纽约时报》年度最值得阅读的图书，《华盛顿邮报》《洛杉矶时报》年度最佳图书

《东进鞑靼大地》（*Eastward to Tartary*）：《纽约时报》年度最值得阅读的图书

《战之华》（*Warrior Politics*）：《纽约时报》年度最值得阅读的图书

卡普兰的文章也有巨大的影响力。据《美国新闻与世界报道》称，“美国总统克林顿对卡普兰的文章印象深刻，并特意为此组织了跨部门研究，该研究对卡普兰的结论深表同意”。前总统乔治·W. 布什也是他的读者，认为卡普兰对世界局势的诸多观点与他本人的世界观颇为吻合。除了在《大西洋月刊》任主笔外，卡普兰的文章也常见于《纽约时报》《华盛顿邮报》《金融时报》《华尔街日报》《洛杉矶时报》等，《外交事务》等主要外交类杂志也有刊登。

此外，卡普兰还经常在美国军事战争学院、联邦调查局、国家安全局、五角大楼联合参谋部、国防情报局、中央情报局、各主要院校及全球财经论坛上发表演讲，并在美国国务院开放论坛上作为秘书发言。100 多个国家的媒体报导过关于他的新闻。

罗伯特·D. 卡普兰于 1952 年 6 月 23 日生于纽约，1973 年毕业于康

涅狄格大学。1975 年起，他游历阿拉伯和地中海世界，自此开始了长达 16 年的海外生涯。他曾在以色列国防部队服役一年，并在希腊和葡萄牙生活 9 年之久。直至现在，他已游历了近 70 个国家。

欲知更多信息，请访问其主页 www.robertdkaplan.com

编辑推荐

地缘政治是人类永恒的话题。作为政治地理学中的一种理论，地缘政治学把地理因素视为影响甚至决定国家政治行为的基本因素之一，并从国家利益出发，将具体国家的安全纳入全球背景之中，从地理的角度考察国家间的政治关系。

在《即将到来的地缘战争》中，罗伯特·D. 卡普兰作为著名的地理学者和地缘政治研究者，全面而系统地回顾了世界历史上的重大转折点，并通过各地气候、地势和所处地理位置预测未来全球事件的演化，特别是欧亚大陆的下一次冲突周期。

作者在书中特别讲到了中国的地缘政治，并对中国面临的地缘政治挑战进行了深入分析。中国历史上与周边国家关系复杂，加上当今崛起过程中在能源、资源等方面的巨大需求，使得中国如今的地缘政治格局正面临前所未有的挑战。从南海到东海，从东亚到中亚再到东南亚，从欧洲到非洲，中国将如何在其地缘政治布局中找到切入点并实现百年复兴，世人正拭目以待。对于中国读者而言，本书是我们认识自身问题的一面镜子，对地缘政治及国际关系研究人员，对关心地缘政治、国际关系和时事热点的大众读者，本书都具有重要的参考价值。

当然，由于作者卡普兰的身份、立场和角度的限制，本书中的某些观点和论述不可避免地会以美国的利益为出发点，在谈及中国的政治经济发展道路和未来军事战略时有失偏颇。对于在全球各领域扮演着关键角色的中国来说，未来充满机遇和挑战，而改革和完善也将是恒久不变的主题。相信在不久的将来，“中国模式”会得到更多认同，并在世界政治经济领域内发挥更多积极而重要的作用。

2013 年 5 月

专家推荐 I

何　帆
中国社会科学院世界经济与政治研究所副所长

罗伯特·D. 卡普兰早年是一位浪迹天涯的记者，他的足迹遍及中亚、中东、北非、南亚等地，总之是哪里不太平他就往哪里跑。2006 – 2008 年他在美国海军学院执教，2008 年之后在华盛顿的新美国安全中心做研究，2009 – 2011 年曾是美国国防部部长罗伯特·盖茨旗下国防政策委员会成员。2012 年，他加盟著名的地缘政治智库 STRATFOR，其创始人是乔治·弗里德曼。中资海派已经翻译出版了乔治·弗里德曼的两本畅销书，一本是《弗里德曼说，下一个一百年地缘大冲突》，另一本是《欧洲新燃点》。再加上罗伯特·D. 卡普兰的这本《即将到来的地缘战争》，可称得上是“地缘政治三部曲”。

在阅读这本书之前，我想先提醒你，你将要读的是一本非主流的著作。国际政治学的主流学者始终不认为地缘政治是一门严肃的学科。国际政治学的大师级人物摩根索也曾说过，地缘政治是一门“伪科学（pseudoscience），它把地理因素提高到绝对地位，认为地理决定国家的权力，因而也决定着国家的命运”。

卡普兰在这本书中讲到，国际政治学者们之所以如此厌恶地缘政治，背后其实有一段历史的公案：地缘政治曾被纳粹利用，成为其对外侵略的理论依据。1901 年，德国地理学家弗里德里希·拉采尔（Friedrich Ratzel）发表了一篇文章讲“生存空间”（Lebensraum）。他声称一个国家是有生命的，国家不断成长，国界线也要向外扩张。拉采尔的学生鲁道夫·契伦（Rudolf Kjellen）第一次提出了 Geopolitik 的概念。你可以清晰地看出德语 Geopolitik 和英语 Geopolitics 的相似之处，难怪二战之后的国际政治学家一提起地缘政治就格外反感。

对希特勒影响最大的是地理学家卡尔·豪斯霍弗尔（Karl Haushofer）。豪斯霍弗尔 1869 年出生于慕尼黑，他早年参军，曾到日本做过军事教官，“一战”期间曾任德军旅长，战后他在慕尼黑大学讲授地理学和军事科学。他的一个学生叫鲁道夫·赫斯，此人后来成了希特勒的亲信。正是通过赫斯，豪斯霍弗尔认识了希特勒。当时希特勒因“啤酒馆暴动”失败被捕入狱，正在写作《我的奋斗》。豪斯霍弗尔向希特勒讲授了“生存空间”等理论，没有受过什么教育的希特勒恍然大悟。《我的奋斗》第 14 章专门讲纳粹的外交政策，明显受到了豪斯霍弗尔的影响。但豪斯霍弗尔和希特勒的关系究竟有多么紧密，已经成为历史之谜。豪斯霍弗尔很快就在元首那里失宠了。1944 年，豪斯霍弗尔夫妇被关进了集中营。同一年，他的儿子因参与暗杀希特勒的计划被处死（汤姆·克鲁斯主演的《刺杀希特勒》就是根据这一历史事件改编的）。德国战败之后，盟军软禁了豪斯霍弗尔，并考虑是否要把他送到纽伦堡审判。1946 年，豪斯霍弗尔和妻子一起自杀。

地缘政治学遭到冷遇和歧视的另外一个原因是，它经常被视为历史决定论的变种。尤其是在二战之后，决定论成了意识形态对垒的一个重要战场。意大利和德国出现了法西斯主义，苏联出现了专制政权，来势汹汹的极权主义几乎要将西方脆弱的传统自由主义价值碾成齑粉。在信奉自由主义的学者看来，历史决定论就是极权主义的宣言书。出于误读和曲解，他们将马克思的唯物历史观也视为历史决定论。波普的《历史决定论的贫困》几乎以不容置疑的口吻谈到，历史主义就是乌托邦主义，会异化为极权主义。在《历史的不可避免性》一文中，著名学者伯林严厉批判历史决定论。他不承认历史是被任何人为因素以外的力量决定的。这是因为，如果有人力不可控制的外力，人的行为就无法被表扬或批评，无善恶之分，沿着这一逻辑推演下去，历史决定论包藏着危险的道德和政治祸心。

不管历史决定论是否真的像波普或伯林说的那样可怕，但可以肯定的是，大部分地缘政治学者是支持自由政治传统的。提出“陆权说”的麦金德支持威尔逊总统的理想主义政治主张，提出“海权说”的马汉也相信民主政体，他认为与陆军相比，海军的政治立场会更民主。

地缘政治学家想要得到一点点同行的承认都很难，但同样的观点，从其他学科的学者口中说出来，却得到了大家的景仰和崇拜。历史学家中尤其不乏这样的学者。卡普兰非常推崇的年鉴学派代表人物布罗代尔就是其中之一，布罗代尔 1949 年出版的《菲利普二世时代的地中海与地中海世界》完全可以称得上是一本地缘政治的代表作。顺便说一句，更令人钦佩的是，这本书是布罗代尔在二战期间在德国当战俘的时候写的。布罗代尔提出了“时间波长变化”的概念。最长的“长时段”主要是指那些不为人所察觉的地理、气候等自然条件的变化，“中时段”是指在一个世纪之内出现的人口、经济、社会、政治的变化，这往往是“集体力量”的结果。最短的周期是“历史小事件”，就是我们在媒体上天天看到的新闻事件。布罗代尔最为重视的是“长时段”和“中时段”因素。这些因素对我们的影响最大，但却最容易被人忽视。它们是冰山藏在水下的部分，它们是海洋深处几乎静止不动的庞大水体。

从这样的角度去看国际政治，自然感受不同。卡普兰在回顾了从修昔底德以来的地缘政治核心观点之后，结合他在世界各地的游历经验，谈到了 21 世纪世界政治地图的变化。

从地缘政治的角度来看，欧洲并没有出现完美的统一。从历史上看，欧洲的重心经历了从地中海沿岸的南欧向西欧、北欧转移的过程，因为南欧土壤贫瘠、山地崎岖，而北欧、西欧则河网密布、矿产丰富、平畴千里。最近发生的欧洲金融危机，从地缘政治的角度来看，本来就不是什么稀奇的事情，它反映出来的矛盾，就是长久以来阿尔卑斯山脉以北的西欧和阿尔卑斯山脉以南的南欧之间的差异和冲突。此外，“中欧”的概念，在很大程度上只是一批知识分子的虚构。在欧洲和中东之间，在欧洲和俄罗斯之间，始终不存在明晰的边界。**北起波兰，南至巴尔干半岛的广阔地区，处于地缘政治学家高度重视的“缓冲地带”，至今仍然在历史和现实的交错中半梦半醒。**

卡普兰也谈到了俄罗斯、印度和中国这些“新兴大国”的地理宿命。

在他看来，欧亚主义是俄罗斯的灵魂。俄罗斯本来只是困在森林深处的一个小公国，机缘巧合，使得它成为横跨欧亚的超级大国。极度恶劣的生存环境、辽阔无垠的国土、蒙古入侵的历史，造就了俄罗斯近代以来不断对外扩张的心态，甚至还有一种对暴力和暴政的迷恋。但欧亚主义也是俄罗斯最脆弱的“阿喀琉斯之踵”。向西，俄罗斯不愿意完全让自己和西欧文化融合，这样只能让其更加边缘化，俄罗斯的独特文化，仍然是其可以向整个欧亚大陆的边缘地区投射影响的一种“软实力”，但如何在苏联解体之后重新找到一种新的文化感召力，是其面临的一个难题。向东，俄罗斯的地图不断向亚洲扩展。卡内基莫斯科中心主任特里宁甚至说，“俄罗斯如果把符拉迪沃斯托克视为其 21 世纪的首都，那将再好不过了”。符拉迪沃斯托克处于世界经济最有活力的东亚地区，理当成为一个国际大都会型的港口城市，但俄罗斯至今只把远东当做原料基地，而非通向亚洲的通道，因此错失了日本经济腾飞、“亚洲四小龙”奇迹和中国崛起几次历史机遇。

印度在地理上占据了南亚次大陆的大部分面积，但从历史上讲，印度始终没有出现过强有力的中央集权，印度现在统治的领土远远超过其大多数历史王朝的疆域。其实，大英帝国在南亚和东南亚地区的殖民扩张才将印度的势力范围前所未有地扩大。但印度仍然没有占据整个南亚，向西向北，在巴基斯坦和阿富汗之间，几乎从来没有过明确的边界，这里仍然是宗教极端势力、地方军阀和山地部落的领地，也是令印度最为头疼的地方。向北，隔着喜马拉雅山脉，中国和印度这两个大国之间，经济相互往来水平却相对较低。向东，印度尽管不断向东南亚渗透，但南亚和东南亚之间却如陌生的路人。卡普兰在其另外一本书《季风》中曾预言，**随着国际贸易尤其是能源贸易越来越集中于中东和亚洲之间，印度洋将成为未来最具有战略意义的海洋。**

卡普兰对中国的海上力量扩张深表担忧。但是，他似乎相信中国仍然没有实力与美国抗衡。他谈到，中国已经拥有现代化的驱逐舰编队，并制造出了自己的航母。根据美国原海军副部长克罗普西（Seth Cropsey）的判断，中国很快就能拥有规模超过美国海军的潜艇部队。中国海军打击海上移动目标的能力已经大大提升。但卡普兰引用美国五角大楼2010年的一份报告指出，美国的战略是加强与其亚太军事同盟的关系，同时再部署第二道“围堵”中国的防线，即太平洋上的关岛、帕劳、北马里亚纳、所罗门群岛、马绍尔群岛、加罗林群岛等。这些岛屿或为美国领土，或与美国签订了防御协定，面积大到可以建立海军基地，同时又小到不会太引人注目，地理位置离中国较远，可躲避中国的导弹袭击，但又近到可随时开拔到朝鲜、中国台湾等地。我非军事方面的专家，无法判断其观点的真伪，但这些新的动向，或许值得我们更加关注。

卡普兰最为关心的当然是美国的地缘政治。STRATFOR网站上最近刚发布他们的一份报告，《美国的地缘政治，第一部分：不可避免的帝国》，有兴趣的读者可做参考。在本书中，卡普兰的核心观点是，美国需要从地缘政治的角度重新审视其对外战略。在他看来，对苏联的遏制、对东欧的支持，以及对中东的战争和干预，都是意识形态的产物，在一定程度上错误地估计了美国地缘政治的成本和收益。美国过多插手中东事务可能得不偿失。美国努力稳定阿富汗和巴基斯坦的局势，最终获益者很可能是中国，中国可以借道阿富汗和巴基斯坦打开一条通向印度洋的通道。他支持美国把更多的战略资源配置到亚太地区，同时，他也更关心美国家门口的地缘政治。美国的后门就是墨西哥，但墨西哥却一直为毒品交易、政治腐败等问题所困，墨西哥一日不稳，美国就不能安寝。有意思的是，乔治·弗里德曼在《弗里德曼说，下一个一百年地缘大冲突》中也讲到，最终对美国的霸权带来挑战的既不是中国，也不是俄罗斯，而是墨西哥。因为人口老龄化会导致美国的移民政策更加宽松，大量的墨西哥移民越过美国南部漫长的边界进入美国，久而久之美国就会逐渐变成一个受拉丁裔选民影响的国家，这对美国的内政外交都将带来革命性的影响。

总之，这是一本充满了新奇观点，能够激发新的思路，但也必然会引起很多争议的书。最后，我想说的是，在一个全球化的时代，谈论地理的作用或许已经显得过时，毕竟只要坐上飞机，你就可以在一天之内环游地球。当《纽约时报》的专栏记者托马斯·弗里德曼写作《世界是平的》一书的时候，他的头脑中根本就没考虑到地理的影响。地理对他来说，不过是飞机头等舱座位的液晶屏幕上显示的飞行路线。但我之所以要向大家推荐这本书，就是因为我赞同卡普兰在本书的一开头就讲到的：

> 要问有关未来的问题，最好的立足点其实就是大地，要尽可能放慢脚步去旅行。

专家推荐II

中　雷
著名国际问题专家

很“地”道的一本书

读万卷书，行万里路，美国著名记者罗伯特·D.卡普兰可以说做到了这一点。他周游列国，早在巴尔干、伊拉克、阿富汗战争打响前几年，就实地走访，并撰写游记专栏，据说他的书直接影响美国时任总统克林顿、小布什是否出兵的决策。最近他转向更深入的战略研究，《即将到来的地缘战争》即是代表作。

本书旨在唤起人们对地理因素的重视。所谓地理的报复，就是说，如果忽视了地理的作用，就会犯错误，甚至遭到失败。冷战结束后，特别是进入21世纪以来，全球化、信息化、网络空间、扁平世界、气候变暖、全球治理等，一时间铺天盖地，地理因素长期以来被忽视了。这一次，卡普兰又将在新一轮地缘政治热潮到来之前，推出警世预言。作者认为，从地图上可以看出国家间的争斗，昭示着民族命运的起伏转折，预示即将到来的地缘冲突。

毋庸置疑，地理环境对国民性格、文化文明、行为方式、风俗习惯、内外政策都有着重要影响。作者从欧美地缘理论经典入手，结合实地旅行经历，点评了麦金德的核心地带理论、纳粹德国的生存空间理论、斯皮克曼的边缘地带理论，以及理想主义与现实主义的不同认识。

不管是麦金德的心脏地带说，还是斯皮克曼的大陆边缘说，都有一个共同的弱点，就是把这些地带的地位看做是静止不变的。实际上，大陆核心地带可能边缘化，而边缘地带可能成为核心。一个地区的重要性还有赖于不同时代的现实需求，比如冷战时期的中欧，石油时代的中东，现在的海上通道，地缘战略的重心在不断发生着变化。随着全球气候变暖，海平面升高，北冰洋也将成为新焦点。可以看出，世界版图并非一成不变，将继续不断分化重组。

本书还展望了21世纪全球地缘战略格局，比较分析了欧洲、俄罗斯、中国、印度、伊朗、前奥斯曼帝国地区的地理条件优劣和历史演变，其中认为中国具有作为大国的天然地理优势。

卡普兰与乔治·弗里德曼等人一样，认为美国面临的根本威胁不在中东、阿富汗，而是墨西哥和拉丁美洲，因为大规模的西语裔移民对美国造成越来越大的冲击，美国将不再是以盎格鲁-撒克逊新教文化占主导地位的国家。在作者看来，只有接受英美价值观的地方才是好地方，这反映出作者根深蒂固的种族文化优越感。

总体看，这是一本最能体现作者理论功底与实地考察相结合的地缘政治著作，引经据典，知识丰富，文字优美，也是一本很好的历史地理教科书。**尽管有些地方不够“厚道”，但这的确是一本很“地道”的书。**

权威推荐

亨利·基辛格博士

美国著名外交家　国际问题专家　美国前国务卿

罗伯特·D. 卡普兰迷人而宏伟的研究和极其重要的著作，着眼于一个古老的真理：地理对于决定国家的命运至关重要，不管是法老王的埃及还是当今阿拉伯的政局动荡都是如此。

詹姆斯·霍格　美国外交关系协会顾问

地理对于塑造历史有多重要，是罗伯特·D. 卡普兰在这部杰作之中要探讨的重要问题。在他对人类的辉煌历程和经年冲突的分析背后，是三十年的学术和游历积淀。他的广泛分析的核心在于一个信仰：地理对于人类的行为有着持久的影响，无论现在还是未来。

伊安·布莱默　欧亚集团总裁　畅销书《独自为战》作者

卡普兰将地理当做手术刀，用它来剖析国际关系和那些全球化无法解释的冲突。《即将到来的地缘战争》不仅敏锐地记下了地理如何塑造我们所知的世界，也预言了它对未来意味着什么。他以一块块地域为基础，将历史与当下两方面结合起来分析，使他的这部巨著成为极具研究价值、娱乐性和信息性的不可忽视之作。

马凯硕　国立新加坡大学李光耀公共行政学院院长

新加坡前外交部长及常驻联合国代表

罗伯特·D. 卡普兰的《即将到来的地缘战争》详尽地描述了古老的断层线在当代重现的事实，并极富勇气地断言："我相信，美国在21世纪会成为波利尼西亚、印第安与拉丁民族的混血文明体。"那么，为何美国的战略思想家们没有预料到其即将面临的真正挑战呢？卡普兰的作品，对他们来说有振聋发聩之效。

瓦里·纳斯尔

中东问题专家　美国塔夫兹大学教授

在这本涉及地理和历史的杰作中，罗伯特·D. 卡普兰无可辩驳地向读者展示了经济与政治发展的趋势，以及它们如何塑造我们的未来。他流畅的文笔、敏锐的洞察力和文中随处可见的历史轶事，吸引人重新思考地理在全球战略中的关键作用，并理解美国在其中的利益。

《纽约时报书评》

不管卡普兰指引你去哪里，他都是一位经验丰富的向导。

《出版人周刊》

卡普兰将旅行作家捕捉细节的敏锐度以及驻外国记者对事物的分析能力完美地结合于一身。

《每日野兽》（*The Daily Beast*，美国知名新闻网站）

精彩绝伦……如果你想知道世界上正在发生什么，《即将到来的地缘战争》将是你的起点……卡普兰的现实主义与直面困难的愿望，使这本书成了那些将自我感觉良好的宣言伪装为战略思想之人的苦口良药。

邱震海　中国战略问题专家　德国图宾根大学博士
凤凰卫视资深评论员

地缘政治是世界各国或合作或竞争的古老而又崭新的课题，罗伯特·D. 卡普兰先生从新的思维角度观察事物，为只会孤立研究寰宇战略的人们提供了又一思考新空间。

曹景行　资深媒体人　时事评论员

对于《即将到来的地缘战争》这本书，您也许未必认同卡普兰在书中的诸多看法，甚至不能接受地缘政治理论，但还是应该认真思考作者提出的种种“即将到来”。何况，正如作者所说，他的这本新著还“与中国有着特殊的渊源”呢。

马鼎盛　香港资深军事专栏作家

作者卡普兰以地理学者和地缘政治研究者的眼光，指出中国土地只有7%适于耕种，只够满足23%人口，现代化急需全世界的能源、矿物和粮食，需要探索不用19世纪的帝国主义方式的全球一体化道路。

宋忠平　资深军事评论员

感谢卡普兰对我战略思维的启发，地理会报复那些莽撞者，如同中国古人提到的“地利”，日本想要吞下整个亚太是妄想，但中国可以与美国“隔洋而治”，这都是地理带来的地利。不妨仔细研究这一新著，你会发现卡普兰笔下的地缘政治很有趣。

王缉思　北京大学国际关系学院院长

在世界地缘经济与地缘政治板块不断发生变动的形势下，需要有一些新的、具有全局性的、陆权与海权并行不悖的地缘战略“再平衡”思考。

金灿荣　中国人民大学国际关系学院副院长

对于几乎所有国家决策者和国际战略研究者来说，地缘政治因素都是他们进行战略判断的基本出发点之一。

谢红星　湖北大学校长　教授

罗伯特·D. 卡普兰被称为美国当代最有才华的国际政治记者和学者，作为其代表作品，《即将到来的地缘战争》以地理位置为基点，全面分析全球政治格局和国际关系，其中不乏真知灼见，可称为地缘战争领域的集大成之作，给读者提供了一个更为宏观、稳定的视角。

崔文约　中国国际关系学院

《即将到来的地缘战争》这本书，让我们透过纷纷扰扰的国际形势，重新认识到地缘政治的基本作用和地位。

郭万达　中国（深圳）综合开发研究院常务副院长

地理不能解释一切，也不能解决所有问题。它仅仅是一个不变的背景幕布，思想和国际政治的交战可以在上面任意投射，形成不可避免的地缘政治和地缘战争。

林利民　《现代国际关系》期刊主编

中国的地缘战略环境与地缘战略选择是个常话常新的大战略课题。

吴晨　《经济学人·商论》执行总编辑

了解历史地理并不是要把世事简单归咎为地理的宿命，而是需要从更多维度看问题：地理既可以推动国家的发展，也可以限制国家的作为。

导读

吴　晨
《经济学人·商论》执行总编辑

历史地理与中国的未来

当 F16 飞越喀布尔的天空时，你是惊异高科技的锐利，还是古老文明的坚忍？这是动画电影《养家之人》(*The Bread Winner*) 中提出的问题。阿富汗有一句谚语："说出你的话来，但别提高嗓门。让百花齐放的是雨露，不是惊雷。"(Raise your words, not your voice. It's the rain that makes the flowers grow, not thunder) 其中的睿智，绝不输于任何古老文明。但阿富汗为什么会出现塔利班这样的组织？为什么会沦为文明塌陷之地，成为让美军沉陷的泥潭？

阿富汗是《即将到来的地缘战争》中一个非常好的例子：站在大国的视角，从地图上去观察位于中东（伊朗）、俄罗斯、中国与印度之间的阿富汗，你能很容易去理解它的战略意义——俄罗斯希望通过它获得直达温暖海洋的管道；印度希望通过它打开通往中东与欧洲的陆地贸易线。但是，拉近了距离之后，大国才发现要改造阿富汗成为它们所希望的模样，会遭遇到地图上完全看不到的困难。苏联曾经在 20 世纪 80 年代领教过它的泥潭；美国因为"9·11"而把它作为打击极端恐怖主义的靶子，到了实地才知道群山纵横的阿富汗绝不是简单地用超群的空中力量和战斧式导弹可以抹平的。

曾经作为随军记者的卡普兰在书中写道：“我们发现面对原始的仇恨和混乱，地面部队是如此无能为力。”拉近了距离，美军才发现平面上的地理，需要三维空间的恢复才能真正理解其中的逻辑和潜伏的陷阱。美军在阿富汗的群山中，在伊拉克的险恶小巷中，以1万亿美元和3.5万名以上士兵为代价，才真正理解了地缘政治。这绝不是华盛顿那些专家们纸上谈兵这么简单。

从历史地理的视角去理解经济的发展

历史地理日益成为理解经济发展的一把钥匙，因为它在很多常人习惯了的单一维度的解读——比如有人经常把历史的推动归功于圣人明君——之外，增加了历史的时间维度和地理的空间维度。法国年鉴学派的大师费尔南·布罗代尔（Fernand Braudel）用“时间的波长”来解读历史地理，提出我们需要用长期的、改变非常缓慢的“地质时间”来理解历史的背景图（地理因此成为国家行为的主要制约和推动因素），同时要以一个世纪为跨度的中等时段的历史周期来观察，因为其间可能的人口、经济、农业、社会和政治的变化，也会成为经济发展与文明冲突非常重要的背景。在这两者之后，才是报纸头条每天关注的国际政经的变化。

换句话说，如果没有对基本很少改变的空间地理中局限与机会的认知，如果没有对中等时段的历史周期中经济、社会和政治变化的认知，仅仅保有改变世界的理想和热诚，我们往往会被地缘政治的现实撞得头破血流。

了解历史地理并不是要把世事简单归咎为地理的宿命，而是需要从更多维度看问题：地理既可以推动国家发展，也可以限制国家的作为，但是在某个时空舞台上仍然会给杰出人才以风云际会，让他们成为国家的塑造者，从而在历史上留下鲜明的印迹。戴高乐就曾经说过：“伟大的领袖总是在个人毅力与历史的因缘际会中涌现。”

好的地理环境莫过于美国。恰如一句评价：“美国变得重要并不是因为它是谁，而是因为它在哪里。”

美国东部的阿巴拉契亚山脉给美国建国前的十三个殖民地构筑了一条西部屏障，在这一屏障以东，美国从殖民地开始迅速发展。美国地理的优势体现在，阿巴拉契亚山脉的这一屏障并非不可逾越，类似俄亥俄河这样的水道在山峦屏障之间开启了许多孔道（有点像太行八陉），给了美国向西拓展的管道，为美国的发展留下了余地。

独立之后，吸引了大量新移民的美国需要向西发展，因此跨越山峦屏障进入中西部富饶的平原和密西西比河流域，就成了很自然的选择。密西西比河和它的支流加起来，按流域面积为世界第三大水系。五大湖区到密西西比河流域形成了一个一体化农业经济体，在前工业革命时代，促进了美国的融合，也为美国成为一个横跨大陆、连接太平洋和大西洋的庞大经济体构建了坚实基础。

相反，南美洲南半部就面临地理的局限，因为它的西海岸被太平洋和安第斯山脉挤压得支离破碎（安第斯山脉是平均海拔仅次于喜马拉雅山脉、喀喇昆仑山脉和帕米尔高原的山脉）。安第斯山脉河谷既窄且少，不能通航。智利和秘鲁等国家远离历史上沟通和迁移的主要通道，其船只需在太平洋上航行 8 000 英里（约 12 874 千米，1 英里 ≈1.6 千米）才能到达东亚。这些都是制约南美国家经济发展的地理因素。

非洲之所以是目前最贫穷也最不稳定的大陆，其原因也包括地理因素。虽然它是全球第二大洲，面积是欧洲的约 3 倍，但是撒哈拉沙漠以南非洲的海岸线却只有非洲海岸线总长度的三分之二左右，且缺乏天然良港。非洲的河流很少可与海洋通航，它们从内陆向沿海平原顺势而下，形成一系列瀑布和急流，这也造成了非洲内陆与沿海的隔离。

但是地理并非宿命。中外历史上都不乏巧妙地借助地理之势改变现状的例子。

始建于隋朝的大运河就是其一。从历史地理的视角来看，当时的统治者苦心经营地处东南的扬州，甚至学会吴侬软语，为推进隔离了两三百年的中国南北方的统一进行了文化上的弥合；倾百万民夫之力修建大运河，连接长江和黄河水系，更是促进了南北经济的融合。隋朝灭亡之后，整合南北、促进统一的这项举措依然显得十分重要。卡普兰援引一位英国历史学家的评论："大运河的功效，对于整合一个洲际经济体而言，与美国的洲际铁路相当。不然，中古的中国很可能像东西罗马一样，南北分裂。"

工业革命加速了人类工程对地理的改变，也开始逐渐拉近地理的距离。19 世纪初，美国也出现了一股建设运河的热潮，市场是主要的背后推手，目的就是为了通过运河将中西部的大粮仓与东部连接起来。

在没有铁路或者公路的时代，从东部宾夕法尼亚州西北角的匹兹堡运送粮食去南方的港口城市新奥尔良，比运送到该州东南角的费城还要便宜，因为从匹兹堡可以通过连接到密西西比河的河流一路将粮食通过水路运到密西西比河的出海口新奥尔良。第一条贯通美国东海岸和西部内陆的运河——伊利运河于 1817 年开始修建，总长度为 363 英里（约 584 千米），目的就是把中西部的芝加哥通过五大湖区和运河连接到哈得孙河，一直连通到纽约港进入大西洋。伊利运河建成后对商业的推动效果，超出所有人的预期。运河更推进了经济的融合，俄亥俄州北部港口城市克利夫兰和伊利诺伊州的芝加哥都可以通过五大湖水系和运河连接纽约，美国中西部的农产品几天之内就能运送到纽约，美国北部的经济则通过密西西比河水系与南方紧密连接起来。

如果说运河迅速挖掘了内陆农业经济的潜力的话，洲际铁路给美国经济带来的融合就更为显著。仅仅1846—1857年间，美国的铁路里程从不到5 000英里（约8 047千米）增加到了2.5万英里（约40 233千米）。

俄罗斯的彼得大帝也重塑了历史。他决定将俄罗斯转向欧洲，并建设濒临北海的圣彼得堡作为首都。他以普鲁士为国家的范本，以法语为宫廷贵族语言，这些都是全盘欧化的表征。在彼得大帝身上，我们看到的不是地理的宿命——不然偏僻的俄罗斯很难融入欧洲——而是作为历史长河一部分的地理情况。

铁路同样成为维系俄罗斯这个跨越11个时区的帝国最重要的基础设施。到1904年，俄罗斯共建成3.8万英里（约61 153千米）铁路，其中以西伯利亚大铁路最为著名。俄罗斯利用铁路去统合一个庞大的帝国，而西伯利亚大铁路的军事意味更浓，目的就是能尽快增兵到太平洋沿岸，确保俄罗斯远东的利益。当然，西伯利亚铁路的建成也立即成为日俄战争的导火索。

从历史地理的视角去理解中国的大国关系

就国家关系而言，中国与美国、俄罗斯、东亚（日本、朝鲜、韩国）和印度的关系非常突出。

美国是中国最大的市场，中美之间在改革开放40年间的经贸人文技术往来是空前的。中国超越日本成为世界第二大经济体之后，有关中美之间是否将互为对手的“修昔底德陷阱”（挑战者与在位者必有一战）的讨论就变得越来越多。

美国的现实主义专家米尔雪默（Mearsheimer）说，中国将成为美国的主要军事对手。卡普兰认为，美国必须在欧亚成为平衡的力量，同时成为北美一体化的核心。从这一角度去理解奥巴马对亚洲的再平衡战略就更有深意。特朗普的贸易战是不是从美国地缘政治的核心利益出发，值得商榷，但是他的政策加剧了中美冲突的风险，体现了美国对中国的怀疑和对中国崛起的担心，却是不争的事实。

“修昔底德陷阱”也好，“美式和平”（Pax Americana，意思是美国武力独大所主导的全球化带来的和平，与当年罗马帝国时罗马带来的和平类似）也罢，中美关系的确应该从老大帝国与崛起中的挑战者这一视角来观察。

卡普兰就希望从罗马帝国的盛衰中找出美国霸权保持长期强盛的办法。他认为里根时代与罗马帝国早期类似。古时罗马拥有强大的机动的常备军，帝国边疆各省有向心力，对罗马常备军既敬仰又害怕。罗马并不需要出兵去占领各省就能维持帝国的统治，纠纷通过外交而不是军力解决。里根时代也是如此，全世界都知道美军的军力强大，美国不需要发动任何的军事冒险。

小布什时代把美国拉入了伊拉克和阿富汗这两场战争之中，与此同时全球化也让更多国家可以联合起来。很多周边国家支持美国，也有国家因为不认同美国价值观而联合起来抗拒美国。塞缪尔·亨廷顿（Samuel Huntington）在《文明的冲突》（*The Clash of Civilizations and the Remaking of World Order*）中提出，全球化的确促进了全球的一体化，但是在另一层面也强化了文明的冲突。

卡普兰认为，罗马最终的衰落是因为它并没有做好放弃霸权的准备。美国如果要学习罗马的话，就应该及早“以退为进”，一方面需要在自己的后院帮助发展南方毗邻的墨西哥，另一方面需要在全球层面更多地合纵连横而不是做四处灭火的国际警察。

了解到这一点，我们就要做好知己知彼的准备。我们要能以静制动，预判并影响到对手的行为。

中俄关系很重要，因为俄罗斯是中国从西北到东北的最大邻国。

理解俄罗斯，首先要理解它缺乏安全感的地理、从扩张中谋求安全的历史和依赖大宗商品的经济现实。

俄罗斯没有明显的地理边界，也就是缺乏可以保护它的地理屏障，所以它长久以来为了谋求生存，必须保持扩张的姿态，西向欧洲，南向高加索、阿富汗、印度洋（寻求暖洋港口），东向西伯利亚推进。

同样西伯利亚严酷的地理环境和丰沛的资源也塑造了俄罗斯的历史。17 世纪俄罗斯崛起与乌拉尔山的铁矿石有关，因为进入火器时代，大炮与毛瑟枪都需要铁；20 世纪西伯利亚石油和天然气的发现让俄罗斯成为全球主要的产油国和产气国之一。俄罗斯能否保持它的影响力，很大程度上取决于全球油价的波动状况。

中俄关系有两个点值得观察。

首先是中亚。中亚的苏联加盟共和国在苏联解体之后对俄罗斯的向心力很强，年轻人也都愿意到俄罗斯工作。现在，中国市场对中亚的吸引力已经开始超过俄罗斯，无论是中国对中亚油气资源的需求不断增长，还是中国对中亚基础设施的投资，都意味着中国与俄罗斯需要共同协商两者在中亚地区的合作关系。

其次是远东。西伯利亚是俄罗斯的软肋。西伯利亚的面积两倍于欧洲，却只有 670 多万人，未来甚至可能下降到只有 450 多万人。国境以南，中国东北有 1 亿多人，与西伯利亚地区相比，人口密度是 6 ∶ 1。如此不平衡的人口和经济，必然会产生不稳定的张力。因此，西伯利亚的投资和移民开发将使我国与俄罗斯的关系受到考验。

卡普兰在书中预言，俄罗斯如果向远东倾斜，符拉迪沃斯托克（原名海参崴）可以成为东北亚的中心。如果日本海沿岸的日本、统一的朝鲜半岛、中国东北地区和西伯利亚地区可以成为开放自由区，那么东北亚将成为俄罗斯全球经济的一极。

这是非常宏大的设想，却仍然要从历史地理的现实去考察，也牵涉到中国的第三组重要的大国关系：中国和东亚的关系。

中日和中韩在改革开放40年间的经贸人文往来日益密切。现在日本和韩国的发展模式都是延续日本从20世纪60年代开始的外向型经济的模式，产业链的发展把中日韩的产业和市场紧密结合起来，这是中国和东亚关系的经济支柱。

从这一点出发，再去观察卡普兰所提出的东北亚开放自由区，会发现中国将是最大的受益者。但解决东北亚问题的钥匙在朝鲜半岛。

地图上总会人为划分出一些边界，分割朝韩的三八线非军事区就是其中一例。文化和地理的影响力总会推动两国的统一。

朝鲜半岛统一对中国总体而言有利，美军再也没有了在韩国驻军的理由。统一的朝鲜半岛虽然会对强邻产生疑惧，但是它惧怕日本比中国要多，因为历史上日本对朝鲜半岛的伤害太深。相反，中韩已经互为对方非常重要的贸易国，统一的朝鲜半岛只会增强这种贸易的纽带。

中日关系同样需要重新审视。日本大幅开放对华旅游签证以来，中国前往日本旅游的人数逐年上升，2018年已经突破800万人。日本一下子吸引了这么多中国人，其中既有经济原因也有文化原因。

同样从历史地理的视角来看，日本仍然有许多值得中国借鉴的地方，如何处理老龄化和少子化就是一例。在中美大国博弈之际，重新思考中日关系，需要新思维。

最后一组关系是中印关系。

卡普兰在书中预言，全球未来的大国关系首先要看美国、中国和印度这三个国家。他也断言十几亿人口的印度，是插在中国宏大影响力范围内“生硬的地理楔子”。

但是与紧张的印巴关系不同，中印之间虽然有竞争，但是这种竞争更抽象，它更多的是一种面向未来的竞争。卡普兰也承认，高耸的喜马拉雅山脉在历史上让中印之间几乎隔绝，直到现代化战争的导弹射程越来越远，才缩短了两国之间的距离。但两国之间的竞争并没有多少历史的因素，而且中印历史上的交流为我们留下了美谈——从印度东来的佛教，对中国的历史文化影响是深远的。

所以理解中印关系，还是要回到印度的历史地理中去。印度如果要成为全球大国，必须把自己影响力的投射范围，向东扩展到孟加拉，向西扩展到阿富汗，向北扩展到尼泊尔，向南直下印度洋。这种投射范围，与中国影响力的投射范围必然交叉。如何处理好这种交叉，是中印关系的关键，也是中国未来发展的关键。

从历史地理的视角去推动中国的对外发展

改革开放40年的历史经验证明，中国的全面开放和拥抱全球化，带来了经济的长足发展。从历史地理的视角去看,中国加入了日本和“亚洲四小龙”开启的发展模式，共同推动太平洋航线取代大西洋航线成为全球更重要的贸易线路。这些都得益于全面开放的政策。

中国未来的对外发展也一定会是经济的和贸易的，而不是强权的，因为中国的发展有着满足内需的经济逻辑。中国需要确保能源、金属、战略矿藏的进口，以满足老百姓日益增长的需求。

此外，中国的对外发展对其他国家也一定是有益的，中国给周边地区带来的经济影响都是善意的，因为中国承担了推动地区现代化引擎的角色，中国优先进行基础设施投资的发展模式也值得许多发展中国家借鉴。

投资非洲就是一个例证：一方面是为了帮助非洲国家借鉴中国大力投资基础设施的发展模式探索一条发展道路，另一方面也希望在这一过程中推动更多中资企业国际化，寻求在非洲发展企业的机会。如果推动得当，中国就能帮助非洲抓住经济跨越式发展的机遇，比如跨越固定电话而直接进入移动互联网，跨越传统货币而直接进入数字支付等，而这些也恰恰是不少中资企业具备优势的地方。此外，中国对非洲基础设施的投资，无论是公路、铁路、大坝和发电站，中长期都对非洲经济的发展有着重要价值。

中国需要非洲的矿产资源，比如苏丹、安哥拉和尼日利亚的石油，赞比亚和加蓬的铁矿石，刚果的铜矿和钴矿等。这些矿产资源很多都需要依靠中国建设的公路和铁路相连到大西洋和印度洋的港口，中国也有必要去保护海上航线的畅通。

中国未来要取得更好的对外发展，必须完成从大陆经济到海洋经济的转型。中国要发挥自身的地理特点优势。中国是大陆文明与海洋文明的交汇点，未来发展需要更好地去拥抱海洋。

马汉的海权论认为，海洋是文明的“重要高速路”或“广阔的公共区域”，“海上航行一直比陆地更容易，更便宜”，因此海军作为商船队的保护力量，一直在全球政治斗争中起决定性作用。

卡普兰认为，中国需要在向海洋经济的发展过程中拥抱海洋，学会运用准入与贸易流动的海洋思维，强化对外拓展的实力，发展海军的远洋实力，发展海军保护海洋交通线的能力以保护海外的利益。

历史值得借鉴。

美国的镀金时代，也就是19世纪中期美国内战和19世纪末美西战争之间的40年，是美国对外扩张最快的40年。美国海军在南美洲和亚洲不断扩张，这种对外扩张恰恰是经济发展时期的一种张力，尽管当时美国国内的民生问题很严峻，贫富差距不断拉大。

然而，美国入侵伊拉克和阿富汗，就值得反思。卡普兰提出了一种跨越时空的两个帝国的对比。他认为美军入侵伊拉克和阿富汗，与1857年英国镇压印度民族大起义有相似之处。当年，英国政府内的福音派和功利的改革者共谋，击败了政府内的东方专家和实用主义者，希望以自己的影响力量推动印度的现代化，把印度变成下一个英国。

事实证明，当你仅凭自己的想象去改变复杂地缘政治中的他者时，遭遇问题和抵抗是必然的。

但是英国在印度的挫折并没有导致大英帝国的衰落，相反成了推动大英帝国转型的折点：从随意推行自己价值观的帝国主义，转型为更为冷静、更为务实的帝国管理。大英帝国又存活了近百年，而其基石已经换成了国际贸易和科技。

全球化、国际贸易、科技进步、确保贸易线路与战略资产的安全、推动周边地区的现代化，这些应该成为中国对外发展的关键词。

目录

前言

地球不是平的

要问有关未来的问题，最好的立足点其实就是大地，要尽可能放慢脚步去旅行。

驱车穿越伊拉克北部沙漠后，第一道穹顶般的浑圆山丘突然跃出地平线，群峦叠嶂起伏，最高处可达 10 000 英尺（1 英尺约为 0.3048 米），密布着橡木林和火山灰。身后广袤的平原，如同一张张大饼，我的库尔德司机回头望了一眼，不屑地咂咂嘴，哼了一声：“阿拉伯斯坦。”

再向山上看去，他喃喃地说：“库尔德斯坦。”脸泛出光亮来。那是 1986 年，当时正值萨达姆·侯赛因统治巅峰时期，气氛令人窒息。然而，只要我们走进深如地牢的山谷，或行人罕至的豁口，城区无处不在的萨达姆巨幅画像就会突然消失，伊拉克士兵也不见踪影，取代他们的是库尔德自由战士。他们身背子弹带，头戴包巾，身穿宽松的长裤，系着宽大的腰带。

从政治版图来说，我们并没有离开伊拉克。但是，这里却不是萨达姆统治的地盘，因为即使是萨达姆，也不可能战胜山脉天险。

持久的“自然”边界

大山具有强大的守护力，它保护着本土文化，防止其受到激进现代化的意识形态侵蚀。同时，在我们现在所处的时代，大山又为游击队和贩毒集团提供庇护所。耶鲁大学人类学家詹姆斯·C. 斯科特（James C. Scott）写道：“最好把山民理解为流离失所、孤立无援的群体。两千多年来，他们不断逃离平原河谷地带，那里有政权机构的各种剥削与压迫。”比如说，正是在平原上，尼古拉·齐奥塞斯库建立起他的政权，把爪牙安插到人民中间；然而，20 世纪 80 年代，我几次登上喀尔巴阡山脉，却很少看到集体化的踪迹。这些山脉号称“中欧的后门”，山上到处是原始树林和天然石料垒成的房屋，很少见到罗马尼亚统治者所钟爱的钢筋混凝土。

喀尔巴阡山脉环绕罗马尼亚，正如山脉包围着库尔德斯坦一样。喀尔巴阡山脉西部，是辽阔而空旷的匈牙利平原，点缀着煤褐色的土壤与绿色海洋般的草地。从这里开始，我离开奥匈帝国的欧洲部分，渐渐进入前奥斯曼土耳其帝国，这一带在经济上相对贫瘠得多。喀尔巴阡山延伸出来的平地，为齐奥塞斯库的专制主义的形成创造了可能，相比之下，匈牙利的古拉什[①] 共产主义，强制性则要小得多。

然而，喀尔巴阡山脉并非与世隔绝。几个世纪以来，牵着牲口的商人们在古道上络绎不绝，将货物和文房雅玩贩至此处，由此，中欧的文化特征远远走出了本土，在像布加勒斯特和鲁塞这样的城市和乡镇扎下了根。但大山依然层次分明，第一层余脉向东南方向延伸，消失在阿拉伯和卡拉库姆沙漠之中。

1999 年，我乘夜班渡轮，从里海西岸的阿塞拜疆首都巴库出发，赶往东岸土库曼斯坦的克拉斯诺沃茨克。公元 3 世纪波斯帝国萨珊王

① Goulash，匈牙利炖牛肉，匈牙利最出名的一种炖菜。——译者注

朝时期所说的突厥斯坦，发源地就在此。一觉醒来，眼前是人烟稀少的海岸，一排白色帐篷背靠着死灰色的峭壁，如同抽象画一般。尽管室外温度高达 38 摄氏度，所有旅客还是被命令在一扇油漆剥落的大门前排成一队，由一名警察逐一检查护照；然后，我们又进入一个空荡荡的、热得像烤箱一样的大帐篷进行随身物品检查，另一名警察翻到了我的胃药佩托比斯摩片，竟指控我走私毒品。

那位粗暴的警察还一把夺去了我的手电筒，把 1.5 伏电池倒在脏兮兮的地板上。他那冷酷又野蛮的表情，简直是此处环境的绝佳诠释。除了这间帐篷以外，整座城镇几无半点遮阳蔽荫之处，平坦空旷得让人感到压抑，很难看到物质文明留下的建筑遗存。我突然怀念起巴库来，那里毕竟还有公元 12 世纪的古波斯城墙，以及第一代石油大亨的梦幻宫殿里精美的壁画和石雕。在喀尔巴阡山、黑海、高加索地区，这些西方文化特征竟能顽强地保留下来，而再向东行进，欧洲的印迹便在我眼前一步步淡去，里海的自然边界成为欧亚的最后分界线，随后即进入更加荒芜的卡拉库姆沙漠。

当然，从地理上讲，土库曼斯坦并非毫无希望。相反，它体现了智慧的开启，见证了人类探索历史格局的进程。帕提亚人、蒙古人、波斯人、沙皇俄国、苏联以及突厥余部，不断入侵这块光秃秃又不设防的地域，但这块土地不容任何人在此永久扎根，这里几乎没有可以让文明存活的基本条件。这也印证了我对这里的第一印象的确没错。

再来讲讲另一次经历。我驾驶着汽车在沙漠中前行，地形表面开始逐渐升高，突然间，一马平川的戈壁大漠在我眼前分崩离析，取而代之的是迷宫一般的地貌，时而是早已干涸的河床湖底，时而是叠加起伏的山坡，满眼尽是灰色和土黄色。惟有山顶上披着一抹夕阳红，映射着红赭色的霞光。从不同的角度看，太阳似乎只能照在更高更陡的山坡上。一股冷空气吹进汽车里，原来已到达巴基斯坦西北边境省，经历过白沙瓦的热浪熏蒸后，我终于呼吸到第一口山间的清新气息。

开伯尔山口规模不大，本身并没有给我留下什么深刻印象。它的最高峰不到 7 000 英尺，很少有陡峭的山坡。然而，1987 年，在一个小时之内，我穿越阴曹地府般的火山岩构造带，通过尖削的峭壁和蜿蜒的峡谷，从印度次大陆诱人的热带平原，到凉爽的亚洲中部，最终踏上被废弃的戈壁滩。这边是黑土地、纯棉布、浓厚辛辣的菜肴，那边是大沙漠、粗羊毛、手抓肉，完全是两种世界两重天。

在这阿富汗和巴基斯坦的交界处，一代又一代商贩像在喀尔巴阡山脉一样踏出连绵古道，但这里的地理环境却能给后人提供别样的经验教训。按照哈佛大学历史学教授苏嘉塔·柏瑟 (Sugata Bose) 的说法，这个所谓的“西北边境”，首先是英国人叫出来的，其实在“历史上根本没有界”。但是，印度波斯和印度伊斯兰板块的“心脏”是不可分割的，这就是阿富汗和巴基斯坦能形成一个有机整体的原因；从另一方面来说，这也直接导致它们各自作为国家时，在地理疆域上丧失了内聚力。

接下来，再让我们看看更多“人工”边界。

智慧的开端——地理

1973 年和 1981 年，我先后两次越过柏林墙，进入东柏林。顶部安装着粗管的混凝土幕墙足有 12 英尺高，横亘在东西德之间。西德这一侧，混居着土耳其和南斯拉夫移民的贫民社区，看起来如同薄薄的黑白胶片一样，而东德一侧则残存着经历了第二次世界大战炮火洗礼的建筑。在西侧，你可以顺墙行走，触摸任何地方，墙上到处是涂鸦乱画；但在东侧，你却能发现到处都是雷区和岗楼。

在当时，城市地面上突兀地出现监狱大院这种离奇事儿，几乎没人会质疑，因为那个时代最重要的假设就是“冷战永远不会结束”，对于像我一样在冷战期间成长起来的人来说尤其如此。由于对第二次世界大战没有任何记忆，我们难免会觉得，柏林墙不管多么残酷和武断，似乎都与山脉一样永恒。然而，真理其实一直存在于书本和德国历史地图上。1989 年初的几个月，我滞留波恩，为了完成一本杂志的约稿而查阅资料，偶然间发现了这些文字：

> 德国处于欧洲的心脏地带，夹在北海、波罗的海与阿尔卑斯山之间，正如历史学家戈洛·曼（Golo Mann）所形容的，就像被关在一座“大监狱”里，四面大门紧锁，内心蠢蠢欲动，希望打破封锁，冲出牢笼。但因南北两面为山水阻隔，向外扩张就意味着只能东扩和西进，因为这两个方向没有地域的障碍。
>
> 戈洛·曼认为，100 年以来，“毫无章法”和“不可靠”这两个词可以概括德国人的特性，他指的是从 19 世纪 60 年代到 20 世纪 60 年代这段动荡时期，尤以俾斯麦的扩张和两次世界大战为主要标志。然而，纵观德国历史，这两个词也可作为德国版图的大小和形状的最佳诠释。

事实的确如此。公元 800 年，由查理曼大帝建立的第一帝国，是一次重大的领土重组，其疆域范围不断变化，同时或先后囊括了奥地利和瑞士的一部分，以及法国、比利时、荷兰、波兰、意大利和前南斯拉夫；后来，马丁·路德倡导宗教改革，导致西方基督教分裂，接着重大事变纷至沓来，点燃了三十年战争，战斗主要在德国土地上打响，中欧自此衰败；18 世纪，普鲁士和哈布斯堡王朝统治下的奥地利之间交叉重叠；19 世纪早期，各个德语国家之间结成关税联盟；19 世纪末，奥托·冯·俾斯麦以普鲁士为中心完成统一。

书读得越多，我越发现，原来德国领土一直经历着重组易手的过程，柏林墙只不过是其中一个阶段性插曲而已。柏林墙倒塌后不久，制度也垮塌了。我常年在前捷克斯洛伐克、匈牙利、罗马尼亚、保加利亚以及其他地方工作和旅行，对这些制度早已明了在胸。近距离看，它们似乎坚不可摧，令人望而生畏，然而对我来说，它们突然解体的教训是一个信号，不仅说明所有独裁政权的基础并不稳定，还预示着在目前看似固若金汤、压倒一切者，实际上稍纵即逝。唯一持久的，是人民在地图上的位置。因此，**越是在动荡年代，地图就越显得重要，它虽然起不了决定性作用，却是智慧的开端**。脚下的政治版图瞬息万变时，只要认真思考历史的逻辑，你就能推测出下一步可能出现什么。

再来看看朝鲜半岛。南北双方紧张对峙，暴力在边境的非军事区（DMZ）无处不在，这是我对这一地区的主要印象。2006 年，我看到韩国士兵在与朝鲜士兵对峙时摆出待令出击的跆拳道姿势，一动不动地僵立着，握紧拳头，绷紧小臂，眼睛死死地盯着敌人的脸。两边都挑选了个头最高的士兵执行任务，目的是让对手看着就心惊胆寒。但是，这种形式化的仇恨，虽然目前陈列在铁丝网和地雷阵前供世人观瞻，但在可预见的未来，很可能会被废弃，成为历史遗产。看看 20 世纪其他分裂国家的地图，例如德国、越南、也门，很明显，不管分裂多久，坚持统一的力量终将胜利，没有例外。

这种分久必合的进程，大多是在计划之外一举完成的，有时还会诉诸暴力。非军事区就像柏林墙一样，是一个没有地理逻辑的任意边界，把一个民族国家肆意划分为两个对立的军事集团。一个统一的朝鲜半岛，正如统一的德国一样，是我们应该期望的，或者至少应该有这样的打算。**文化和地理的力量，可能在某个时刻战胜一切；而一个人为的边界是不符合自然的，所以也特别脆弱。**

我也曾从约旦和以色列之间、墨西哥和美国之间的陆地边界经过，诸如此类的边界还有很多。现在，我更希望跨越几十年甚至几个世纪的鸿沟，从历史和政治学的角度经历一段截然不同的旅程，通过对地理的着重研究，从地图中看出更多玄机，从而模糊地管窥到未来的政治轮廓。

正是因为跨越了这么多的边界，我对它们产生了强烈的好奇心，感觉这些地方的命运与我息息相关。我做记者已超过 30 年了，在这喷气式客机数小时即可飞越大洋和大洲的信息爆炸时代，一些精英舆论塑造者们高唱着所谓“世界是平的”，这使我确信，当下的人们都需要恢复对于时间和空间的敏感性，这些能力我们已失去了很久。

我丝毫没有“世界是平的”的感觉。相反，我将向读者介绍一些貌似“不合时宜”的思想家，以便打消人们的错误观念，使他们不认为地理不再重要了。在这次旅程的前半段，我将深入挖掘和阐释这些思想家的理论基础，以便后半段运用他们的智慧，带领读者横跨欧亚大陆，了解从欧洲到中国，包括大中东和印度次大陆，这些地区历史上到底发生了什么事，未来有可能发生什么事。我要检视我们对现实的看法，寻找到底缺失了什么，检讨一下我们是如何把它弄丢了的，然后试图恢复它。要放慢我们的旅行脚步，还要慢慢地观察，同时借鉴和援引一些著名学者的丰富学识。这就是我此次旅行的目标。

地理（Geography）在希腊语中的本意是“对于大地的描述”，常常与宿命论相关，意味着限制人的选择，因此含有贬义。但对于我来说，只希望通过地图和人口学研究等工具，为传统的外交政策分析作多一层解读，从而找到更深层和更强大的方式来看待世界。你没有必要成为“地理决定论者”，但必须记住：**我们越是对当前的事件疲于应付，个人及其选择就越显得重要；而当我们跨越百年历史审视问题时，地理则会起到更重要的作用**。

中东地区就是一个恰当的例子。

中东何以成为世界关注的焦点

就在我撰写此书之际，整个中东地区，从摩洛哥到阿富汗，所有专制政权都处于危机之中。寡头统治的旧秩序已难以为继，而通往民主化的道路却又艰难曲折，整个社会动荡不安。在这个大动荡时期的第一阶段，新通信技术的力量似乎打败了地理学派。卫星电视和社交互联网站已经使整个阿拉伯世界成为抗议者社区，始自突尼斯的变革使得埃及、也门和巴林等地的民主人士都受到了激励。这些国家的政治局势存在共性，不过，每个国家的事态发展方向都受到自身历史和地理特征的深层影响。因此，越是对这些方面有所了解，越会对有关事件表现出更少惊诧。

始于突尼斯的动荡，可能只是个意外。古董级的旧地图显示，今天的突尼斯过去只是一个集中定居点，相比之下，阿尔及利亚和利比亚在那时反而显得地广人稀。突尼斯向地中海突出，与西西里隔海相望，不仅在迦太基、罗马帝国时期是北部非洲的人口中心，在汪达尔、拜占庭、中世纪阿拉伯人、土耳其人统治时期也很繁华。西部的阿尔及利亚和东部的利比亚从地图上看只是模糊的地理概念，相对而言，突尼斯更像一个古老文明的集群。

在长达 2 000 年的历史进程中，与迦太基（其范围与现在的突尼斯大致相当）离得越近的地方，发展水平越高。由于城市化进程在 2 000 年以前就已开始，突尼斯建立在游牧基础上的部落特征相对薄弱，研究中世纪历史的阿拉伯学者伊本·哈勒敦（Ibn Khaldun）也认为，这一特征对政治稳定非常不利。公元前 202 年，罗马将军小西庇阿在突尼斯外围击败汉尼拔后，挖了界河战壕或称为“罗马地宫”，用以标志文明的领土范围。这个地宫与目前的中东危机仍然有关。它从突尼斯西北海岸的塔巴卡向南延伸，然后折向东，直到另一个地中海港口斯法克斯，至今仍然清晰可见。

在这条壕沟之外的乡镇较少有古罗马遗迹，今天仍然是贫困和欠发达地区，历史上失业率较高。2010 年 12 月，西迪布宰德镇一名果蔬贩子采取了自焚行动抗议当地警察的苛待，就倒在离西庇阿防线不远的地方，这成了阿拉伯革命过程中的重要事件。

这不是宿命论，我只是提供相关时事的地理和历史背景。阿拉伯民主变革从历史上看，正好发端于阿拉伯世界最先进的区域，也是在地理上最接近欧洲的地方。更具体地看，它又肇始于这个国家最穷困的地区，这里自古代起就长期被忽视，此后也一直没发展起来。这种历史知识可以增加对其他地方的理解深度。比如另一个古老文明集中地埃及，像突尼斯一样有着悠久的历史；也门，作为阿拉伯半岛的人口核心，一直怀有谋求统一的雄心，但因庞大的山区地形而备受困扰，这样的地形削弱了中央政府的势力，助长了部落和分裂主义组织的气焰；或者还可以看看叙利亚，那缩成一团般的地形，使基于种族和宗派身份的分裂状态得到了庇护。

地理学证明，突尼斯和埃及具有天然的凝聚力，而利比亚、也门、叙利亚的凝聚力就没有这么强。因此，突尼斯和埃及只需要温和的专制形式即可维持统治，而利比亚和叙利亚则需要更强硬些；至于也门，从地理上讲一直就很难统治。20 世纪的欧洲学者，如欧内斯特·盖尔纳（Ernest Gellner）、罗伯特·蒙塔涅（Robert Montagne），一直把也门称为“条块分割的社会”，这里集中体现了中东的山地和沙漠地形。也门，在中央集权和无政府状态之间徘徊，用蒙塔涅的话说，就是一种典型的“颠沛流离”的制度，“其本身十分脆弱”，因此不能建立起持久的政权。这里的部落很强大，中央政府则相对薄弱。

我们越是重视地图的价值，就越不容易造成失误。我们将不仅可以决定何时干预、何时不干预，还可以规划我们该怎样干预。

当前，全球性的政治动荡屡见不鲜，这个世界似乎越来越难以管理，美国及其盟国应该如何应对，成为备受关注的问题。地理至少为我们提供了一种应对的方法。通过翻查研究旧地图和求教于早期地理学家、地缘政治思想家，我想在 21 世纪搞清地球的真相，相关的前沿性工作我早在 20 世纪中后期就开始做了。即使我们可以发送卫星到太阳系外，即使网络没有国界，兴都库什山这样的山脉仍然构成无法逾越的强大屏障。任何旨在这些地方搞什么重建自由秩序的意图，都不能脱离这样的现实。

THE REVENGE
OF GEOGRAPHY

第 1 章
地图上的地缘战争
宁死不屈的地理

20 世纪 90 年代波黑战争后，人们才认识到自由主义的局限性并重新建立对地图的尊重。冷战结束后，人们逐渐丧失地理意识，似乎理想主义的时代已经开始，但在“9·11”之后的 10 年里，一系列灾难性的事件将这种幻想击得粉碎。

巴尔干半岛自古以来就是一触即发的“火药桶”，根源何在？中欧作为“宽容忍让”和“高度文明”的理想地标，在新的大国博弈中能否幸存下来？德国的地理位置又是怎样决定其钟摆方向的？海湾战争中，眼看就要活捉萨达姆，老布什为何却下令停止进攻巴格达？

西方国家对米洛舍维奇等独裁者的“绥靖政策”一时间使得“慕尼黑阴谋”的类比甚嚣尘上，地理的报复在无形中开始上演了……

要重拾我们的地理意识，必须先在最近的历史坐标中找准一个时间点，搞清我们在何时彻底失去了它，以及为什么会失去它，并阐明那将如何影响我们对世界的判断。

当然，这种地理意识的丧失是一个渐进的过程。倘若要我指出这个时间段，我想大约就是柏林墙倒塌后的那段日子。一条人为边界的倒塌，本应让我们对地理和地图更加肃然起敬，以便提前考虑德国版图的变化可能会对相邻的巴尔干和中东地区带来什么影响，但恰恰相反，我们却从那时开始盲目自大起来，完全无视那些真正的地理障碍仍然虎视眈眈地横亘在我们面前，使我们渐行渐远。

德国境内一道人为边界的拆除，仿佛突然成了一个划时代的标志，这让我们认定：人类所有的分歧将从此烟消云散；民主既然能将东欧收于麾下，也必将征服非洲和中东；“全球化”这个风靡一时的流行概念，不仅是人类历史和文化发展的一个阶段，更一跃成为历史的道德方向和国际安全体系。想想看，极权主义的意识形态刚刚被打破，美国和西欧的国内安全就被视为理所当然，太平盛世的假象统领了一切。

美国国务院政策规划司前副主任弗朗西斯·福山，预见性地捕捉到了这种新的“时代精神”。他在柏林墙倒塌前几个月发表了一篇题为《历史的终结》的文章，宣称世界各地战争和动乱有增无减，黑格尔哲学意义上的历史（即自由民主制将成为所有国家政府的唯一形式。）至此宣告终结，因为资本主义自由民主取得了胜利，有关政治制度的争论就此结束。

其实，这只是按照我们自己的想象塑造世界，有时甚至是通过出动美国军队来实现的。在 20 世纪 90 年代，这样做几乎没有遭到任何惩罚。

这是一个信仰倒错的时代，是冷战后的第一轮知识辩论周期。在这个时代，“现实主义”和“实用主义”被视为无稽之谈。比如，在一些地方，传统和狭义的“国家利益”本来就被定义得似是而非，却硬要对其进行人道主义干预。你最好加入新保守主义派，或当一名自由派国际主义者，整天想着如何在巴尔干地区阻止“种族灭绝”，因为这是当时“聪明的好人”该做的事。

在美国，类似的理想主义大迸发并非史无前例。第一次世界大战胜利之际，以伍德罗·威尔逊总统命名的“威尔逊主义”① 风行一时，后来人们才发现，威尔逊的想法很少考虑美国及其欧洲盟国的真正目标，更没有考虑到巴尔干地区和近东地区的现实。20 世纪 20 年代在这些地方发生的一系列重大事件，表明民主和自由已在奥斯曼土耳其帝国得到推行，同时也意味着，在这古老苏丹王朝的某个地区，狭隘民族意识正在悄然觉醒。

冷战胜利后西方出现的现象，与“威尔逊主义”有着惊人的相似之处。许多人认为，只要高举“民主”和“自由市场”的旗帜，自由和繁荣就会随之到来。有人甚至建议，非洲也可以成为民主革命的前沿，全然不顾这里是最贫穷、最不稳定的大陆，更糟糕的是，这里

① 威尔逊主义是美国总统威尔逊关于国际关系和对外政策的愿望、信念和标准，以及由此重建战后国际秩序的计划。1918年1月8日，他对国会发表国情咨文演说，提出的“十四点计划”即威尔逊主义的主要内容。——译者注

有世界上为数最多的人为划定的、不合逻辑的边界。在欧洲的心脏地带，苏联解体了；相隔近万里，隔着大海和沙漠，仅仅因为电视上连篇累牍的报道，这一事件就对世界上最不发达的国家也有了最高的指导意义。然而，正如两次世界大战后的情形一样，我们在冷战中取得了胜利，却并没有得到预想中的民主和全球和平。下一步，为生存而开展的斗争更为艰难，邪恶会戴上新的面具。

非洲各地的确开始显现出民主的迹象，以及更好的政府。不过，斗争必然是漫长而曲折的，无政府状态、叛乱、极端邪恶势力（如卢旺达的情况）在相当长的时期内还会重新抬头，非洲还需要很长时间，才能走过对欧美地区来说刻骨铭心的这段旅程：从1989年11月9日柏林墙倒塌，到2001年9月11日五角大楼和世界贸易中心遭恐怖主义袭击。在这12年间，随处发生的大屠杀和姗姗来迟的人道主义干预，激怒了理想主义知识分子；而这些干预措施的最终成功，把理想主义必胜信念提到了新的高度。

事实证明，这种信念在“9·11”事件之后的10年里，导致了灾难性的后果。在这期间，曾在20世纪90年代影响过巴尔干地区和非洲的地理因素，同样破坏了美国在近东地区的“良好意愿”。从波斯尼亚到巴格达，从古老的土耳其帝国西部最发达的巴尔干部分到东部最不发达的美索不达米亚部分，从有限的空中和地面打击行动，到大规模地面步兵入侵，这一过程将公开暴露自由主义普遍论的局限性，并重新承认对地图的尊重。

谁来拯救“中欧”？

所谓“后冷战时期”，其实早在20世纪80年代，柏林墙倒塌之前就开始了，与之相伴的是“中欧”一词的复苏，身为记者和牛津大学学者的蒂莫西·加顿·阿什（Timothy Garton Ash）后来将其定义为“对于‘东部’苏联在政治和文化上的悖离”。

中部欧洲，即米特欧罗巴（Mitteleuropa），更多的是一个地理概念，而非地理事实。它宣示的是一段旧时光的记忆：热情喧闹，韵味十足，浪漫的欧洲文明，使人联想到鹅卵石小巷、错落有致的小房子、丰收的葡萄酒、维也纳的咖啡馆和古典音乐，而其优雅的人文主义传统中却饱浸着躁动不安的现代艺术和思想。

这里沉睡着奥匈帝国的魔幻记忆，以及一些赫赫有名的人物，如马勒、克里姆特、弗洛伊德、康德、斯宾诺莎等。事实上，在纳粹暴政统治之前，“中部欧洲”就意味着一个知识分子备受蹂躏的犹太人世界；意味着经济发达，早在第二次世界大战之前，那里的工业化已高度发展，甚至超过当时的比利时，使人回想起波希米亚的繁荣盛世；意味着姑且不论各种腐败颓废和道德沦丧，仍然是一个相对宽容的多民族融合地区，由哈布斯堡王朝为其提供一个良性的但功能日益失调的保护伞。在冷战时期的最后阶段，普林斯顿大学教授卡尔·E. 舒斯克（Carl E. Schorske）在其著作《世纪末的维也纳》（*Fin-de-Siecle Vienna*）中简明地表达了对中欧的怀念，意大利作家克劳迪奥·马格里斯（Claudio Magris）也在其华美的游记《多瑙河》（*Danube*）中有类似的记述。在马格里斯看来，中欧富有政治敏感性，“能够保护特定的群体反对任何极权主义的计划”；而对于匈牙利作家捷尔吉·康拉德和捷克作家米兰·昆德拉等人而言，中欧意味着“贵族”和开启“政治自由化”大门的钥匙。

在 20 世纪 80 年代和 90 年代，“中欧”给人的感觉是一种身处地理之中的文化，或者就是这种文化组成了地理的每一个节点，像山脉一般连绵不绝，或像苏军坦克的履带一般回环往复。具有讽刺意味的是，几年之后，随着种族冲突在南斯拉夫爆发，“中欧”这个概念竟从统一体变成了分支；“巴尔干”也在人们的意识中被肢解出来，成为了新近东的一部分。

巴尔干是古老的土耳其帝国和拜占庭帝国的同义词，崇山峻岭阻碍了发展，这里的生活水平相对比较低下，比起位于欧洲心脏地带的哈布斯堡王朝和普鲁士帝国，要落后几十年甚至几百年。而罗马尼亚和保加利亚等巴尔干国家始终遭受着一定程度的贫困和压迫，但在北方，即苏联的“中欧部分”则对此并无体会。

当然，情况是复杂的。东德作为从属国而被完全占领，因此它的制度在所有国家中最严酷；而前南斯拉夫并非正式的《华沙条约》组织成员，因此在其某些城市里有一定程度的自由化；而在当时的捷克斯洛伐克，这种自由化则是闻所未闻的。而原属天主教哈布斯堡王朝的那些欧洲国家，虽然也吃了一些苦头，程度上却大大减轻，不过是把激进的自由民粹主义掺和在一起的大杂烩而已。

20 世纪 80 年代，我时常旅行。我发现，当我乘坐的火车从匈牙利行至罗马尼亚时，窗外的建筑质量突然变差了；车上的乘警肆意蹂躏我的行李，因为翻出了打字机而向我索取贿赂；厕所里的卫生纸消失得无影无踪，就连灯光也变得无精打彩。巴可尔干虽然深受中欧影响，但中东的影响也不可小觑，因为它与两地的距离相等。进口的货物大都来自安纳托利亚，尘土飞扬的广场空地，破败不堪的公共场所，也几乎是科索沃和马其顿生活的真实写照。布拉格和布达佩斯的文化娱乐，在这里则难觅痕迹。这并不完全是意外，或由某些邪恶势力一手造就。在民族混杂的前南斯拉夫，暴力冲突一触即发，而在单一民族的中欧国家，比如匈牙利和波兰就不会如此。说到底，还是与历史和地理因素有关。

然而，以加顿·阿什为代表的自由派知识分子，在其宏伟设想中将中欧奉为道义和政治上的北斗星，而不仅仅将其看作一个地理标志。

这个北斗星不仅是欧洲的，也是世界的，具有包容性而非排他性。按他们的观点，不仅不应该将巴尔干弃于不发达状态，任何地方，包括非洲都不能例外。柏林墙的倒塌不仅代表着中欧梦想的实现，更应将这种精神辐射至全球。这种人本主义的设想本质即世界主义，在 20 世纪 90 年代，自由国际主义和新保守主义者都对此趋之若鹜。

回想一下，那些因支持伊拉克战争而臭名昭著的人物，如鹰派人物保罗·沃尔福威茨（Paul Wolfowitz）、新保守主义“教父”理查德·珀尔（Richard Perle），也都是对波斯尼亚和科索沃进行军事干预的支持者。以加顿为首的自由派也加入了这个阵营，并以左派的《纽约书评》作为阵地。入侵巴格达之路，其实正是植根于 20 世纪 90 年代对巴尔干的干预。现实主义者和实用主义者对此坚决反对，完全不顾这些军事部署是否成功。其实，对波斯尼亚和科索沃穆斯林的“拯救”正是始于对恢复中欧之美的浪漫向往，无论将它看做一个真实的地方还是想象中的乐园。历史终将证明，正是“道德”和人道主义牺牲了美。

以赛亚·伯林（Isaiah Berlin）的人道主义著作，抓住了 20 世纪 90 年代的知识分子精神。加顿·阿什在讲述其东德生活的畅销回忆录中写道：“我过去常把‘以赛亚·伯林派’（Ich bin ein Berliner）的说法挂在嘴边。”而现在以赛亚·伯林的思想反而取代了曾在过去 40 年间处于主导地位的一元化理论，成为其完美的解药。作为牛津大学教授，伯林几乎与 20 世纪同龄，他一直捍卫资产阶级的实用主义，在政治上主张“暂缓妥协”。他厌恶地理、文化和所有其他形式的决定论，包括“命定天数”。他倾尽终生之力撰写文章、发表演讲、阐述意见，像旷野中孤独的布道者一般，宣扬着他“有节制的理想主义”，并以此反对共产主义，反对那种认为只有某一群人有权享受自由和安全的观点。他的哲学和中欧的理想形成了绝配。

这些智慧和雄辩的知识分子的鼓吹确实使中欧的复兴成了一项崇高的事业，这种方法在西方国家的外交政策中经常发挥作用，这一点我将在下文中有所展开。但是，中欧的复兴之路仍然困难重重，稍后我们将不得不面对这个问题。

德国的钟摆与巴尔干的灵魂

在整个历史过程中，有一个丑陋的事实经常把中欧概念变成某种悲剧，那就是中欧在地图上根本不存在。以哈尔福德·J. 麦金德爵士（Halford J. Mackinder，1861 – 1947）及其弟子詹姆士·费格里夫（James Fairgrieve）为代表的地理决定论者一入场，就以唐突而低沉的音调压过了以赛亚·伯林那柔和的声音。

对他们来说，中欧概念具有“致命的地理缺陷”，因为它属于地理上的“破碎带”，横跨欧洲内海，既要顾及“海洋利益”，又具备“欧亚心脏地带的大陆观念”。总之，在麦金德和费格里夫看来，中欧从战略方面考虑并无发展空间。他们在著作中反复暗示，自由派知识分子对中欧复兴的庆祝和沉迷只是地缘政治斗争的间歇喘息，或至少他们希望如此。柏林墙的倒塌并没有也不能结束地缘政治的影响，只是把它带进了一个新的阶段。任何人都不能一厢情愿地希望国家间、政体间的斗争会就此打住。

我将在后文中花大量篇幅来探讨麦金德的著作，特别是他关于“心脏地带”（Heartland）的论文，因此先交待一下即可。这个百余年前提出的理论与两次世界大战和冷战的源头有着千丝万缕的联系。如果我们抽丝剥茧地深入到两次世界大战的逻辑核心，就会发现其本质是关于德国是否能够主宰欧亚大陆的中心地带；而冷战的本质则是苏联如何主宰东欧，那里正处于麦金德心脏地带的西部边缘。这里所指的东欧包括在其势力范围内的东德，历史上的普鲁士正是为了领土的需要进行同样的东扩，最终奔向“心脏地带”；而西德则成为北约海洋联盟的一部分，以天主教为精神依托，借助其雄厚的工业力量和商业头脑，向北海和大西洋挺进。

冷战时期，美国著名的地理学者索罗·B. 科恩（Saul B. Cohen）指出，“划分东德与西德的边境区，正是历史上最古老的一个区域”，中世纪区分法兰克和斯拉夫部落的分界线正在这里。换句话说，东西德之间的边境，几乎不是人为划定的。科恩认为，西德“反映的是海上欧洲”，而东德属于“陆权王国”，他因此支持德国分裂，认为“它在地缘政治上是合理的，在战略上是必要的”，因为它是欧洲中心连年战斗之间的稳定地带。麦金德在 1919 年也预见性地写道，“贯穿德国的分界线是世界上绝无仅有的，我们可以借此从战略意义上，把大陆地带与海洋地带划分开来。”柏林的一分为二，本质上是人为的，而对于德国的分裂，人为的成分则相对较少。

科恩把中欧称为“单纯的地理概念，却缺乏地缘政治的实质”。按照这个逻辑，德国的统一，不会导致中欧的浴火重生，反而会导致欧洲重燃战火。由此推理，对于欧亚大陆中心地带而言，德国的钟摆朝向何方，意义非同小可。如果是向东倒向俄罗斯，将会对波兰、匈牙利和其他苏联卫星国产生巨大的影响；如果是向西倒向英美，是否会为这两个海洋大国提供胜利的契机？这一点我们尚不知晓。在冷战后的早期阶段，科恩和其他学者都未能准确地预见今天统一德国“处于停摆化”的情况。如今的德国想尽力摆脱军国主义的影响，同时保留着深厚的文化底蕴，这在未来可能成为有助于欧洲大陆稳定的积极砝码，也可能成为使这个大陆重陷动荡的原因。

德国作为强权国家之一，一直占据着欧洲的中心。因此，德国人总是表现出强烈的地理意识和敏锐的战略观，并将其视为一种生存保障机制。目前，德国人亟须完成的正是超越一时持有的准和平主义观念，恢复其敏锐特性。

想想看，一个统一而自由的德国难道不可以成为一种平衡力量吗？有德国横贯于大西洋和欧亚大陆心脏地带之间，为“中欧文化”提出大胆的新诠释，是否可以使中欧的概念成为调节地缘政治的整流器呢？果真如此，加顿·阿什等人的理论将得以印证，他们也将享有超过麦金德和科恩的声誉。

将问题归总为一个，那就是：中欧作为“宽容忍让”和“高度文明”的理想地标，在新的大国博弈中能幸存下来吗？因为在欧洲的心脏地带，这种斗争司空见惯。从 20 世纪后期的制高点回过头来看，19 世纪后期欧洲中部充满活力的文化显得那么兼容并蓄，而且它正是形成于残酷无情的帝国扩张和地缘政治斗争，比如奥地利哈布斯堡王朝的统治。**自由主义最终必然依赖于强权政治，也许依靠的是一个相对宽容的强权，但强权就是强权。**

但是，在 20 世纪 90 年代，人道干涉主义者并非完全无视权力斗争。在他们眼里，中欧并不是幻想中的乌托邦，相反，通过阻止巴尔干地区的大规模屠杀，让中欧得以恢复元气，其目的不过是名正言顺地吹响了西方军事力量的集结号，以保护冷战的胜利成果。

“对于自由国际主义者来说，波斯尼亚已成为我们这个时代的西班牙内战。”迈克尔·伊格纳季耶夫（Michael Ignatieff）这样写道，此人是知名历史学家，以赛亚·伯林传记的作者。他一语道出了知识分子在巴尔干问题上的激情。他们迫不及待地要求发挥人的能动性，打败决定论。有人通过摘录乔伊斯的作品来说明这一点：当利奥波德·布卢姆[1] 感叹着面对自然法则强加的生存条件，如“大瘟疫”“大灾难”“大地震”等，人是多么无能为力时，斯蒂芬·迪达

① 乔伊斯作品《尤利西斯》主要人物。——译者注

勒斯[1] 对此只是简单地回应道，“人的重要意义，在于它是一种自觉的理性动物”。

是的，灾难时时降临，世界本是如此，但人类并没有因此逆来顺受。因为人是理性的动物，有责任与苦难和不公作斗争。

如此一来，中欧成了自由主义者的北斗星，一路向东南延伸，首先到波斯尼亚，再到科索沃，最后直达巴格达。当然，许多知识分子支持干预波斯尼亚，也反对伊拉克战争，或者至少是对它提出怀疑，但新保守派和其他人不会就此罢手。正如我们即将看到的，巴尔干展示的是干预主义的成功理念，在付出最小生命代价的同时取得胜利，从而给许多人留下错觉，误以为未来战争都将如此。加顿·阿什热切地写道，20 世纪 90 年代那些姗姗来迟的干预，让人想起英国诗人奥登（W. H. Auden，1907 – 1973）对 20 世纪 30 年代的描述 ：“低下而不诚实的十年。”但是，从另一个角度讲，这十年来得未免太容易了。

在 20 世纪 90 年代，似乎历史和地理终于低下了他们宁死不屈的头。柏林墙倒塌后，非历史性和普遍主义思潮蠢蠢欲动，然而不到两年，各国媒体突然发现自己陷入狼烟四起的废墟，残砖瓦砾堆积成山，一些地名拗口的小城镇里，建筑钢筋扭曲断裂。在古老的奥匈帝国和土耳其帝国边境地区，名为斯洛文尼亚和克拉伊纳的两个地方，刚刚目睹了纳粹以来在欧洲不曾再出现过的暴行。

于是，精英之间的战略对话，不得不从神侃全球一体化变成着力解开距离维也纳只有几小时车程远的中欧无名小镇的复杂历史问题。地图表明，克罗地亚南部和东部，靠近萨瓦河，就是广阔的欧洲平原的南部终点。在萨瓦河岸另一边绵延的崇山峻岭，统称为巴尔干地区。彩色立体地图显示，从法国到俄罗斯，即从比利牛斯山到乌拉尔山脉，

① 乔伊斯作品《一个青年艺术家的画像》主要人物。——译者注

象征着广阔平坦地貌的绿色一直延伸着，而到了萨瓦河南岸却陡然变成黄色，又渐变成棕色，这标志着有更高、更坚固的地貌出现，并继续向东南延伸，直到小亚细亚。这个地区曾是奥地利哈布斯堡王朝和奥斯曼土耳其军队的操练场，双方此消彼长：西方基督教在此止步，东正教和伊斯兰教世界就此开始。就在这里，克罗地亚军民集结，与塞尔维亚对阵作战。

克拉伊纳（Krajina）在塞尔维亚-克罗地亚语中是“前沿”的意思，即军事禁区。16世纪末，奥地利人为反对土耳其的扩张而建立此禁区，并将从奥斯曼苏丹帝国专制统治下逃脱而来的克族和塞族难民都诱骗到前线一带。因此，这里成为一个民族混合杂居地区。第一次世界大战后，奥匈帝国的控制一消失，两族人就纷纷谋求建立单一民族身份国家；此后，在两次世界大战之间，两族人在塞尔维亚-克罗地亚-斯洛文尼亚王国统治下一度团结起来；而在纳粹占领时期又被混杂着分成几块，克罗地亚在此地建立起纳粹傀儡政权，在死亡集中营谋杀了数以万计的塞族人。1991年南斯拉夫解体后，斯洛文尼亚和克拉伊纳的边境塞族军队对克罗地亚人居住区展开了种族清洗，而当克罗地亚人重新夺回该地区后，这里的塞族人又不得不纷纷逃返塞尔维亚。战争从克罗地亚与塞尔维亚的边界地区一直蔓延到波斯尼亚，成千上万人遭灭门之灾，方式极为恐怖残忍。

这里的历史和地理背景如此丰富，但敬业的记者和知识分子却视而不见。他们这样做，肯定是有原因的，甚至还不止一个。首先是纯粹的恐惧和厌恶。你看，加顿·阿什又来了：

我们从前南斯拉夫可怕的10年中能知道什么？……首先知道的一点是，人性并没有改变。在20世纪末的欧洲，人类实施野蛮暴行的能力丝毫不减当年，与本世纪中叶的大屠杀不相上下……在 20 世纪末，我们西方的政治流行语变成了“一体化”“多元文化”之类，或用老掉牙的词汇来形容，就是“大熔炉”。但前南斯拉夫问题一直与此相反。它像一个巨大的“离心力”机器，一个不停地疯狂旋转的圆筒，向外甩出奶昔和黄油……在这里，随着机器奋力旋转，分离出来的是民族，而从过滤器底端不停地流淌出来的，是血。

随着这股逆流而来的，是对于西方在米洛舍维奇身上实行“绥靖政策”的指控。在柏林墙倒塌后，他仍然保留着自己的别墅、豪华办公室、狩猎小屋和其他特俸津贴，而自己却摇身一变，成为一个狂热的塞尔维亚民族主义者，并引发了第二次类似大屠杀的暴行。这一事件让人联想起 1938 年在慕尼黑对希特勒实行的绥靖政策及其灾难性后果，并迅速成为 20 世纪 90 年代占统治地位的类比推论。

事实上，类似的“慕尼黑阴谋”恐惧症，并不是什么新鲜事。1991 年，美国之所以要把科威特从萨达姆·侯赛因的入侵中解放出来，就是这种恐惧症发挥了决定性作用。如果我们不在科威特阻止萨达姆，他将拥有未来入侵沙特阿拉伯的资本，进而有控制整个世界石油供应的危险；他还将剥夺本地区人权，使整个地区陷入难以名状的黑暗和恐慌。

但是，国际上对于“慕尼黑阴谋”的类比最盛的时期，还是 1991 年和 1993 年间。当时，米洛舍维奇先是发起对克罗地亚的进攻，然后又对波斯尼亚塞族发动攻击，而西方没能及时回应，从而引起轩然大波。

在经历一段较长时间的繁荣与和平之后，世界大战的历史负担被抛在脑后，战争在人们心目中似乎越来越抽象，这时，对于“慕尼黑阴谋”的类比总会重新活跃起来。20 世纪 90 年代的情况就是如此。

美国在亚洲曾经遭受的痛苦不堪的陆地战争回忆，已经过去两个十年以上，残酷的战争印象已在人们心中变得暗淡。此时重提“慕尼黑阴谋”，是希望将其作为一种具有普遍性意义的提醒，呼吁世人眷顾世界，珍惜他人的生命。

1994 年发生卢旺达种族灭绝大屠杀之后，最常见的舆论反应，就是质疑为何未能阻止它。但是，直到北约 1995 年在波斯尼亚、1999 年在科索沃迟迟未能实施有效的军事干预，“慕尼黑阴谋”论才真正累积到了白热化的程度。与此相对，那些反对干预者举出越南战争作为反例。万幸的是，一次次战争预告只是“狼来了”的呼唤，并未真正到来，因此，在 20 世纪 90 年代，越南的幻影最终在巴尔干地区地烟消云散。这在当时成为被口口相传，大书特书的佳话［对于这些与干预迟缓有关的故事，我有自己的历史纪录。据说，我的拙作《巴尔干鬼魂：穿越历史之旅》(*Balkan Ghosts: A Journey Through History*)，是 1993 年克林顿总统决定不进行军事干预的一个重要因素，他因此推迟两年才向巴尔干地区派遣北约部队。——作者注］。

“慕尼黑阴谋”的类比

军事武力在越战时期遭人憎恨不已，现在却成为人道主义的代名词。“反对种族灭绝的战争必须带着暴怒去战斗，目的正是要打掉暴怒，”莱昂·韦塞梯尔（Leon Wieseltier）如是写道，他是《新共和》(*The New Republic*) 的文学编辑，“为了阻止种族灭绝，使用武力是第一手段，而非最后一招”。为此，韦塞梯尔不断示威抗议，反对为人道主义干预制订退出战略：

1996 年，克林顿总统的国家安全顾问安东尼·莱克

(Anthony Lake)，一位生性犹豫又胆怯的人，竟炮制出一个所谓的“退出战略”：“在我们向海外派军之前，就应该知道如何以及何时需要把他们捞回来。”

莱克妄图在调遣美国部队方面扮演全知者的角色。“退出战略”学说，从根本上误解了战争的性质，更从普遍意义上误解了历史行为的本质。它以谨慎从事的名义，拒绝承认人类事件具有突变性。万事并非一开始就能预知结局的。

韦塞梯尔引用了卢旺达为例。100 万图西人（Tutsis）在 1994 年的大屠杀中丧生，他认为，如果西方适时干预、阻止杀戮，即使日后陷入军事泥潭，肯定比已经发生的悲剧要好。韦塞梯尔，正像加顿·阿什一样，是 20 世纪 90 年代立场最坚定、道义上最有说服力的代言人之一，他写了很多文章来发泄他的挫败感。他认为，正是因为北约空中打击的有限和迟到，才没能把科索沃的穆斯林阿尔巴尼亚人从米洛舍维奇的驱逐和灭绝政策中解放出来。针对塞族城镇的空袭，在他看来必不可少，但根据人道干涉主义者的看法，要出动地面部队才能解放科索沃城镇。克林顿政府在发动战争时犹豫不决的态度，客观上成了造成大规模苦难的同谋犯。

“理想主义者的工作，”韦塞梯尔写道，“已被压缩成仅限于抢险救援，以及灾难的善后处理。我们是在本应大投特投子弹的地方大投特投毛毯。”他说，克林顿政府发明的是一种不需要美国人死掉的战争，这是一种懦夫的战争，靠的是精密技术，民意和良心则被抛在一边。他预测道：“这个时代的免疫力不会永远持续下去。迟早，美国将不得不派遣士兵……奔赴那些他们将遭受伤害或死亡的地方。重要的是事业正义与否，而不是事业是否危险。”

事实上，入侵伊拉克的战争，早在 20 世纪 90 年代就已开始酝酿。

当时美军自恃天下无敌，历史和地理因素对它都奈何不得，只要选对时机，放开手脚，一举出动地面部队，就将所向披靡。换句话说，正是这些理想主义者在声嘶力竭、激情四射地鼓吹对海地、索马里、卢旺达、波斯尼亚和科索沃使用武力。尽管像布伦特·斯考克罗夫特、亨利·基辛格这样的现实主义者极力敦促美国保持克制，他们收到的反馈却只是越来越多的无情嘲弄。

然而总体而言，20 世纪 90 年代还是较少动用军事实力的 10 年，同时也是专门展示空中力量的 10 年。这是 1991 年从科威特赶走伊拉克军队的关键。当然，这种战例必须依赖于平坦广阔又很少下雨的沙漠地理环境，这样的地貌有利于取得高科技战争的胜利。

空中力量虽然表现出各种局限性，但在四年后结束波黑战争时仍然成为了关键因素，美军据此在科索沃完成了对米洛舍维奇的最后一击。阿尔巴尼亚族难民返回了自己的家园，米洛舍维奇的势力也被削弱到一定程度，最终在 2000 年被迫放权下台。仅凭人力无法“拔山”，这是美军最初不向波斯尼亚和科索沃派兵的根本原因；但事实证明，只要我们拥有空中优势，陆军也能“力拔山兮”。

仿佛一时之间，在巴尔干地区刚要再次抬头的地理学派又被空中力量很快打压了下去。随后，空军和海军陆战队的战斗机不断巡逻伊拉克禁飞区，让萨达姆成为笼中困兽，长达 10 年之久。因此，美国精英阶层在对军队的无比威力肃然起敬的同时，也对老乔治·布什和克林顿政府不在巴尔干使用军队义愤填膺，他们认为，这本可以制止 20 多万人遭受种族灭绝之害，更不用提发生在卢旺达的百万人大屠杀。这是一种有可能引向冒险主义的思维定式，实际上也的确出现了这样的结果。而且，这还会导致在未来的 10 年间对“慕尼黑阴谋”的类比之风减弱，而地理学说将重新恢复其应该受到的尊重和地位。

20 世纪 90 年代，因为有了空中打击力量，我们眼睁睁地看着地图只剩下两维空间。但在阿富汗的群山中，在伊拉克的险恶小巷，三维空间将很快得到恢复。

1999 年，在自由派知识分子之中，发泄情绪的现象越来越普遍。韦塞梯尔写道：

> 克林顿拒绝把除掉米洛舍维奇这个恶棍算在他的战争目标里。让人啼笑皆非的是，其前任（老布什）拒绝把除掉另一个恶棍（萨达姆）算在第一次海湾战争的目标里，由此造成的后果，却正是由克林顿继承了。
>
> 1991 年，近五十万美军势如破竹，距萨达姆·侯赛因只有几百公里之遥，布什总统却没有下令继续向巴格达进军。他的将军们刚刚结束自己零缺陷的战争，也担心出现伤亡。他们也考虑到伊拉克的“领土完整”，似乎政权崩溃的短痛给人民带来的损害，不亚于维持独裁统治已经造成的长痛，特别是对于北部的库尔德人和南部的什叶派带来的苦难。

在这些自由知识分子的想象中，中欧边界仿佛是无限长的，最远可延伸到美索不达米亚。当然，事情本可以变得截然不同。2006 年，就在政权崩溃之后，伊拉克发生了最恶劣的教派大屠杀，萨达姆曾在该国实施的暴力与之相比，也只是小巫见大巫。韦塞梯尔还算良心未泯，他坦言美国人“有点操之过急”。他也承认，尽管他支持战争，此时也无话可说了。仍然有一些入侵的狂热支持者，不惜口舌地极力为自己辩解，但他毕竟还不属于这类人。

当年，我也支持伊拉克战争，曾撰文鼓吹并加入相关民间组织，敦促布什政府大举入侵。美军在巴尔干地区表现出的力量，给我留下了深刻的印象，而萨达姆直接或间接谋杀的人数远超过米洛舍维奇，加上断定其拥有大规模杀伤性武器，从我的观点来看，当时干预的确是必要的；我同时又是一名记者，沉溺于自己的故事中不能自拔：20世纪80年代从伊拉克发回的报道，对于萨达姆的统治比起叙利亚的哈菲兹·阿萨德（Hafez al-Assad）更具压迫性的观察，使我有意促成萨达姆下台。虽然后来以色列的领土扩张一下子使许多人支持战争，但据我与新保守派和自由派人士打交道的经验，在这段时间里，波斯尼亚和科索沃的战报比以色列的情况更能吸引这些人的眼球。

对巴尔干的干预使美国赚足了战争红利，似乎验证了在外交政策上，理想主义的做法具有可行性；1995年对波斯尼亚的干涉则改变了辩论的主题，从“北约该不该存在”变成了“北约该不该扩大”。1999年的科索沃战争允许北约最终扩大到黑海岸边，其影响不亚于“9·11”事件。

一些理想主义者对伊拉克的关注，是20世纪90年代激情的延续。虽然在潜意识里，这代表着地理学上的失败，但也由于美国的军事力量之强大而可完全忽略不计。20世纪90年代，利比里亚和塞拉利昂等西非国家被认为是值得期待的民主化候选国，尽管这些国家中也充满暴力行为，尽管其制度完善程度远远低于伊拉克。正是军队尤其是空军的力量，使普遍的价值观更显重要，甚至超越了人们赖以生存的地理和历史经验。

“9·11”事件后，“慕尼黑阴谋”类比重新得到重视，在打破与萨达姆·侯赛因的僵局中也起了作用。人们惊奇地发现，虽然美国本土刚刚遭受了堪比“珍珠港事件”的大袭击，但该国的地面战争经验在1/4世纪以来已降到最低点，令人不敢恭维。此外，萨达姆绝非简单的独裁者，而是一个扎根于美索不达米亚古代文明中的暴君，在很多人眼中堪比希特勒或斯大林。他窝藏着大规模杀伤性武器，或者至少一时间所有人都这么认为。有了“9·11”事件和慕尼黑阴谋的前车之鉴，再不采取行动，历史将永远也不会原谅我们。

理想主义对美国的祸害

对慕尼黑阴谋的类比走到极致，却引出了另一个完全相反的、一度几乎被人遗忘的类比：越南战争。于是，冷战后的第二轮知识辩论周期开始了。

这一轮知识辩论周期的长度，约等于 21 世纪第一个十年，并与伊拉克和阿富汗的两场艰难战争相对应。“现实主义”和“实用主义”得到重视，人们开始对美国在美索不达米亚的冒险行为持怀疑态度，而“新保守主义”成为被嘲笑的对象。在 20 世纪 90 年代，世界遥远角落的民族和教派分歧被视为西方的责任所在、“好男儿”应该铲除的障碍，否则会被扣上“宿命论者”或“决定论者”的帽子；而到了下一个十年，这种仇恨的种子却在警告我们远离军事行动。越南战争的类比完全压过慕尼黑阴谋类比的决定性时刻，是 2006 年 2 月 22 日。当时逊尼派基地组织极端分子炸毁了萨迈拉的什叶派阿斯卡里（ai-Askariyah）清真寺，并在伊拉克内部煽动教派间的暴行，美军对此束手无策。仿佛突然之间，我们发现面对原始的仇恨和混乱，地面部队是如此无能为力。万能的美军神话，在巴拿马战争和第一次海湾战争期间横空出世，在索马里遭受重创，然后在海地、波斯尼亚和科索沃得到修复和打磨，此时则被轰然震碎，理想主义思潮亦随之而去。

如果说对于慕尼黑阴谋的类比关乎普遍性，是对世界上其他地区人民的眷顾，对越南战争的类比则是一种自我关怀。5.8 万人在那场战争中死去了。越南战争的教训就在于，盲目的热情会导致事情向错误方向发展，而悲剧性思维有助于避免悲剧。事实上，一开始正是一种理想主义的使命意识，将美国拖入东南亚的冲突中。当时的美国处于和平盛世，享受着二战后繁荣的顶点。还有比这更应该参与的战争吗？地理和距离被抛诸脑后，当军队进入越南战场时，人们心目中最近的战争往事，是60年前菲律宾丛林的残影。

越南战争是每当美国遭受重创后就容易引以为戒的战例。现实并不精彩，血淋淋的教训只有在事情恶化后才再度得到尊重。事实上，有近5 000名美国人在伊拉克死亡，超过3万人重伤，几十万伊拉克人死亡，另有超过1万亿美元的成本，截至本书发稿时尚在统计中。即使伊拉克将来演变成一个半稳定的民主国家，或成为美国的准盟友，如此过度的代价仍显得得不偿失，正如某些人指出的那样，坦率地讲，很难看到我们的胜利成果有什么道德价值。

不过，伊拉克战争倒是打破了一些思维定式，其中的一个关键点是：美国在向国外部署军力时，总要得到些道德上的回报。**现在我们已经明白，任何国家，即使像美国这样标榜爱好自由民主的国家，如果无节制地使用权力，也不一定会形成良性循环，时常“善”无善报。**在现实主义重获尊重的同时，知识舆论界重新燃起了对17世纪哲学家托马斯·霍布斯（Thomas Hobbes）的兴趣。他对于“恐惧”的道德优势大加颂扬，并认为暴力的无政府状态是社会的主要威胁。在霍布斯看来，对暴力与死亡的恐惧，是人类自我利益的觉醒。这种恐惧可以通过建立国家来消解，取而代之的是只有违法者才需要面对的恐惧。然而，这样的概念很难得到城市中产阶级的理解，因为这些人早已失去任何与人类自然状态接触的机会。

冷战后时代又将我们带回原点，让我们认识到，哪怕是我们与之冷战了几十年的极权主义，在许多方面也要比无人负责的无政府状态更为可取。虽然我是推翻萨达姆政权的支持者，我也不得不说，在伊拉克，我们就是搬起石头砸自己的脚。

2004年3月，我发现自己置身于科威特沙漠的乌达里军营（Camp Udari）之中，与海军陆战队队员一起经历了第一波暴力袭击浪潮。一个四分五裂的伊拉克，并不像卢旺达和波斯尼亚一样，是某个统一组织的死亡机器造成的结果，而是因为秩序的崩溃而回到“原始状态”。霍布斯因此成为冷战后第二波知识辩论周期的标志性哲学家，就像伯林在第一周期享有的地位一样。

海军陆战队正要启程，从陆路开往巴格达和伊拉克西部，为陆军第 82 空降师换防。这是由帐篷、床板、集装箱和食品间组成的流动部队。并列行进的 7 吨级大卡车和悍马车队，浩浩荡荡地一路北上，美国在伊拉克史诗般的军事干预，很快就会公诸于世。沙尘暴刮起，风刀刺骨，暴雨威逼，车辆抛锚。

而就在短短的几年前，我们离巴格达只有区区几百公里的路程，却半途而废，因为当年那些人把推翻萨达姆·侯赛因仅仅看做推翻米洛舍维奇的延伸。广阔的沙漠里，原油和汽油味扑面而来，预示着前面就会出现第一个由承包商建造的车辆服务站。这一路沿途有许多工程项目，为北上行军的数百车辆提供服务，供应数以千计的海军陆战队员的给养。发动机和发电机在黑暗的夜色中发出轰鸣。这世界上最复杂的物流，包括储存和运输矿泉水瓶、三餐即食盒饭、洗漱用品包等一切物资，只用数天功夫，就跨越凶险的沙漠，抵达巴格达以西的费卢杰城（Fallujah）。只是区区几百公里而已（在第一次海湾战争中，美军先头部队到达了距巴格达 150 公里以内的范围，但大部队仍然驻扎于科威特和沙特的沙漠地带。——作者注）。

在美国完成对伊拉克军事占领的过程中，这只是较为容易、相对非暴力的环节。但由此来证明地理不再重要，无疑是错误的。

THE REVENGE
OF GEOGRAPHY

第 2 章
分裂的地理，报复的逻辑
地图的力量

现实主义是将我们引向地理的力量，强调我们要善待地图并认识到其至关重要的作用。同时，现实主义对自由主义价值观的藐视将地图的地位推到了一个前所未有的高度。

同为金砖国家，中国比巴西更有成为世界性大国的发展潜力，是因为地理位置决定的？为什么非洲至今仍是世界上最贫困的地方？在洲际弹道导弹和核武器的时代，地理到底还重不重要？

为何自由国际主义者普遍支持在巴尔干地区进行干预，却反对入侵伊拉克？在漫长的历史进程中，地理是以何种方式勾勒出人类政治版图的？同时，地理又将以怎样的方式对人类进行报复？

现实主义与地图的价值

美国在伊拉克战争最初几年遭受的惨败，印证了现实主义的箴言：想要在某个地方有所作为，当地的地理、历史和文化必然会产生阻碍。在 20 世纪 90 年代，这一观点曾经受到理想主义者的诋毁。然而，那些反对伊拉克战争的人，最好不要过于强调越南战争的类比，以免矫枉过正，陷入孤立主义的泥潭，正如其导致绥靖政策的可能性一样。用中东问题专家福阿德·阿杰米（Fouad Ajami）的话说，越南战争的类比“经常会引起降低期望值的轻率偏见”。别忘了，慕尼黑会议是在第一次世界大战后的 20 年内召开的。那场大规模战争的残酷性，使得张伯伦这样的现实主义政治家理所当然地设法避免历史重演，但这种形势对于心怀战争阴谋的国家来说，却是最适合不过了。纳粹德国和帝国主义日本，他们本就无所畏惧。

越南战争的例子意在限制，慕尼黑阴谋的例子意在克服这些限制。单独拿任何一个案例来作类比，都可能是危险的。只有正反两方面都得到妥善权衡，正确的政策措施才有保证。明智的决策者，会意识到其国家的局限性，懂得政治的艺术在于尽可能靠近边缘，又不至于从悬崖上失足跌落。换言之，真正的现实主义是一门艺术而非科学，一位政治家的性格所发挥的作用，跟他的智力一样多。

现实主义的鼻祖可以追溯到 2 400 年前的古希腊历史学家修昔底德（Thucydides），他在《伯罗奔尼撒战争史》（*The Peloponnesian War*）中的深邃见地，证明他对人类行为不抱任何幻想；现代现实主义的集大成者却是汉斯·J. 摩根索（Hans J. Morgenthau），他于 1948 年出版的著作《国家间政治：权力斗争与和平》（*Politics Among Nations: The Struggle for Power and Peace*），是其思想的全面总结。让我暂停一下，先来谈谈这本书。这是一位在芝加哥大学任教的德国难民的智慧结晶，可以为我的地理大讨论确立基调：**为了正确看待地图的价值，现实主义至关重要，实际上，它正是将我们直接引向地图的力量。**

摩根索一开篇就指出，世界“是人性中的本质相互作用的结果”。按照修昔底德的说法，人性的本质即恐惧（Phobos）、自我利益（Kerdos）和荣誉（Doxa）。“要改善世界，”摩根索写道，“我们必须与这些力量合作，而不要与它们对着干。”因此，现实主义者接受已经掌握的人类物质现实，不管它们多么不完善。“历史上的先例，比抽象的原则和目标有吸引力得多，能引导我们少做恶行，而不是实现绝对的善举。”例如，一个现实主义者会通过研究伊拉克历史上的族群图谱，而不是诉诸西方民主的道德戒律，来预测伊拉克推翻专制政权后将会有怎样的未来。按照摩根索的说法，良好的愿望几乎与正面的结果没有任何关系。

他举例说，张伯伦与大多数英国政客相比，在个人权力方面的考虑少得多，而是努力寻求所有相关者的和平与幸福，但他的政策给数以百万计的民众带来了难以名状的苦难；另一方面，温斯顿·丘吉尔的任何决策都以个人和国家权力作为出发点，对此他从不讳言，但他的政策却意外地产生了无法想象的道德效果。时任美国国防部副部长的保罗·沃尔福威茨在主张向伊拉克派兵时，认定这将大大改善那里的人权状况，但结果却与其初衷适得其反。这一切说明，并不能仅仅因为一个国家采用民主政权，其外交政策就一定比专制政权更好或更开明。正如摩根索所说，“要满足民众的情感需要，就会无一例外地损害外交政策本身的理性”。

民主和道德根本不是一回事。“所有国家都禁不住用普世的道德目的来掩饰自己特定的愿望，很少有人能长期抵抗这种诱惑，”他继续说，“承认各国都受到道德的约束是一回事，而利用所谓的‘正义’在国际关系中谋求国家利益，又是另一回事。”

此外，国家必须要比个人受到更多道德约束。摩根索写道，“个人可以说这样的话……‘让正义得到伸张，即使世界灭亡’，但是国家没有权利以那些受庇佑者的名义这样说。”**个人只对他的亲人们负有责任，他们会原谅他的错误，只要他出于善意；但一个国家必须在其境内保护千千万万人的福祉，一旦政策失误，不会得到任何谅解。**因此，国家必须比个人深谋远虑得多。

人性，即修昔底德所谓“恐惧、利益和荣誉的综合体”，造就了这个冲突和强权层出不穷的世界。对于摩根索这样的现实主义者来说，冲突是意料之中的，无法避免，因此不必像理想主义者那样反应过度。他们理解，在人类的交往过程中，尤其是各国的互动之中，“支配”是一个必然的趋势。摩根索援引罗诺克学院教授约翰·兰多夫（John Randolph）的话说，“单靠权力自身就可以限制权力”。现实主义者不认为国际机构是和平的关键，因为这些机构所反映的只是各个成员国之间的权力平衡。这种平衡，正是“和平还是战争”的最终决定因素。

但权力平衡系统本身就是不稳定的，按照摩根索的说法，每个国家都在担心可能误判了权力平衡，因此必须不断取得更大的权力优势，来补偿其万一出现的误差。这正是第一次世界大战爆发的动因，奥地利哈布斯堡王朝、德国威廉二世和沙俄都试图调整权力平衡，以便对自己有利，结果严重失算。摩根索写道，正是由于普遍性道德良知的存在，即把战争看做“自然灾难”，而不是本国外交政策的自然延伸，最终限制了战争的频繁发生。

地理的逻辑

2003 年至 2007 年间，在伊拉克发生一系列暴力事件之后，我们都宣称自己已成为现实主义者，或至少自恃如此。但从摩根索对现实主义的定义来看，果真如此吗？例如，大多数人以“现实主义者”的身份反对伊拉克战争，那他们是不是也觉得，民主和道德之间没有必然的联系呢？

请记住，摩根索反对越南战争，是同时基于道德和国家利益的双重理由，因此他是最易让人接受的现实主义者。作为学者和知识分子，他一生从未有过对权力和地位的奢望，而不像基辛格和斯考克罗夫特等现实主义者那样展现出雄心壮志；此外，他为人内敛朴实，也不像基辛格或塞缪尔·亨廷顿那样尖刻犀利。

事实上，即使是摩根索这样的现实主义者，都应该让人感到不安，对此无人予以否认。现实主义者明白，国际关系受制于比国家内政事务更无奈、更有限的现实。国内的政体毕竟受到法律的制约，因为合法的政府有武力的垄断使用权；而世界作为一个整体则仍然处于一种自然状态，不存在霍布斯笔下的巨人利维坦① 可以对不公正予以惩罚。

① Leviathan，意指庞然大物。英国政治思想家托马斯·霍布斯在1651年出版的著作《利维坦》（*Leviathan*）中称，人类为了自我保护，创造了利维坦，但利维坦在保护人类的同时又在吃人。人类社会的最高理想是把利维坦关进笼子里。——译者注

事实上，文明的表面掩藏着的正是人类最冷酷的欲望，因此对于现实主义者而言，外交的核心问题是：**谁可以对谁做什么？**

“现实主义是对美国传统的异化，”卡内基国际和平基金会的高级研究员阿什利·特利斯曾这样告诉我，“它刻意忽略道德因素，认为在这样低俗的世界里，最重要的是利益，而不是价值观。但是，现实主义永远不会死，因为它准确地反映了各国的行为本质，所谓的价值观言论，不过是用来粉饰门面而已。”

现实主义者重视秩序超过自由，对他们来说，后者只有在前者已经确立后才变得重要。以伊拉克为例，即便是极权主义性质的秩序，也要比缺乏秩序的后果更人性化。世界各国政府永远都是难以捉摸的，所有社会的进步方式永远不会完全一致，世界注定要被各种不同的政权统治，一些地方甚至还处于部落化和民族化的无秩序状态。

源起于古老的希腊和中国的现实主义，一路绵延数千年，直到20世纪中期法国哲学家雷蒙·阿隆（Remond Aron）和他的西班牙同龄人何塞·奥尔特加·加塞特（Jose Ortega Gasset）等现实主义者加入，其核心理念仍然是：战争，是人类固有的本性，是区分国家和其他集团的必由之路。主权和联盟绝不可能凭空出现，他们出现于与他人的差异。在全球化的信徒仍在高唱人类统一时，传统的现实主义者则一直强调着人类的分歧。

所以还是来看地图吧，这是人类分裂的空间图示，是现实主义作品摆在首位的主题。但地图并不总是说实话。他们有时会像散文小品那样主观臆断。

已故英国地理学家约翰·布赖恩·哈雷（John Brian Harley）曾说过，看看欧洲人给非洲大片土地所起的名称，我们就知道制图学是如何诠释“权力话语”的，在这种情况下，它成了潜伏在地名中的帝国主义。此外，墨卡托投影[①] 显示的欧洲也大于其实际面积。地图上的国家总用非常鲜明的色彩标识，以示对于本土之外区域的统一控制，虽然情况可能并非如此。地图是唯物的，因此在道德上必须是中立的；换句话说，它又可能是危险的工具。但他们确实是了解世界政治的关键。“地理是国家权力的金字塔赖以确立的相对稳定的基础。”摩根索如是说。一言以蔽之，**现实主义是对最生硬直率、最令人不舒服，同时又最具确定性的真理的认识，这个真理就是地理。**

地理也是人类自身历史的背景图。除了制图失真的情况之外，它都可以被看作政府的秘密议会，可以揭示其长远意图。一个国家在地图上的立场，是立国的首要大事，比其执政理念重要得多。哈尔福德·麦金德形容道，地图能令人“一眼知乾坤”，而地理则是艺术和科学之间的桥梁，用环境因素连接那些人文学家经常忽略的历史和文化背景。在 18 世纪和 19 世纪政治学作为专门的学科出现之前，地理学已经有了一定的学科地位，经常被当做政治、文化、经济等学科的重要参考工具。根据唯物主义的逻辑，山区和部落的重要性高过理论观点上的世界。或者说，山脉及其居民是现实的，第一位的，而思想不管被拔得多高、有多坚定，都只是第二位的。

这也是我的观点。我在伊拉克战争中接受了现实主义，不管这么做有多么不易，以及在多短的时间内下的决心。其实我们接受的是地理，只是我们不知道而已。地图反驳的正是人类平等和统一的观念，它提醒我们，所有人都处于严重的不平等状态，地球在许多方面是分裂的，不同的环境导致了冲突，而这也正是现实主义的观点。

---

① 墨卡托投影（Mercator projection），即正轴等角圆柱投影，由荷兰地图学家墨卡托于1569年创拟。假想一个与地轴方向一致的圆柱切或割于地球，按等角条件，将经纬网投影到圆柱面上，将圆柱面展为平面后，即得本投影。在切圆柱投影与割圆柱投影中，最早也是最常用的是切圆柱投影。——译者注

打个比方来说，帝国主义的普鲁士人对地理一词的感觉，肯定不如英国维多利亚和爱德华时代的人感觉那么恶劣。这就是地理的报复，标志着冷战后时代第二波知识辩论周期的顶点和第一个理论循环的结束。此前，我们曾通过空中力量和人道主义干预的胜利来宣示地理学的失败，现在我们又被带回人类生存的最底层，在那里接受未来生存斗争的挑战。地理通过预示和联想，严重制约着我们的行为，让我们在美索不达米亚和阿富汗等地方承受痛苦。

虽然不得不承认现实，但也并非没有希望：我们可以努力深化在地理方面的知识，借助技术来规避地图的限制。这也是我研究的目的，一种“非直觉”的对应之法。因为不仅思想的狭隘会导致孤立主义，对资源的过度开发，也一样会导致孤立主义的反弹。

人类活动轨迹的前戏

但是，我们必须先来认识地理学科的核心。英国地理学家 W. 戈登·伊斯特（W. Gordon East）写道，“成事在天，但取舍在人”。人的行动是有限的，受到地理上的边界所限制；但是，由于地域范围的广阔，人类可以有足够的回旋余地发挥其能动性。

事实证明，阿拉伯人与其他任何民族一样，有实现民主的能力，而利比亚部落和也门山脉的空间安排，在这些国家的政治发展进程中也将继续发挥至关重要的作用。

地理可以预知，而不是确定，因此它不是宿命论的代名词。但它与经济和军事实力的分布一样，是国家行为的主要制约和推动因素。

尼古拉斯·J. 斯皮克曼（Nicholas J. Spykman）是第二次世界大战初期伟大的战略家，耶鲁大学教授。他在 1942 年写道，“地理不用自辩，而是自明。”他用这样一段话阐释了他的观点：

地理是美国外交政策最根本的因素，也是最永恒的因素。部长来去更迭，连独裁者都死了，但山脉岿然不动。

乔治·华盛顿，率领其衣衫褴褛的大陆军，保卫着十三个殖民地，他的继承人富兰克林·罗斯福掌握着整个新大陆，无数资源任其调度，但大西洋却继续让美国和欧洲分离，圣劳伦斯河港口冬季仍然结冰断航。沙皇亚历山大一世把俄罗斯拱手让给斯大林，他留下的不仅是权力，还包括他未完成的任务，那就是为俄罗斯争夺出海通道；而马其诺将军和克里孟梭则继承了凯撒大帝和路易十四对开放的德国边境的焦虑。

有人可能会补充说，尽管“9·11”事件震惊全球，但大西洋仍然很重要。事实上，正是大西洋决定了美国和欧洲奉行不同的外交和军事政策。我们也同样可以说，俄罗斯直至今天仍然是一个不安全、不稳定的陆权大国，它渴求更多的出海通道。从一方面来说，俄国在 13 世纪是蒙古汗国入侵的受害者，只靠着时间、距离和天气这些自然因素逃过一劫；另一方面来说，因为欧洲、乌拉尔地区和东欧地区之间没有大的障碍，尽管人工边界柏林墙倒塌了，来自俄罗斯的威胁依然存在，百年来并无变化。是美国通过支配整个大陆的资源，才最终保住了欧洲的和平。

的确，地理是人类活动轨迹的前戏。欧洲文明的重要来源是希腊的克里特岛和基克拉迪群岛，前者是“从欧洲独立出来的碎片”，是欧洲连接埃及文明的最近地点，后者则是与小亚细亚的最近地点。德国是陆权国家，英国只是一个岛国，这是欧洲历史不可争辩的事实。德国东西两边均无山脉保护，为了应对其危险的地理位置，它选择的道路从军国主义到当代的新型和平主义；而英国边界安全，面向海洋，可以比其邻国更早地发展民主制度，并与美国建立了特殊的跨大西洋关系，与它共享一种语言。亚历山大·汉密尔顿说过，如果英国不是一个岛国，其军事制度将会与欧陆国家一样霸道，并且“不可避免地”会成为“某个极权势力的受害者”。正是其地理位置保证了英国在历史上免遭最危险的入侵，并在几个世纪以来对英吉利海峡和北海对岸的法国及其他低地国家的政治付出战略关注，使他们能够顺利发展。一切事实均表明，国际事务的构成往往以地理为基础，而我们却将其视为理所当然。

为什么中国无论如何都比巴西更重要？是由于地理位置。即使巴西与中国经济增长保持同一水平，人口同等规模，它也没有像中国那样掌握着连接海洋和大陆的主要海上交通线；它也不像中国大部分地区位于温带，享有更健康的环境和更令人精神振奋的气候。中国面临西太平洋，内陆纵深，与石油和天然气储量丰富的中亚接壤，而巴西的地理优势则比较小。它孤立地处于南美洲，从地理上就与主要大陆分离了。

非洲为什么这么穷呢？虽然非洲是世界第二大陆，面积是欧洲的五倍，但撒哈拉沙漠以南的海岸线却只有其总长度的 1/4。这条短短的海岸线上缺乏天然良港，东非的港口虽与阿拉伯和印度交易频繁，却只算是个例外。此外，非洲的河流很少能与海洋通航，它们从内陆向沿海平原顺势而下，形成一系列瀑布和急流，这也造成了非洲内陆与沿海的隔离。

检视世界上最贫穷经济体的清单，内陆闭锁型国家所占比例很高，尤其是位于北纬与南纬 23.45° 之间的热带国家普遍较差。大多数高收入国家分布在中高纬度地区。借助温带得天独厚的地理条件，东西向的欧亚大陆实现了良好的科技扩散效果，因为共同的纬度和相似的气候条件最适宜科技传播和创新，移栽的植物和驯养的动物也容易成活，这使得它将南北向的撒哈拉以南的非洲远远地甩在后面。明明是土壤肥沃、足以养活稠密人口的地方，却成了世界上最贫穷的大陆，也就毫不奇怪了，因为那里远离港口，铁路也无法到达，不具备经济发展的条件。印度的中部和内陆地区，也是很好的例子。

在总结地理决定论时，已故地理学家保罗·惠特利（Paul Wheatley）还观察到一个现象："梵文的舌头在海拔 500 米时就会冻僵，人们不得不保持沉默"。也就是说，印度文化在本质上就是一个低地现象。还有许多例子，都可以说明地理如何以微妙而明显的方式从各个方面影响某一民族的命运，许多例子都很有传奇色彩。在研究的进程中，我会逐渐谈及它们。

在继续讨论之前，让我先提一下美国的例子。正是地理帮助美国保持着繁荣，这可能也是美国泛人本利他主义（pan-humanistic altruism）的最终原因。正如美国首任副总统约翰·亚当斯指出的那样，"没有人给美国人以特殊恩赐，大自然对待他们与其他人没有两样"。

历史学家约翰·基冈（John Keegan）说，美国和英国倡导自由，只是因为海洋保护他们"免受那些来自大陆并威胁自由的敌人的骚扰"。20 世纪中叶，欧洲大陆的军国主义和实用主义，是地理环境的产物，而不是国民性格使然。对此，美国人总是怀有优越感。在拥挤的欧洲大陆上，存在竞争关系的国家和帝国彼此毗邻，一旦发生军事误判的事件，没有一个国家可以从海洋全身而退。因此，在这些国家的外交政策上，普遍的道德不适用，他们不得不以精良的武装力量彼此对抗，直至二战后由美国主导霸权。两大洋不仅给了美国人理想主义的奢侈，还让他们轻而易举地掌握了世界上最大的两条政治和商业动脉，横跨大西洋可到欧洲，横跨太平洋可到东亚，美洲大陆的财富就置身其中。然而，也正是这两大洋，把美国同其他大陆隔开数千里，给美国种下了孤立主义的毒株，一直持续到今天。即使 1940 年欧洲国家体系崩溃，也未能使美国立即进入第二次世界大战，而是在 1941 年日本突袭珍珠港之后才断然应战。战后美国再次从世界事务中撤回，直到苏联不断侵略扩张，以及朝鲜战争的爆发，才迫使美军重新回到欧洲和亚洲。自冷战结束以来，美国的外交精英们就一直在准孤立主义和理想化心态的干预主义之间左右摇摆，所有这一切从本质上说，都是因为两大洋。

从未降格的地理

约翰·霍普金斯大学学者贾库柏·J. 格瑞吉尔（Jakub J. Grygiel）写道，“地理已被遗忘，而不是被征服”。长期担任英国和美国政府军事战略顾问的科林·S. 格雷（Colin S. Gray）也认为，“认为技术可以将地理因素一笔抹杀的论调，即使证据充分，最多也不过是一种似是而非的谬论”。用格雷的话说，在伊拉克和阿富汗“若想真正实现影响力或实施持续性控制，……就必须有武装人员长期驻扎在这些时刻会爆发冲突的地区”。不仅如此，凡是相信地理已经不再起作用的人，都对军事物流缺乏起码的认识，那毕竟是一门关于如何把大量人力物力从一个大陆运往另一个大陆的学科。

我随美国海军陆战队第 1 师横穿伊拉克的经历，只是军事物流工作的一小部分，这项工作还包括飘洋过海数千英里（1 英里约为 1.6093 千米），把人力和设备从北美运往波斯湾。美国军事历史学家威廉森·穆雷（Williamson Murray）在 1999 年发表的分析性著作中展现出惊人的洞察力。他认为，随着新世纪的临近，美国将再次面临两大洋施加的“恶劣的地理现实”限制，在遥远的地方部署地面部队，将使我们付出无法估量的昂贵代价。虽然空降部队的参与可以使一些战斗和救援任务很快结束（以 1976 年以色列突击乌干达恩德培机场，解救被劫持的航班乘客的案例作比。——作者注），但在这些行动中，地形仍很关键。地形决定了战斗节奏和方法。1982 年福克兰战争[①]进展缓慢，因为那是海洋环境；而在 1991 年海湾战争中，科威特和伊拉克的平坦沙漠放大了空中力量的作用。然而，在第二次海湾战争中，伊拉克人口稠密区的诸多狭长地带暴露了空中力量的局限性，从而使美军成为地理的牺牲品。飞机可以轰炸，但不能运输大宗货物，也不能行使对地面的控制。此外，在许多情况下，飞机需要尽可能近的基地提供补给。

即使是在洲际弹道导弹和核武器时代，地理也至关重要。正如摩根索指出的那样，中小型国家，如以色列、英国、法国、伊朗，不能承受美国、俄罗斯和中国等陆权大国所能承受的同级别打击，因此他们的核威慑战略缺乏必要的可信度。这就意味着，像以色列这样的小国在面对敌对势力时，为了生存，要么处境特别被动，要么不得不特别咄咄逼人。这主要还是地理问题。

然而，全盘接受地理因素与人之间的关系，并不意味着同意“世界必然受到种族和宗派分裂驱使”这一观点，也不意味着对全球化的抗拒。事实远比这更复杂。全球化本身促使地方保护主义重生，在许多情况下，这种重生建立在种族和宗教意识基础上，而这些意识必须与具体地形相关，因此我们可以通过参考地图得到最佳解释。因为大众传媒和经济一体化的力量已经削弱了许多国家的权力，包括无视地理因素人为划定的国家，一些关键地区显得难以控制、动荡不安。由于通信技术的发展，尽管单个伊斯兰国家内部风雨飘摇，泛伊斯兰运动还是在整个亚非伊斯兰弧形地带得到了壮大。

以伊拉克和巴基斯坦为例，从地理上讲，他们是地中海和印度次大陆之间最不合逻辑的两个国家。即使是阿富汗，从地图上看充其

① FalklandsWar，又称马尔维纳斯群岛战争，是1982年4月至6月间，英国和阿根廷为争夺马岛的主权而爆发的一场战争。——译者注

量也只可称为“小国”而已。是的，伊拉克的分崩离析是因为美国入侵，但萨达姆·侯赛因的暴政（20世纪80年代我亲身经历领教过，迄今仍觉得是阿拉伯世界中最糟糕的政权。——作者注）从根本上可以说是由地理位置决定的。从1958年的第一次军事政变起，伊拉克的每一位独裁者都不得不比其前任施加更多的镇压，才能把这样一个国家强扭在一起。因为伊拉克没有天然边界，是由库尔德人和逊尼派以及什叶派阿拉伯人组成的一个国家，其种族和宗教意识的冲突早已达到明火执仗的程度。

我们还是不要扯得太远为好。的确，那些把库尔德人从伊拉克其他地方分隔开来的大山，那些把美索不达米亚平原划分成中心逊尼派和南部什叶派的分界线，对事件发展所起的作用可能比对民主的向往更关键。但没有人能知道，未来是否一定会出现一个相对稳定和民主的伊拉克。想想欧洲东南部的山脉，它们曾帮助奥匈帝国脱离贫困和欠发达的奥斯曼土耳其帝国，也曾让种族主义和教派主义势力在巴尔干地区世世代代处于分裂对立状态，但没有人要求我们一定要在那里实施干预，来阻止自相残杀的战争。

我不是在谈论一种连人类都无能为力的、无可战胜的力量。相反，我想要说的是，我们应该虚心地接受地理上的事实，以遏制在外交政策上的过度热情，对此我自己早已深感内疚。惟其如此，我们所参加的干预行动才会更加成功，我们的政策制定者将来在舆论的法庭上才会有更多的回旋余地。

地理将会以怎样的方式报复人类？

我现在意识到，在将地理学推上神坛时，我自己却站在了危险地域。因此，我将在研究过程中时刻铭记以赛亚·伯林的警告。他在 1953 年发表的著名演讲，次年以《历史的不可避免性》（*Historical Inevitability*）为名出版。他斥责那些不道德和懦弱的信念，即地理、环境、民族特色等“强大的客观力量”决定着我们的生活和世界的政治方向，并指责汤因比和爱德华·吉本，说他们眼里只有“国家”和“文明”，似乎这些比人“更具体”；他们心中只有抽象的“传统”和“历史”，似乎这些比人“更聪明”。

对伯林来说，个人及其道德责任是最重要的，因此他或她不能完全或部分地将其行为或命运归咎于地理和文化等因素。人类的动机对历史的影响很大。它们不是幻想，不会随着作为参照物的更大力量出现而消失。地图是解释过去和现在的一个开始，而不是结束。

虽说地理、历史、民族特征会影响而并非决定事物的未来，但若不充分考虑这些特定因素，我们就无法应对今天的外交政策挑战，也无法作出明智的选择。伯林对一切形式的决定论都全盘否定，在面对这些因素时却犯了同样的错误。

如果当时借鉴了地理、种族和宗派的因素，我们可能就会预见到冷战结束后巴尔干的动乱，也能预见 2003 年美国入侵伊拉克之后的暴力冲突。然而，伯林的道德挑战至今仍能站得住脚，因为在过去 20 年里，围绕在哪里部署海外驻军的问题展开过一场大辩论，伯林为这场辩论提供了理论框架。

那该怎么办呢？我们既要承认地理在塑造历史方面的重要性，又要避免过度强调的危险，如何将二者区别开来？雷蒙·阿隆曾提出，“清醒的伦理植根于‘概率决定论’的真理”，因为“人类的选择总是在一定的框架内或限制中运行，比如对过去的继承”。我认为，我们可以将这一概念当做避风港。

这里的关键词是“概率”，也就是说，我们目前聚焦于地理，是在坚持部分的或迟疑的决定论，承认族群和地形之间的明显差异，但并不过分简化，并且留下许多可能性的窗口。自由国际主义者普遍支持在巴尔干地区进行干预，但反对入侵伊拉克，就反映了这一精神的细微差别。他们凭直觉隐隐约约地感觉到一个主要的地理事实，那就是前南斯拉夫处于前奥斯曼帝国最西端，毗邻中欧，而美索不达米亚平原处在前奥斯曼帝国最混乱的东部末梢。因为这一事实一直影响着那里的政治发展，在伊拉克的干预将被证明只是这种影响的延伸。

那么，在今后的岁月里，那个温和的命运，那只看不见的手，会为我们储藏着什么宝贝呢？我们该如何向地图学习，才能预见可能发生的危险？让我们通过 20 世纪几位大学者的眼睛，回顾一下地理对世界历史大格局的影响，然后再通过古代先贤的视角，具体看看地理和人为干预的相互作用。这将会为我们作好铺垫，用以探讨那些最经得起时间考验又极富挑衅性的地缘政治理论，并看看他们描绘的未来世界是怎样的。

THE REVENGE OF GEOGRAPHY

第3章 地理的历史轮廓

希罗多德和他的继承者

麦克尼尔的现实主义世界历史观是怎样阐述地理与文明之间的关系的？位于两河流域的美索不达米亚平原为何自古以来就是专制独裁政权的温床？

汤因比为何会认为安逸的地理环境反而不适合文明的发展？

霍奇森为何认为以欧洲为中心的世界观是错误的？他所倡导的“一世界”是否真是打开世界历史大门的钥匙？伊斯兰教的形成与阿拉伯地区的气候和地理环境有着怎样密不可分的联系？霍奇森认为马背上的蒙古人比骆驼背上的阿拉伯人的历史地位更重要，这又是为什么？

20 世纪中后期，当汉斯·摩根索在美国芝加哥大学政治科学系任教的时候，其他两位出类拔萃的教授也在历史系开创了卓越的学术道路。他们是威廉·H. 麦克尼尔（William H. McNeill）和马歇尔·G.S. 霍奇森（Marshall G. S. Hodgson）。大学里不乏严谨治学之士，那里人才济济，我单独提出这三位教授的名字，并不意味着轻视其他同行。

如果说摩根索确立了当代的现实主义，麦克尼尔则确立了世界历史的现实主义，而霍奇森确立了伊斯兰教历史的现实主义。在他们希罗多德[①] 式的作品里，地理因素不再显得遥不可及。

麦克尼尔和霍奇森在选择他们的专业时显示了巨大的勇气，在当前的学术时代更是值得钦佩，主要是其研究方向集中在非常狭窄的专业化领域。

说实话，在知识的深入积累方面，这种专业化非常有必要。品读麦克尼尔和霍奇森的著作是件令人愉悦的事，当年那些学者们的学术视野简直是无限的。专业化迎来了大好时光，学术界也可以更多地享

① 希腊语HPOΔOTOΣ，公元前5世纪（约前484—前425）的古希腊作家，他把旅行中的所闻所见，以及第一波斯帝国的历史纪录下来，著成《历史》一书，成为西方文学史上第一部完整流传下来的散文作品。——译者注

受到这两位芝加哥大学教授的成果。他们展示的就是地理，它来自于且自身就是一种宽广的思维方式。

动荡的美索不达米亚

威廉·H. 麦克尼尔，出生于加拿大不列颠哥伦比亚省。1963 年他 40 岁，正值不惑之年，即出版了《西方的崛起：人类社会的历史》（*The Rise of the West: A History of the Human Community*）这部长达 800 多页的巨著，其主题是挑战英国历史学家阿诺德·汤因比（Arnold Toynbee）和德国历史学家奥斯瓦尔德·斯宾格勒（Oswald Spengler）的观点。他们认为，不同的文明追求自己独立的命运，而麦克尼尔则认为，正是文化和文明的不断互动写就了世界历史的剧本。这部剧本所写的，是人民在地图上的大流动史。

一次北上大迁徙，在公元前 4500 至公元前 4000 之间把所谓的“多瑙河”开垦者带到中欧和西欧；南下的一支则是牧民和农民的先驱，他们越过北非到达直布罗陀海峡，“迎接和挑战多瑙河的洪水”。欧洲更古老的狩猎原著民群体没有遭到破坏，麦克尼尔写道，而是与之形成了混合的人口和文化。由此，这本书的心脏搏搏跳动起来。

这两股围绕着地中海北部和南部的人口流动，分别起源于肥沃新月地带[①] 和小亚细亚，那里政治上不稳定，主要是地理起作用的结果。“埃及的地形与人类交通路线平行，因此能够和平相处，但伊拉克作为边境省份，从最早的时候起，就交叉困扰着人类命中注定的路径。”已故英国旅行作家芙蕾雅·斯达克（Freya Stark）写道。麦克尼尔也认为，美索不达米亚平原是历史上最血腥的迁徙路线之一。底格

① Fertile Crescent，中东一个地区。此术语代表了一块肥沃的新月形地带，这里曾是早期知名民族斗争、迁徙的发生地，这些民族包括苏美尔人、亚述人、阿卡德人、一些闪米特部族、巴比伦尼亚人和腓尼基人。——译者注

里斯和幼发拉底河流域下游平缓的地域中，灌溉用水绵延数英里，“平原城市的蓬勃发展，对于周围的野蛮人来说，是诱人的掠夺对象”。

此外，随着美索不达米亚的大部分水浇地得到开垦种植，某个氏族部落的土地有可能延展到另一个部落，加上没有中央权威机构来解决边界争端和在用水短缺时期合理分配水源，接连不断的战争就出现了。在半混乱状态之中，出现了萨尔贡（Sargon）这样的征服者，他们从种植区的边缘进入美索不达米亚平原。虽然征服者能够建立中央集权和所向披靡的军事力量，但经过几代人之后，最终会迷上“更温柔、更豪华的”城镇生活方式。接着又一波新征服者到来，历史就这样循环往复。

这一说法很容易让人想起14世纪突尼斯历史和地理学家伊本·哈勒敦。他注意到，奢侈的生活会在政权初建时起到积极作用，到了后期却会加速颓废与崩溃的进程。地方诸侯的崛起就是明显的信号，他们悍然入侵并形成自己的新王朝。在伊拉克古代文明崛起的进程中，统治者为了避免内部瓦解，最终采取了极端专制主义，因此出现了提格拉特-帕拉沙尔（Tiglath-pileser，公元前12世纪－公元前11世纪），阿淑尔纳西尔帕二世（Ashurnasirpal II，公元前9世纪）和森纳赫里布（Sennacherib，公元前8世纪－公元前7世纪）等出了名的暴君，他们狂妄自大，以自己的名义进行了大规模驱逐。这种模式到萨达姆·侯赛因时达到了登峰造极的地步，也印证了对于一个容易受到入侵和支解的地区来说，在整个历史阶段始终需要保持相当程度的暴政。

但是，需要再提醒一次，应该避免得出过于狭隘的结论。例如，1921年和1958年之间，伊拉克曾经历过运作良好的温和议会制度，如果当时情况变动不大，就有可能继续下去。麦克尼尔、斯塔克和伊本·哈勒敦讲的只是地理和历史趋势，从而避免了决定主义的罪名。

美索不达米亚的地理特征为那里的极端暴政和官僚集团奠定了

基础，而埃及的政治制度之所以较少压迫性，地理可以说起了重要作用。麦克尼尔解释说，“沙漠给埃及提供了鲜明的边界，其地易守难攻，而尼罗河则作为天然的中流砥柱和神经系统存在着”，这使得尼罗河沿岸无需采用美索不达米亚那样的压迫水平。“应对外族人的边界入侵……对埃及王朝来说，几乎不是问题。”确实，由于埃及地形与迁徙路线平行，比美索不达米亚在地理上有利得多，利比亚人只能由西部进逼，而亚洲人只可从东部渗透，所受威胁相对较小。埃及的南部闭锁，只有尼罗河两岸光秃秃的沙漠，北部有地中海，这可能就是 4 000 年里，埃及人“从来没有看到入侵的僭主能站稳脚跟”的最主要原因。此外，尼罗河易于通航，河面宽广，风向适宜。因此，文明的曙光最早照亮埃及。

“相比之下，”麦克尼尔写道，“美索不达米亚的统治者没有现成的自然工具可以利用，地理没有赋予他们像埃及那样的天然屏障，只能缓慢和痛苦地发展（压迫性）的法律和官僚政体，以此作为地理屏障的人工替代物，来确保自己的集中权力。”美索不达米亚还需要在庞大的官僚体制中调拨人力来处理底格里斯河和幼发拉底河的泛滥洪水，从而使灌溉系统的组织进一步复杂化，这种情况在尼罗河流域则不会出现。

古代文明的起源和发展

在中东地区以外，存在着麦克尼尔所谓的“处于古代文化世界边缘的文明体”，即印度、希腊和中国。前两种文明的活力，相当一部分来自印度河和米诺斯人的克里特岛。但是，这三大文明体都源起于其自身与野蛮入侵者的相互作用，并部分地凭借地理进行自我保护。希腊和印度的北方山区，都是“有效的庇护，挡住来自草原骑兵的直接冲击”；中国则更加孤立，荒凉的沙漠戈壁，高耸的山峰，使中国文明在远离中东和印度中心地带万里之外的黄河流域得以孕育。三种完全原始的文明形式，尤其是中国文明，在稳定中自成一体地发展延续，完全不受中东大沙漠的影响，后者的文化从北非延伸到土耳其，日益表现出统一性特点。

麦克尼尔解释说，在整个古代时期，希腊、中东、印度等文明体的边界不断变动，在欧亚大陆形成了微妙的文化平衡，后来在中世纪的几百年里，毁于从北方蜂拥而至的蒙古草原民族之手。但是，也正是蒙古人使丝绸之路得以绵延发展，从太平洋到地中海的欧亚文明相互间得以接触融合，尤其是在 13 世纪和 14 世纪。与西域文明相比，中国在地理上形成了自己独立的势力范围，吐蕃、蒙古、日本、朝鲜均唯中国文明马首是瞻，并在不同程度上形成了各自的文明特色。但是，受到高原沙漠环境的严重限制，“任何比原始文明更高级的形态都不可能出现在吐蕃和蒙古”。吐蕃喇嘛“时刻不忘他们的佛教信仰起源于印度”，并没有汉化。

斯宾格勒、汤因比以及哈佛大学教授塞缪尔·P. 亨廷顿（Samuel P. Huntington）的“文明冲突论”，强调文明间的互动而不是独立性，麦克尼尔虽然反对他们，但在《西方的崛起》一书中却给读者一个整体概念，**即文明的形成在很大程度上受地理支配，在特殊而精准的地形上确定自己的身份，并在与其他文明的互动中催生新的混合文明。**历史是相互交织的，麦克尼尔形象地描述了这一进程：

> 文明好比山脉，隆起于亿万年前的地质时代，因受外部力量缓慢的侵蚀而泥沙俱下，不可避免地蚕食周围的平地。与之相比，人类历史的时间跨度要短得多，文明在风云际会间不断兴衰交替，并在邻近民族的借鉴或创新中达到新的文化高度。

这种文化的侵蚀和借鉴，使 20 世纪前期的德国人感觉到其文化的纯洁性受到威胁。斯宾格勒所谓“与土壤间的深层纽带”，可以作为这种“高端文化”的绝佳诠释，即祭奠方式和教条的内在演化如何将他们“困在其出生的地方”，因为“任何把他们从土地割裂开来的意图，都会自然而然地举步维艰”。他断言，高端文化开始于农村，却在“唯物主义的终点站”即世界化大都市达到高潮。这段黑暗的浪漫，你可以同时用浮夸、迷人、深刻和坦率来形容它，有时甚至找不到最恰当的词语来诠释，但归根结底，世界主义的本质是无根性，因为它割断了与土地的联系。

至此，西方城市文明的兴起和最终命运的问题浮出水面，并逐渐地变形，因为“世界文明”这一命题标志着从土地上逐渐地分离。关于这个问题的探讨将在后面展开。我仍然要继续与麦克尼尔为伍，他的论述比斯宾格勒更加有说服力，因为他更多地注意到了气候和地理。

例如，麦克尼尔写道，雅利安人到了印度的恒河平原之后，其文化性格变得越来越不好战，因为此地受次大陆森林和季风周期的影响，冥想和宗教知识盛行，与他们的出发点地中海截然不同；而古希腊殖民地爱奥尼亚的“早熟”是因为地理上与小亚细亚和东方的接近及亲密接触。

值得一提的是，麦克尼尔有意识地避开了决定论的陷阱：尽管希腊的山区地形有利于建立较小的政治单位，比如城邦，他仍然谨慎地注意到，也有“连成一片的肥沃土地，被分割成不同城邦”的例子。因此，地理只能是故事的一部分。更有甚者，虽然主要宗教（尤其是印度教和佛教）的传播呈现出地理连续性，但犹太教发展的历史却完全不合地理逻辑。

麦克尼尔不得不忍痛将这一特例也纳入研究，并得出结论：朱迪亚[①] 地区犹太社会的彻底毁灭，是公元一二世纪罗马镇压反叛造成的后果，这一变动并没有终结犹太教，反而使其得到了不可想象的发展和繁荣。犹太教民以侨民的身份，在西方城市里分散生存。这 2 000 年前的古老故事与地理决定论相抗衡，再次表明思想和人的能动性与实体地形一样重要。

欧洲也有自己的故事，同样围绕着地理展开。让我们回溯到人类历史曙光乍现的时代，正如麦克尼尔指出的，西欧有独特的地理优势，在此前提下，所谓的“黑暗时代”里，技术的发展得以发挥作用。宽广肥沃的平原，绵延不断的海岸线，形成许多天然良港，河流便于通航，一路向北穿过平原，使贸易范围不断延伸，直达地中海地区，那里蕴藏着丰富的木材和金属资源。

欧洲大陆气候多样化，不乏恶劣、寒冷、潮湿之地，与麦克尼尔同样不是宿命论者、在专业水平上势均力敌的汤因比这样写道：“安逸的环境不利于文明的发展……自然环境越是便利，越不利于刺激人类走向文明。”欧洲就是这样发展起来的，虽然在地理上很难居住，却有许多有利于交通和商业的自然集散点。

文明，许多时候正是产生于对天然环境勇敢和坚忍的反应。以斯堪的纳维亚半岛为例，它对西欧海岸施加的巨大军事压力，导致了英国和法国成为国家实体；此外，英国比欧洲大陆的主要封建王国面积要小，“但具有更明确的边界（毕竟这是岛屿），因此它成为国家的时间远远早于作为封建领地存在的邻国”。

当然，像北极这样的地理环境实在太过恶劣，它们或导致文明的崩溃，或导致文明的被困。根据汤因比的说法，这里必然存在着文化角力之旅，也就是爱斯基摩人在冬天留守冰上捕猎海豹的情景。

---

① Judea，古代巴勒斯坦南部地区，包括今以色列南部及约旦西南部。耶稣在世时，它是由希律王室所统治的王国，也是罗马帝国叙利亚行省的一部分。——译者注

但是，完成了生存这一壮举后，他们便无力进一步掌控环境，达到创造全面文明的程度。

除了汤因比之外，加州大学洛杉矶分校（UCLA）的当代地理学家贾雷德·戴蒙德（Jared Diamond）也不遗余力地在著作中阐释中世纪的文化困境与衰落，包括格陵兰岛的维京人，复活节岛的波利尼西亚人，美国西南部的阿纳萨兹人，中美洲丛林玛雅人的中古文明，所有这些都与环境问题有联系。欧洲尽管处于北温带，与非洲、中东、欧亚草原和北美相当接近，但其自然环境的困难仍达到极致，其挑战足以迫使居民把文明提升到更高程度。

欧洲的人民能够充分利用贸易格局，千百年来在航海和其他领域的技术推陈出新，正是得益于此（在应对环境困难方面的案例还不止欧洲。例如，汤因比就注意到安第斯高原的居民如何应对严酷气候和贫瘠土壤的挑战，而南美洲太平洋沿岸的居民面临高温和干旱的挑战而修建灌溉工程。但是，欧洲和南美之间有一个差异汤因比并没有注意到，那就是欧洲有许多天然的深水港口，处于许多贸易和迁徙路线的交汇点上。——作者注）。

正是因为达伽马掌握了印度洋的季风规律，欧亚大陆外围边缘才得以成为欧洲主导的海上通道中心。但是，在麦克尼尔的叙述中，西方的崛起不仅是欧洲在具有挑战性的地理环境刺激下取得物质进步的结果，还得益于对他所谓“野蛮人”生存空间的包围。

地理对伊斯兰世界的偏见

麦克尼尔谈到的文明对蛮荒区域的侵蚀，即使不是完全不间断的，也是“不可动摇的”：“通过这种侵蚀，世界上各个单独文明体实现了广泛性和内部变化，彼此接触的频率增加，为壮观的全球一体化作了准备，而这个准备过程，在过去的三四百年里就已经开始了。”

文明对于地球上相对空白地带的探索和包围，主要分布在温带，达伽马、哥伦布、麦哲伦等人的地理大发现航程为其提供了基本路线。这种大发现的进程还在继续，历经工业革命、交通革命和通信革命等不同阶段，直到今天我们所处的全球化阶段。在此期间，草原民族最终一败涂地，俄罗斯、中国和哈布斯堡帝国分割了相对空旷的欧亚平原和高原台地的中心，

而欧洲的殖民侵略牢牢控制了北美大陆西端和撒哈拉以南非洲，给当地土著民族带来了灭顶之灾。而现在，正如麦克尼尔所描述的那样，世界终于以日益城市化的“泛西方形式”统一了。

虽然《西方的崛起》的中心主题是地图上空白地带的封闭，但这显然只具有相对意义上的真实性。事实上，两条铁路线交汇并相互交叉，并不意味着中间一定是空白地带，或者其间人口必然稀少。边界在理论意义上可能会被封闭，但人口密度和媒体交流仍然在急剧增加，其增速足以在世界的任何角落里造成政治剧变。如今，地球上已经没有需要超过几周的时间才能抵达的地方，麦克尼尔可能因此认为，这就是统一的世界。

但在这种情况下，地缘政治又该如何变化呢？从某种意义上说，世界在 18 世纪和 19 世纪已经统一了，但在人口和技术方面与 21 世纪初没有可比性。正如我们将看到的，**当今时代的变化核心，是空间被日渐填满，形成真正封闭合拢的地理局面，国家和军队拥有的隐蔽空间越来越少。**20 世纪早期的现代军队虽然实现了机械化，仍然需要跨越许多英里才能到达对方的阵地，而现在导弹的射程相互覆盖，胜负瞬间可分。但是，地理在这种情况下也不会消失，恰恰相反，它只会变得更为关键。

让我们转向摩根索，从另一种角度再来看看这一观点。摩根索写道，

在 18 世纪和 19 世纪，各国向比较空旷的地理空间扩张，如非洲、欧亚大陆和北美大陆西部，大国政治斗争由此悄然转至地球的边缘地带，从而减少了彼此冲突，并因此在某种意义实现了相对和平。

但到 19 世纪末，几个大型民族性国家和西方帝国为了实现巩固、获取利益(尤其是德国)，只能从别国领土内争夺资源。摩根索总结道：

> 权力的平衡现在主要集中于三大洲，影响波及世界范围内。一方是大国强权及其力量中心圈，另一方是其外围和更远的空白地带，二者之间的对立必然消失。目前，权力平衡的边缘正好与地球的界限相重合。

摩根索是在紧张的冷战早期提出这一构想的，他念的是危险的咒语。而他的同事麦克尼尔，生逢更稳定的冷战后期，所念的却是希望的经文。他写道：

> 在中国古代的汉朝，为了促使混乱的交战诸侯偃旗息鼓，建立了中央集权的政治结构，虽经数次分崩离析，仍能在温和的修正后延用。20 世纪的交战国家为了解决他们之间的冲突，似乎正转而探求类似的办法。

1989 年柏林墙的倒塌，似乎已验证了麦克尼尔的乐观态度，但今天的世界仍与冷战期间一样危险。地图正以各种各样的方式加速走向合拢封闭。以中国为例，虽然付出了巨大代价，但近几代领导人仍成功地将其建成了现代化强国。现在，中国作为经济和军事大国冉冉上升，正在填补欧亚棋盘的空白，这一切远远超出了摩根索的想象。

如今，就连世界的偏远地区也在进一步城市化，斯宾格勒从人类抛弃土地和农业生活的过程中，看到文化的衰落，而麦克尼尔则直觉地感到，随着城市群落的蔓延和日益拥挤，宗教和身份认知的异化正以充满活力和令人不安的方式疯长。

例如，作为美国西南部生活压力的后遗症，基督教如今变得越来越意识形态化。在欧洲城市里还出现了一种组织松散的环境保护主义异教，正逐渐取代传统的民族主义，因为整体意义上的“欧洲联盟”属于精英阶层，对于大众只具有抽象意义。同时，战争不再像18世纪时那样，主要是“国王的专项运动”，现在已成为民族主义和宗教狂热分子的手头工具，要么像纳粹德国那样大打出手，要么如基地组织发动的恐怖袭击一样小打小闹。

还有可怕的核武器幽灵，现在被国家和次一级的激进主义精英玩于股掌之间。在所有这些尴尬动荡之中，经典的地理学再次抬起了头，描述和印证了西方、俄罗斯、伊朗、印度、中国、韩国、日本等国家之间的紧张关系。在细加分辨所有这一切时，我们发现麦克尼尔关于文明之间交互作用的论文在今天更显真实，但若将正在兴起的世界文化趋势与政治稳定性等同起来，那就大错特错了。**空间理论依然管用，而且在现今更管用，正是由于世界日趋拥挤，空间才比以往任何时候都更显珍贵。**

霍奇森——伊斯兰的冒险

麦克尼尔的学术视野囊括全球，而马歇尔·霍奇森的造诣，从我们的观点来看则稍显狭窄，仅仅对于大中东地区有所启发。作为一位充满激情的教友派信徒，霍奇森于46岁时英年早逝，其呕心之作《伊斯兰的冒险：世界文明的良心与历史》（*The Venture of Islam: Conscience and History in a World Civilization*）三卷本出版于1974年，即他去世的 6 年之后。与其他杰出的中东学者相比，这位芝加哥大学历史学家在当代新闻工作者中并不太知名，远不及普林斯顿大学的伯纳德·刘易斯（Bernard Lewis）或乔治敦大学的约翰·埃斯波西托（John Esposito），但他在这一巨著中已经有意识地将伊斯兰教放在当代世界历史的背景下进行地理和文化考察，其功堪与麦克尼尔相提并论。

霍奇森的文风带有学究气和晦涩感，但如果读者坚持读下去则必有所得。他阐释了伊斯兰教的源起和发展过程，描述了它如何像神话一般迅速传播，不仅跨越阿拉伯半岛和北非，还传遍了整个印度洋沿岸以及欧亚大陆，从比利牛斯山直到天山脚下。

最值得注意的是，霍奇森是在 20 世纪五六十年代写出《伊斯兰的冒险》大部分内容的，那时媒体的聚光灯通常对准的是欧洲的冷战。然而，他在第一卷就指出，以欧洲为中心的世界观是错误的，这种偏见早在制定地图规范时就存在了：

> 荒谬得以伪装，视觉急剧扭曲，用墨卡托投影制作的世界地图日益广泛地得到应用，它夸大了北半球的管辖面积。结果，一个人为设界的“欧洲大陆”看起来比整个非洲面积还要大，其他欧亚大陆半岛，如印度次大陆，则显得又矮又扁。

霍奇森接着引导读者将关注重点向东、南两方转移，停留在他称为“一世界”（Oikoumene）的地方。这在古希腊语中意指“整个可居住的世界”，包括亚非广袤的温带区，自北非延展至中国西部内陆。这条地带又被他称为“从尼罗河到阿姆河一带”（Nile to Oxus）。此地定义范围有些含糊不清、互相矛盾。例如，从尼罗河到阿姆河一带，其西端在埃及，而“一世界”可能进一步向西，到达地中海的非洲沿岸。关键之处在于，霍奇森写作这本书时，严格区分冷战地域的“专业知识”正大出风头，欲将中东与小亚细亚和印度次大陆断然分开。但当霍奇森向我们展示其更加有机的地理学说，即用地形景观和文化划分地域时，一切人为界限都消失了：那里只是欧洲和中国文明之间的一大片炎热地区，是希罗多德的世界，通过它，霍奇森掌握了世界历史的钥匙。在全球化肆意侵蚀边界、地区和文化差异的时代，霍奇森那审慎、宏大而又游刃有余的地理架构的作用就格外明显，因为它表明地图对那些固化的、粗劣的线条有多抗拒。

霍奇森以这种可视的方式，帮助读者洞悉世界的变化，包括近古时期伊斯兰教的兴起，以及当今中国和印度如何提高其在大中东地区的经济地位。通过对地图的分析，那些我们已习以为常的分界线渐渐变得模糊了。

“凡伊斯兰文化形成之处，几乎必是消极地区，”他解释说，“在那些贫瘠的土地上，希腊文化和梵文化传统无法扎根，最终不得不黯然退回欧洲和印度地区……从这个意义上说，在公元前 800 年至公元前 200 年之间的轴心时代①，‘我们的地区’包括了从地中海到兴都库什（阿富汗）之间的土地，只不过在这些地方，希腊文化和梵文化要么被本地化了，要么只是短暂地发展。”在呈长条状的大中东地带，大约有 3 000 英里或以上处于温度较低的区域，其间有两大地理特点促进了高度发达文化的形成：一个是贸易位置的重要性，特别是阿拉伯和肥沃新月地区正处于“一世界”到其他地区的贸易路线之中；另一个则是这一地区的极度干旱。

后一个特点需要解释。霍奇森告诉我们，普遍缺水的气候环境使农业生产很难有所收获，高产的大片土地极为少见，财富难以积累，

① 德国存在主义哲学家卡尔·西奥多·雅斯贝尔斯在1949年提出了“轴心时代”的著名命题。他认为，公元前800年至公元前200年之间是人类文明的“轴心时代”，发生的地区大概是在北纬30°，就是北纬25°至35°区间。这段时期是人类文明精神的重大突破时期。——译者注

与绿洲中的城市生活相比，农村的生活水平很低。金钱和权力掌握在处于中东长途贸易路线“关口”的商人手中，尤其是在那些靠近红海、阿拉伯海和波斯湾的海上交通要道，有实力的阿拉伯商人可以畅通无阻，从事巨额的海上贸易。

在这样一个盛行贸易规则和合同的世界，道德行为和“公正处理”被视为至高无上，因此保证了稳定的经济生活秩序。随着北部的拜占庭和萨珊帝国在小亚细亚和波斯的势力被削弱，阿拉伯和肥沃新月地带出现了一种新的信仰，强调良好的职业操守，只是为了确保“农业季节有所收成”。因此，伊斯兰教最初是作为商人的信条出现的，正如沙漠里的生存法则一样。

阿拉伯西部和中部地区最重要的贸易中心是汉志省的麦加，此地靠近红海，是两大路线的交汇点。一条路线呈南北走向，以麦加为中转站，连接也门和印度洋港口，以通往叙利亚和地中海；另一条呈东西走向，连接附近的非洲之角（the Horn of Africa）与对面的红海海岸，通往美索不达米亚和波斯湾的伊朗。麦加的地理位置远离伊朗的萨珊王朝权力中心，天高皇帝远，因此一些温和优雅的宗教和哲学容易对其产生影响，如祆教、摩尼教、希腊教、犹太教等，有的来自波斯，有的来自伊拉克，也有从小亚细亚传来的。虽然麦加没有大片的绿洲，但水源足以养活骆驼；那里有丘陵挡住红海海盗，庄严的克尔白圣殿（Ka'bah）里供奉着该地区部族的神器圣物，来自各地的朝圣者长年络绎不绝。就是在这样的大环境里，出现了先知穆罕默德。他原本是当地一位德高望重的商人，在 30 多岁时就致力于探寻生活的公正和纯净，后经冥思而开悟。麦加不仅仅是沙漠中一处水源地，更是一个充满活力的大都会中心。

当然，在霍奇森那图案繁复的地理巨毯上，并没有对伊斯兰教兴起的终极解释。宗教，就其定义而言，更多地依据着形而上学而非物理存在。但是，他的确说明了地理如何影响宗教的兴起、传播和成型，比如伊斯兰教，它是商人和贝都因人生活模式的映射，同时又是干旱的地理特征与贸易商道纵横交错的产物。

阿拉伯贝都因人被三大农业产区包围：北部有叙利亚，东北有伊拉克，南部有也门。这三个地区分别连接到高原地区的某个“政治中心”，并在公元六七世纪受其统治。叙利亚面向小亚细亚高地，伊拉克面向伊朗高地，也门与阿比西尼亚高原（今埃塞俄比亚）则存在相对较弱的从属关系。伊斯兰教征服了这些地区的大部分，但地理特征却使得部分农业文明体保留了自己的族群特征，特别是叙利亚和伊拉克这两个新月沃土弧形地带，从而成为伊斯兰势力的竞争中心。

霍奇森在其史诗性巨著中，对近古和中世纪时期进行历史扫描，尤其是前两卷中的内容，大量地涉及现代中东国家的真实成因。表面上看，这些国家的建立是西方殖民主义的后遗症，其实人为因素所占比例比人们指责的要少得多。埃及、也门、叙利亚、伊拉克，此四国有目共睹；更不用提摩洛哥周围有海洋和阿特拉斯山环抱，突尼斯继承着古迦太基，古老文明的堡垒正是这些现代国家的合法性源头，尽管其边界线在平坦的沙漠中往往看似任意划定。

汤因比悲叹阿拉伯世界的分裂，声称“在‘西方化’目力所及范围内，任何伊斯兰世界国家都难逃其手”。伊斯兰教构成了世界上的一大文明体，这是事实，但并不意味着它被确立为一个政体。正如霍奇森所说，文明有许多不同的人口节点，丰富多彩的前伊斯兰时代已过去，现在轮到后殖民时代粉墨登场了。伊朗高地就其本质而言，一直与美索不达米亚有政治和文化联系，历史上不乏明显的证据；2003 年美国入侵伊拉克，为伊朗重新进入该地区打开大门。事实上，波斯与美索不达米亚之间那不断转移的边界，正是幼发拉底河本身，只不过现在它正处于伊拉克的心脏地区。

公元 644 年，就在穆罕默德从麦加逃亡或称飞越至麦地那的 22 年之后，阿拉伯人征服了统治伊朗高原心脏地区的萨珊王朝，该事件标志着世界历史上伊斯兰时代的开始。相对而言，小亚细亚高原较为偏远和不规则，并因为这种地理条件得以偏安一方，直到 400 多年后的公元 1071 年，因土耳其塞尔柱王朝而非阿拉伯人在曼兹科特战役中打败了拜占庭帝国，占领小亚细亚的中心地带，此地才最终伊斯兰化。

塞尔柱人是来自欧亚大陆腹地的草原民族，从东方入侵小亚细亚（曼兹科特在小亚细亚东部）。但是，正如阿拉伯人从来没能成功地攻取小亚细亚的山中堡垒，塞尔柱人虽深居要塞之中，却并未成功地维持对伊斯兰王国心脏地带的稳定统治，包括新月沃土和伊朗高原，更不用说汉志省和南部阿拉伯沙漠的其余部分。这又是地理在作祟。

奥斯曼土耳其帝国作为塞尔柱王朝的继承者，虽然征服了阿拉伯沙漠，但其统治向来较为薄弱。在战事方面，他们节节胜利，最远到达印度次大陆最东端的孟加拉，但这对于东西走向的整个欧亚大陆温带区而言，只是人口南下的一个分支。这些土耳其游牧民族是臭名昭著的蒙古大军的一部分，至于蒙古人自己，不过是这支大军中为数较少的精英阶层而已。

蒙古汗国部落及其地缘政治意义，我们晚些再来解决，先来看一件有趣的事，那就是霍奇森的看法。他认为，马背上的游牧民族蒙古人和土耳其人，在历史上的重要性比骆驼背上的游牧民族阿拉伯人更高。由于马不能忍受干旱的中东沙漠，而且随行的羊群需要相对密集的牧草，蒙古人领导的军队不得不避开远处的阿拉伯半岛，转而蹂躏更近、环境更宜人的东欧、小亚细亚、美索不达米亚北部和伊朗、中亚、印度、中国。在冷兵器时代，连成一片的领土在欧亚大陆的版图上具有压倒一切的战略重要性。蒙古人和土耳其人的联合入侵，可以说是公历纪元以来的第二个千年里，世界历史上是最重大的事件，主要原因竟然是使用了某些与地理紧密相关的动物！

霍奇森对于蒙古人的探讨，显示了《伊斯兰的冒险》这部鸿篇巨制的内容已远远超过了专业领域知识，把霍奇森称为阿拉伯学者或伊斯兰专家，既不准确，也是一种低估。伊斯兰教在他手上是一种工具，用以揭示最关键的知识、文化和地理趋势，它们不仅影响非洲 - 欧亚社会，也影响到以古代的“一世界”为中心的整个世界。这在本质上并非地理性工作。仅为了阐明苏菲神秘主义[①]， 霍奇森所花费的时间和精力就同他花在描绘地形上的一样多，更不用说他所探讨的其他学问和宗派传统了。他以自己的方式把地理引入讨论，演示了地理与政治和意识形态如何相互作用，并由此创造出肌理分明的历史。

以奥斯曼土耳其人为例，在 13 世纪末期，他们最终取代了其同胞塞尔柱人，成为小亚细亚的新主人。奥斯曼实行“单一军事种姓制度”，每控制一块地方，就对该地区实行“本地化限制”，这种方法与俄国和早期的蒙古人都形成鲜明对比。“奥斯曼习惯于保有一支由国王或皇帝直接统领的宏大军队，同时，他们必须从地中海东北部、黑海之滨的首都城市君士坦丁堡发出命令，那里是苏丹国庞大官僚结构的总部。这样做的结果是，任何一次重大战役，都只能在单个季节行军所能达到的范围内进行。”西北的维也纳和东南的摩苏尔，因此成为稳定的奥斯曼帝国土地扩张的地理极限。在某些年份，军队可以在索非亚或阿勒颇过冬以扩大其范围，只是经常会陷入巨大的后勤补给困境。

然而，这种中央集权的专制制度，等于将个人和官僚机构的权力同时集中于君士坦丁堡，其结果就是将首都的地理条件变成了唯一的决定因素。这在当时虽然是一种风尚，实际上却大大降低人的能动性。在这种情况下，地理反而变成了导致这个军事帝国衰竭的第一要素，

① Sufi mysticism，伊斯兰教神秘主义派别。是对伊斯兰教信仰赋予隐秘奥义、奉行苦行禁欲功修方式的诸多兄弟会组织的统称。亦称苏菲主义。——译者注

因为一旦达到奥斯曼军队的地域极限，军中的士气以及所获奖赏都会下降。反之，权力不那么集中的状态，却有可能使帝国更安全，而非任由地理摆布；在海军领域，绝对主义理论也同样夸大了地理位置的决定作用，奥斯曼帝国海军大多聚集在离家不远的黑海和地中海海域，只有对葡萄牙的印度洋战役取得了“短暂的”成功。

霍奇森，像他在芝加哥大学历史系的同事麦克尼尔一样，与其说是一位现代学者，不如说是一位旧世界的鸿学大儒，具有严谨不懈的态度和科学的调查思路，更有着教友派独特的深邃气质。即使在探索到细节极致时，他仍能看到宏大的场景。他的主要舞台是古希腊的“一世界”，无独有偶，这也正是麦克尼尔探究世界历史的主要材料，正如我们之前说到的，其中的相当一部分也正是希罗多德著于公元前 5 世纪的《历史》的背景。

如果我说，这个地区在当今也频频占据新闻头条，可能也不会令人感到意外，这就是地中海东部和伊朗 - 阿富汗高原之间的地区。因为“一世界”地带正是欧亚板块和非洲大陆衔接处，此处通路众多，都要经由红海和波斯湾进入印度洋，这使其成为超级战略要地和迁移动荡中心，许多相互冲突的民族和教派团体相继出现。希罗多德的《历史》正是抓住了此处动荡不定的脉搏。

希罗多德的猜想

希罗多德是我行文论道的中心，他在 21 世纪的重要性不亚于麦克尼尔和霍奇森。这位希腊人于公元前 490 年至公元前 484 年期间出生于哈利卡那索斯（Halicarnassus），此地位于小亚细亚西南部，当时已臣服于波斯帝国。他认为，希腊人和波斯人决定了战争的起源和进程，在地理与人的能动性之间取得了完美平衡。他提出的部分宿命论，正是我们都需要的。他向我们展示了一个以地图为背景的世界，比如希腊和波斯及其各自在近东和北非野蛮地带的势力范围，并告诉我们，个人激情的迸发能够造成具有破坏性的政治效果。希罗多德是“敏锐性”的代言人，这正是我们现在亟需恢复的能力，有了它，我们就不会对即将到来的世界感到大惊小怪。

希罗多德曾引用古希腊诗人品达（Pindar，约公元前 522 –公元前 442）之语：“习惯是所有人的国王。”希罗多德说：

> 埃及人在爱猫死了的时候，会把自己的眉毛剃光以示悼念；利比亚部落会把一边头发留得很长，另一边剪掉，同时给猫的尸体涂上朱砂；
>
> 住在里海东部（现属土库曼斯坦）的马萨格泰人，却会在一个人年老体衰时，“召集亲戚一起过来把他杀了，把他的肉和羊肉一起炖，举行一场宴会”。

这说明，一个地方的地理风土具有唯一性，当地人的历史经验，以及由此产生的行为举止和想法是各不相同的。

作为文明和地域记忆的保护者，希罗多德保护着神话、寓言，甚至它们赖以存活的谎言。他知道，政治领袖在面对外部事务时，掌握越多诀窍妙招，就越不可能犯悲剧性的错误。有一个例子：

> 波斯王大流士要攻打居住在博斯普鲁斯海峡的斯基泰人，他的军师阿塔巴努斯竭力劝阻，称斯基泰是一个移动迅速的游牧民族，他们的居住地长年严寒，没有城市或可播种的土地，因此装备精良的大部队找不到攻击焦点。但大流士执意出兵，最终因粮草不足而战败。

希罗多德的象征力量，在于他对人类可信之事的强有力的召唤。古人没有办法掌握大量的科学技术，所见所闻因人而异，但信念的力量加上事实的佐证，使他们的见解比我们的更生动。地形景观和地理形态对他们而言是实实在在的，而我们却无法想象。

再来看看希腊士兵斐迪庇第斯的故事，他因善于长跑而被委任为信使，从雅典跑到斯巴达，请求联合对抗波斯人。斐迪庇第斯告诉雅典人，在途经帕尔铁尼昂山时，他见到了半羊半人的潘神，对方要求他问问自己的同胞："为什么你们不供奉潘神？潘神是雅典人的好朋友，一直为你们提供服务，这次还会如此。"雅典人确信斐迪庇第斯说的是实话，于是在他们的城市安定后，就在雅典卫城下建立了潘神庙。

这不仅仅是一个迷人的故事。在雅典人把此事叙述给希罗多德听时，它可能真的发生过。信使认为他看到了潘神，这是有可能的，因为在极度疲劳的情况下，他的知觉中只能出现其信仰体系中固有的神祇。古代世界"分散落户，人烟稀少，自然尚未被人工开发"，鲍利斯·帕斯捷尔纳克在《日瓦戈医生》（*Doctor Zhivago*）中写道，"自然一拳打在你的眼睛上，粗暴地拉扯着你，死死地抓住你的颈背，此时确实到处是神"。

如果理性主义和世俗主义已经把我们远远带离斐迪庇第斯所看到的未来，至少我们还可以尝试去理解宗教运动对启蒙运动的逆转，以及它如何影响到当今地缘政治的方向，并随之进行自我防护。地球空间拥挤不堪，自然界今非昔比，贫民窟和棚户区的拆迁改造形成四不像的地形景观，并以不同的方式对人类的心理产生同样激烈的影响。要理解这种新地理对于空间的附加价值，以及对人的心理产生的影响，我们首先需要去欣赏希罗多德描述的仿古地形景观。

希罗多德《历史》的聚焦点就是希腊。那里文化气息浓厚的群岛和陆地极具诱惑力，一路绵延向西，并超越了波斯和小亚细亚的高原山区。地理决定论在这里处于统治地位，东边的亚洲人和西边的希腊人几千年来互相争夺，直至今天希腊和土耳其之间的紧张关系达到顶点。在 20 世纪 20 年代，这种紧张并没有引发公开的大战，主要是因为在那 10 年中人口发生了大规模迁移，两个单一民族国家得以创建。换言之，和平只有在以地理为仲裁的种族清洗发生后才能占主导地位，然而，这终归不是希罗多德思想的主线。

希罗多德认为，人类心胸的包容性和人与人之间的尔虞我诈，都是与生俱来的天性。他也举例说明了在一个激情扭曲的旋涡里，人是如何为自身利益而算计谋划的。阿托萨嫁给波斯国王大流士后，在床笫之间尽显万种风情，以此诱使她丈夫下决心远征希腊。她的这种举动，其实是对治好她乳房增生的一位希腊医生的报答，因为对方提出想随波斯大军重新回到自己的祖国。这原本都是关于地理的，后来却变成了莎士比亚作品中的主题。

希罗多德《历史》的最深层意义，是理解命运的复杂性。希腊的命运女神掌握着万物的命运，而英雄是要战胜命运的，这形成了希罗多德叙事诗的上层建筑。霍奇森在《伊斯兰的冒险》中对《历史》评述之精准，无人能出其右：

> 希罗多德写他的历史，目的是使希腊人和波斯人的伟大业绩得以留存。那是空前绝后的事业，永远值得我们尊重。它们不能被复制，尽管后世可能会效仿，并在某种意义上超越它们，但即便是现在我也敢打赌，没有任何伟人的事迹能与他们相提并论。

霍奇森在他的三卷本史诗巨著里，也清楚地说明人最终会控制自己的命运，但他同时又不厌其烦地描述历史和环境发展的宏大趋势在个人的控制之外。霍奇森说，不承认个人奋斗，就等于没有秉承历史研究中的人道主义原则。他据此编织了一幅巨大的伊斯兰教壁毯，认为伊斯兰教作为具有全球性特质的“与道德和人性有关的复杂传统”，其源头却是从麦加开始的个体行动。

因此还是回到与命运的抗争这一论题上吧，可以说到目前为止，我们干得还不错。现在，我们亟需那些希罗多德主义者们，如霍奇森、麦克尼尔等人协助强化其论点，因为我们即将进入极其艰巨的研究领域，地缘政治和准决定主义的理论都是从那里发散开来的。历史的大致轮廓，实际上早已被预测，并仍可能被再次预测。

至少可以说，在个人以何种方式改变历史这一点上虽远无定论，但一切皆为事实。我将要介绍的这些人物，可能会让自由人文主义者深感不安。与其说这些人是哲学家，不如说他们是地理学家、历史学家和战略家，他们断言，地图几乎能决定一切，从而减小了人为的回旋空间。人为因素，就其发挥作用的程度而言，主要是关系到军事和商业上的主导优势，然而正是即将上场的这些人为我们建立起一个框架，让人类反抗这“天定命运”，并且明确在此框架中我们可以实现什么目标。

THE REVENGE OF GEOGRAPHY

第 4 章 历史的地理枢纽

麦金德的地缘政治剧本

一个国家的地理环境可能决定其外交政策。

麦金德的《历史的地理枢纽》对心脏地带和边缘地带进行了怎样的描述？为何说海洋是自由主义和西方民主扎根的自然条件？俄罗斯最终选择陆地环绕的莫斯科作为首都，是否标志着地理因素的再次胜出？麦金德真的准确预见了北约与苏联的对抗以及苏联的解体？陆权的代表苏联在与海上力量最为强大的美国进行终极对决中，为何败下阵来？

世界岛的中心地带将怎样决定全球的命运？麦金德认为一个心脏地带的强权拥有了希腊就能控制整个世界岛。但他为何又指出人类的未来将在很大程度上倚仗“印度和中国的季风地带”？

在如今这全球动荡的时代，“政治版图永恒不变”的假定一如既往地接受着检验，这也导致了地理思维的复兴。这主要是因为，地理正是战略和地缘政治的基础。**拿破仑曾将“战略”定义为“以军事和外交的方式使用时间和空间的艺术”，而地缘政治则是对每个国家确定其战略时所面临的外部环境的研究，在这个环境中的其他国家，也同样在为生存和竞争优势而斗争。**

简而言之，地缘政治就是地理对人类分布产生的影响。正如拿破仑所说，了解了一个国家的地理，也就了解了它的外交政策。

摩根索称地缘政治是“伪科学”，因为它把“地理因素标榜为一个绝对值”。他是在第二次世界大战结束后不久写下这句话的，彼时他心中一定想到了伟大的英国地理学家哈尔福德·麦金德。麦金德发表于 20 世纪之初的思想理论，在第二次世界大战期间重新得到重视，并被纳粹滥用，以证明德国“生存空间”的合理性。可以肯定的是，地缘政治的目的是实现权力平衡，如麦金德所言，权力平衡赋予每个国家以安全保障，从而形成了自由的基础；而纳粹的目的则正与之相反，是对麦金德本人思想的变态扭曲。摩根索对于麦金德的指责，未免太过苛刻了些。

在任何情况下，摩根索都不掩饰对麦金德的反感，但他对其理论的审慎总结，本身就表明麦金德几十年来对西方地缘政治思想具有强大的影响力。

尽管麦金德不断受到谴责，他的理论仍然普遍适用，尤其是在美国地面军队大规模驻扎于大中东和东北亚地区的当今时代。显然，他的著作中包含着一些悬而未决的潜在真理，虽然有时也会出现离题千里的风险。麦金德显然是个天才，他一生的座右铭是“地理是普遍论者对于具体学术问题的答案”。1890 年，他举了一个例子来说明地理知识是如何丰富人类对于世界事务的看法的：

> 假如有人告诉我，一种小麦样品来自拉合尔，而我并不知道拉合尔在哪里。我在地图上查找，发现这是旁遮普省的首府。如果我对地理一无所知，肯定只会立即想到拉合尔是在印度，这就是我所知道的全部；但如果我受过一定的地理知识培训，旁遮普一词就……有可能向我传递很多东西。
>
> 我将想到，拉合尔在印度北部一隅，地处雪山脚下的大平原上，印度河谷之中；我会想到季风和沙漠，山泉顺流而下，灌溉沟渠纵横交错；我会知道其气候变化特点，以及应该何时播种，何时收获。卡拉奇和苏伊士运河，将在我的精神地图上熠熠发光；我还能够计算出，在一年中的什么时候，货物将运抵英国。此外，旁遮普邦在面积和人口规模上与一个欧洲大国不相上下，相当于西班牙或意大利，它向英国提供的出口商品使我们普遍受益，对此我深怀感激。

由此我们可以看到，麦金德的理论及其思维方式，是如此引人入胜。

亚洲的“附属”——欧洲文明

哈尔福德·麦金德爵士，这位让摩根索嗤之以鼻的现代地缘政治之父，其名声大噪的原因不是某一本书，而是一篇名为《历史的地理枢纽》（*The Geographical Pivot of History*）的文章，1904年4月发表在伦敦的《地理杂志》（*The Geographical Journal*）上。文中的论点是，中亚不仅协助了欧亚大陆心脏地带的形成，更是世界帝国安身立命的枢纽。因为地球的自然脉络布局，在山脉和河谷之间表现最为明显，这有利于帝国而非普通国家的崛起，对于这一点，大多数人已是心照不宣。在探索这个概念对我们自己的地缘政治理论有何借鉴意义之前，需要先介绍一下麦金德的结论是如何得出的。他的文章，考察了整个历史和人类居住区域的模式，是地理学科的原型，文中借鉴了希罗多德和伊本·哈勒敦的成果，从文体上奠定了麦克尼尔和霍奇森的风格，并影响了法国历史和地理学家费尔南·布罗代尔（Fernand Braudel）。作为对布罗代尔的回应，麦金德写道，“是人，而不是自然，在创造历史，但自然在很大程度上对其施加了控制”。

麦金德的开篇首句，让他的整篇文章具有史诗般的气魄：

> 在遥远的未来，历史学家回首审视我们现在正经历的几个世纪，他们看到的只会是缩略的历史记录，正如我们今天看埃及王朝一样。他们很可能把过去400多年的历史统称为哥伦布时代，也许会说，这个时代在1900年后就结束了。

麦金德解释说，在中世纪，基督教区“被压缩到一个狭窄的区域，面临外部蛮族的威胁”；到了哥伦布时代（大航海时代），欧洲人漂洋过海，把领土扩张到其他大陆，仅遇到“可以忽略不计的阻力”；但是从今往后的后哥伦布时代（他从 1904 年写起），“我们将不得不再次面对一个封闭的政治制度”，这次是“在广泛的世界范围内”。麦金德对此给予了详细解释：

> 每次社会力量的大爆发，其辐射范围将绝不仅限于周边的“野蛮人”领域，而是直至地球遥远的另一边都能感受到强烈的震感，并随之循环往复。这将在世界政治和经济的有机体里造成严重后果，一些薄弱环节将被震得粉碎。

他感到，欧洲帝国在地球上已没有更多的扩张空间，因此他预言，欧洲战争必然会在全世界范围内打响。在两次世界大战之中，麦金德的许多预言都变成了现实。几年前，在堪萨斯的莱文沃思，我参加了美国陆军指挥和总参谋部学院研讨班，学到了一句谚语：“同类相耗之力，巨大变革之本”（Attrition of the same adds up to big change）。如果说大航海时代或大发现时代大致截止于 1900 年前后，那么整个 20 世纪直到今天，以及未来几十年，这个本就已相当拥挤的世界地图，将进一步被塞得满满当当。正如我已指出过的，不管是人口还是武器射程方面，都将处于饱和状态。

例如，中东在过去短短的 50 年里，已经从农村社会转变成巨（特）大城市群集中的地区。世界的其他地方，根据我过去 30 年来作为驻外记者的了解，即使在一些偏远地区，也普遍实现了城市化。我们将在以后深入研究这个拥挤的新地图及其影响，但在此之前，我们必须先回到麦金德及其欧亚大陆枢纽理论。

麦金德要求我们把欧洲的历史看做亚洲的“附属”。他认为，欧洲文明仅仅是与亚洲侵略作斗争的结果。麦金德比麦克尼尔早几十年即指出，欧洲之所以成为文明体，主要是因为地理因素：高山、峡谷、复杂的半岛群，单一国家在那里形成，以对付东部威胁性很强的俄罗斯广袤平原。

俄罗斯平原分为北部森林和南部草原两部分，麦金德解释说，波兰和俄罗斯最早的雏形，完全是在北部森林的保护下建立起来的；而在无边无际的南部草原上，从公元5世纪到16世纪，匈奴人、保加利亚人、马扎尔人、卡尔梅克人（Kalmuks，属厄拉特蒙古之土尔扈特部及杜尔伯特部）、佩切涅格人、蒙古人……各种各样的游牧侵略民族一代接一代地在此出没。此地一望无际，气候严峻，除了草以外种不出任何作物，即使是草也反复地被强风席卷，砂砾破坏。这样的条件，有利于塑造出强硬凶悍的种族，要么摧毁他们遇到的任何对手，要么自生自灭。

为了对抗亚洲蛮族的入侵，法兰克、哥特、罗马外省组成联盟，后来形成了现代法国的基础。同样，威尼斯、罗马教廷、德国、奥地利、匈牙利和其他新兴的欧洲列强，正是在与亚洲草原游牧民族周旋的过程中兴起，或至少逐渐成熟起来。麦金德写道：

> 让我们回想一下。黑暗时代持续了几个世纪，北欧异教徒驾着帆船在北海沿海当海盗，撒拉逊和摩尔异教徒在地中海上当海盗，亚洲马背民族土耳其人则趁海权为敌对力量掌握，直接进入基督教半岛的心脏。在此期间，难免有一些思想上的碰撞，就像是研钵与杵之间反复研磨，进而推进了现代欧洲的形成。这其中的杵，就是来自中心地带的大陆强权。

与此同时，俄罗斯靠森林空地的保护抵御了许多暴君，但在13世纪却败于蒙古金帐汗国之手。它因此被拒于欧洲文艺复兴大门之外，永远囿于自卑之中。此外，这个以大陆为根基的帝国，除了森林以外再无天然屏障来抵抗侵略，深受被残酷征服之苦的俄罗斯，因此常年不懈地痴迷于扩张和控制领土，或至少支配其相邻的阴影区。

蒙古人从中亚发起的进攻，不仅使俄罗斯发生了分化和改变，还包括土耳其、伊朗、印度、中国和阿拉伯中东北部。欧洲许多地区没有遭受过这样大的破坏，因此能够成为世界的政治驾驶舱。事实上，撒哈拉沙漠发挥了封锁隔离的作用，让欧洲几乎不能进入非洲的任何地区。按照麦金德的说法，中世纪欧洲的命运直到哥伦布时代都紧随着亚洲草原上发生的大事件而跌宕起伏。蒙古人和塞尔柱土耳其人在公元 10 世纪和 11 世纪从草原腹地冲出重围，扫荡了中东大部分地区；他们在耶路撒冷虐待基督教朝圣者，至少从表面上引发了十字军东征。麦金德认为，这是欧洲集体近代史的开始。

以此作为脉络，麦金德为读者勾画了欧亚大陆的轮廓，其北部为冰雪覆盖，南部为热带海洋，有四个边缘地区处于广阔的中亚疆域阴影之下，长年受到蒙古 - 土耳其游牧部落的侵扰。这四个边缘地区刚好对应了四大宗教，在麦金德看来并非巧合，根据他的定义，信仰正是地理的功能之一。

四个边缘之一的“季风大陆带”东部面向太平洋，是佛教的发源地；南部面临印度洋，是印度教的产生地；第三个边缘地区是欧洲本身，受大西洋的福荫，是基督教的枢纽；最脆弱的是中东，即伊斯兰教之家，它因接近非洲而“被剥夺了水分”，“除了绿洲之外……人烟稀薄”（1904 年的情况）。这里没有森林，以沙漠为主，大敞的门户任由游牧民族和随之而来的动乱和革命侵扰。此外，中东因为邻近海湾、内海和大洋，在海上力量面前特别脆弱（虽然它也因此受益）。按照麦金德的地理观点，大中东是最不稳定的过渡地带，在地中海世界、中国和印度文明之间作为中转站，见证所有强权政治的巨大变化。

麦金德敏锐的观点，与霍奇森完全一致。后者把“大中东”描绘成古代的“一世界”，并认为这里孕育出伟大的忏悔派宗教（犹太教、基督教和伊斯兰教），至今仍继续在地缘政治中发挥举足轻重的作用。但麦金德的作品写于大石油时代以及管道和弹道导弹时代之前，对他来说，中东尚不能算是全球的地理枢纽。因此，他大笔一挥把中东划到一边，之后继续他的论文。

他写道，哥伦布时代的主要标志，是发现了绕过好望角到印度的海上航线，从而避开了中东地区。而在中世纪，欧洲“犹如困兽，南面是不可逾越的沙漠，西部面临着未知的海洋……北部和东北部要么是冰冷的世界，要么是森林覆盖的莽原”，东部和东南部则是“马背民族和骆驼骑手”。现在突然有渠道通过印度洋进入南亚整个边缘地带，这使得发现新大陆都算不得什么了。

但是，在西欧国家“用舰队覆盖了整个海洋”的同时，俄罗斯的作为也令人印象深刻。他们在大陆上扩张地盘，“从北部森林荒原出发”，带着哥萨克骑兵横扫了蒙古草原的游牧民族；正如葡萄牙、荷兰和英国舰队胜利地绕过好望角一样，俄罗斯席卷了西伯利亚，把农牧民发配去西南部草原屯垦种地，同时包抄了伊朗的伊斯兰世界。

汤因比和其他人也在著作中触及到了这一点，但要晚几十年，麦金德是最早的。这是一个古老的故事。欧洲与俄罗斯，一个是雅典和威尼斯般的自由海上力量，一个正好相反，正如斯巴达和普鲁士。因为大海除了为大都市带来遥远港口的财富之外，更为其提供了某种不可侵犯的边境安全秩序，这是自由主义和民主扎根的必要条件（美国实际上是一个大岛国，两边由两大洋相夹，北面是人口稀少的加拿大北极地区，只有南部面临墨西哥人口力量的威胁。——作者注）。

麦金德注意到，在19世纪，蒸汽机和苏伊士运河扩大了海上力量的通行范畴，可以任意巡游欧亚大陆的南部边缘地带，而铁路的发展则开始充当“远洋商务的供给线”。但他同时指出，铁路也在为大陆霸权做同样的事，特别是在欧亚大陆的中心地带作用更为明显。以前这里发展迟缓，主要是因为缺乏修筑道路所需的石料和木材。

最后，他得出如下结论：

> 当我们迅速回顾更广泛的历史潮流时，地理关系的持久性，岂非显而易见？广大的欧亚大陆地区虽不通船舶，但在古代却是马背上的游牧民族畅通无阻之地，今日更有铁路网络即将覆盖全境。这里不正是世界政治的枢纽地带吗？

在麦金德看来，20 世纪初，领土扩张的俄罗斯将取代蒙古汗国成为欧亚大陆的中心，正如一些人所说，这将是第二个千年中世界历史上最重要的事件。蒙古人曾逐一猛攻并打破欧亚大陆边缘地带许多国家的大门（芬兰、波兰、土耳其、叙利亚、伊拉克、波斯、印度和中国），现在俄罗斯得益于其广大领土的连续性和铁路的迅猛发展，在作为上将比蒙古更进一步。麦金德写道："就统计学而言，地理面积比人口更容易测算，而且几乎是一个常量。"沙皇和 1904 年即将到任的摄政者本身不值一提，相对于更深层次的地理构造和技术力量，他们只是微不足道的小插曲。

然而，时事并非总给麦金德的理论助阵。在他著名的演讲发表后不到两个星期，爆发了日俄战争，在第一次战役中，日本海军即袭击了中国东北的旅顺港。战争一年后结束，日本在对马海战中战胜了俄罗斯。换句话说，麦金德强调大陆权力的重要性，但在 20 世纪初的冲突中，正是海上力量，击败了世界上最强大的大陆权力。

尽管如此，麦金德的表面决定论还是为我们迎接 20 世纪下半叶苏联的崛起提供了准备，并对 20 世纪上半叶的两次世界大战有所预见。正如历史学家保罗·肯尼迪（Paul Kennedy）所指出的，两次世界大战旨在争夺麦金德的“边缘地带”，即从东欧到喜马拉雅山，以及更远之处。

从俄国革命直至苏联解体，中亚和西伯利亚的铁路延长了 45 000 英里，麦金德的观点得以证实；此外，冷战牵制战略的成功与否，也在很大程度上取决于跨越整个大中东和印度洋的边缘地带基地力量。事实上，美国军事力量对于阿富汗和伊拉克边缘地带的投射，以及美国与俄罗斯围绕中亚和高加索地区政治命运展开的紧张较量，本身就形成了地理枢纽。麦金德的论文因此获得更高的正统地位。

世界岛的心脏地带决定人类的未来?

有人指责麦金德是一个狂妄自大的决定论者，是一位帝国主义分子。这两种指控在一定程度上都不公平。麦金德终其一生都从事教育事业，本质上既不是极端派，也没有那么意识形态化。

之所以说他是帝国主义者，仅仅因为当时大英帝国范围遍及全世界，他作为一位开明的爱国人士，认为人类发展的前景，特别是民主化的趋势，将更可能受到英国模式的影响，而不是采用俄罗斯或德国模式，就这一点而言，他受到时代偏见的影响，也是不可避免的；而说他是一个地理决定论者，只是因为地理作为他的事业主题，其本身具有确定性特点。

在布尔战争[①] 之后，英国陷入心力交瘁的困境，麦金德却仍痴迷于保卫大英帝国。与此同时，他写出了《民主的理想与现实：对政治重建的研究》（*Democratic Ideals and Reality: A Study in the Politics of Reconstruction*），主题即是人的因素可以克服地理的支配。然而传记

① Boer War，1899—1902，是英国人和布尔人之间为了争夺南非殖民地而展开的战争。荷兰殖民者于17世纪来到南非，他们和葡萄牙、法国殖民者的后裔被称为布尔人。布尔战争称得上是英国复兴史上最长的战争。——译者注

作家怀特·H. 帕克（W. H. Parker）却对他的观点作了这样的注解：“从长远来看……那些顺应环境的人，一定会战胜那些与自然环境对着干的人。”

这正是雷蒙·阿隆“或然决定论”（Probabilistic Determinism）的本质，我们大多数人也会赞成这种说法。事实上，阿隆一直为麦金德辩护，打心底认为他是一位社会科学家，而不是自然科学家，因为在阿隆看来，麦金德认为可以通过技术革新征服地理环境。为了弄清所有疑问，我们有必要看看麦金德到底要说明什么。在《民主的理想与现实》一开头，他写道：

> 上个世纪，在达尔文理论的魔咒下，人们认为某些形式的组织之所以存活，是因为他们最好地适应了自身所处的环境。经历了第一次世界大战血与火的考验之后，我们现在认识到，人类的胜利，在于超越了这些宿命论。

麦金德反对一切形式的自满自大。这里是《民主的理想与现实》开篇的另一个生动例子：

> （1919 年）那个时刻诱使人们相信，和平即将到来，且永远不会被打破，只是因为人们厌倦了战争，并下定决心永远不再开战。但国际局势的紧张化起初缓慢，后来却一发不可收拾。
>
> 滑铁卢战后，一代人享受到了和平；1814 年在维也纳国会宫谈判桌上，哪位外交官会预见到普鲁士将成为世界的威胁呢？是否有一种方法，可以让我们降低未来历史长河的河床坡度，使洪水的祸端不再出现？这就是摆在我们面前的任务，

> 没有比这更大的任务。我们不想让后人小看了我们的智慧，正如我们看那些所谓的维也纳外交家们一样。

不，麦金德不是纯粹的决定论者。他认为，**地理和环境是可以克服的，但我们必须具备最广泛深入的专业知识，同时对其抱有最大的尊重。**

诚然，马基雅维利的《君主论》（*The Prince*）之所以被奉为经典，部分原因在于它对某些人具有指导作用。他们不愿接受命运的安排，并认为人必须要殚精竭虑，以战胜更强大的力量。麦金德的理论也是如此。他的学术视野开阔而弘大，气势逼人；他的观点和文章充满力量，给人当头棒喝之感，似乎现实已经预先设定，不可改变，实际上这却正是麦金德留给读者的挑战，让人们奋起超越现实。他是最好的犹豫型决定论者，知道需要多大努力，才能避免悲剧。

决定论是一种静态思维方式，意味着臣服于席卷一切的趋势之力，从此历史潮起潮落与己无关。但麦金德恰恰相反。就像某些人的“收藏癖”一样，他不停地检视修改其 1904 年的那篇著名的“枢纽”论文，不断增加它的深度和见地，并将最新发生的事件补充进去，探讨它们如何影响事态发展。

“地理枢纽”论真正的难能可贵之处，在于其预见了全球体系的出现，而在当时的爱德华时代，人们心里还只有欧洲大陆体系的概念。大陆体系源于 100 多年前的后拿破仑时代召开的维也纳和会，时过境迁，那时已处于衰败晚期。

然而，除了麦金德等少数人凭直觉认识到这一点以外，没有人发现它已时日无多。《历史的地理枢纽》一文发表 10 年后，第一次世界大战爆发，给人类带来了空前巨大的灾难。德意志普鲁士和沙皇俄国在东部战线上殊死搏斗，而在西线，德国大陆力量对抗着英国和法国的海上力量。战争从侧面印证了麦金德有关“心脏地带”的观点，同时又不断地调整和增加其思想的深刻复杂性。

《民主的理想与现实》是《历史的地理枢纽》一文扩展成书后的增订版，出版于凡尔赛和会的同一年。麦金德在书中警告那些所谓的和平缔造者，尽管战争已使数百万人付出了生命的代价，“海权和陆权的问题并没有得到最终解决，日耳曼民族与斯拉夫民族之间的决斗，还有待展开”。《历史的地理枢纽》展示的只是理论，《民主的理想与现实》不仅对理论进行了修改扩充，更是具有远见的警言。

在这本书中，麦金德集中体现了他的论证功底。他博学多思，论点鲜明，在当代和古代场景间自由切换，从海陆两方面的视角出发，呈现给世人崭新的学术景观。

他以海员的眼光告诉我们，尼罗河流域东西两边受沙漠的保护，并因北部三角洲广阔的沼泽地而免受地中海海盗的袭扰，这一切都保证了埃及王国非凡的稳定；克里特岛位于埃及北部，东部与地中海毗邻，是面积最大、物产最富饶的希腊岛屿，因此号称西方世界“海上力量的第一基地”，因为“海上力量必须由肥沃的土地提供滋养补给”。从克里特岛出发，船员可以落户于爱琴海的“海上仓库”，这也形成了希腊文明的基础。

希腊海上力量一直蓬勃发展，直到受到波斯陆权的挑战，但是波斯人的努力最终归于失败，而作为“希腊半岛本身的根基”的马其顿，最终却征服了整个爱琴海。马其顿比希腊离海更远，只能算是“半个希腊地区”，这里的“山地民族”更服从自己的统治者，同时又是优秀的战士，他们拥有同海边居民一样的“大世界”意识。这种马其顿式的征服使爱琴海成为“封闭的海”，也使希腊人和腓尼基人失去了安身立命之所；身为马其顿人的亚历山大大帝，自此野心大涨，尝试对近东陆地进行征服。

接着，麦金德解释了罗马及其后续帝国的地理起源。当然，他也承认，地理不一定总能解释历史。例如，地中海南部撒哈拉地区的撒拉逊人征服了地中海北部的西班牙人，而地中海北部的罗马人却征服了地中海南部的迦太基人。两种情况下，都是人的意志通过特殊的海上力量形式起了关键性作用。

然而，麦金德也指出，**不管个人成就多么巨大，地理的力量往往会作用于人类文化，并最终赢得胜利**。以圣彼得堡的例子为证，彼得大帝把俄国的首都建在这个“地理敌人的牙齿”上，其发达的文化背景和具有高度能动性的个人，保证了在此生存从技术层面上是可能的；彼得大帝也因此在短期内连连取胜，俄罗斯帝国用这种“怪异的方式”统治了两百年。但俄罗斯最终还是选中了陆地环绕的莫斯科作为首都，标志着地理的再次胜出，以及人的意志的局限性。

麦金德对第一次世界大战时期的研究，出发点在于他对“枢纽”的敏锐觉察力。人类自有历史以来第一次面临“封闭系统”，在此系统中“所有陆地的政治所有权”都已经被“瓜分完毕”。

根据麦金德的描述，在新的全球地理系统中陆地形成了“巨大的海角”或称“世界性海角”，从不列颠群岛和伊比利亚南部探出，一路延伸至西非隆起地带和好望角，然后穿越印度洋到达印度次大陆和东亚。由此，欧亚大陆和非洲共同组成了一个“世界岛”。几十年的斗转星移，将会使它越来越紧密地联合在一起：

> 在地球的表面，9/12 的地区覆盖着海洋；大陆只有一个，即“世界岛”，占地球表面的 2/12；此外，还有许多较小的岛屿，比如北美和南美，总括起来可以占到 1/12。

我们还可以进一步概括说，世界总人口的 75% 都生活在欧亚大陆，此外还包括全世界财富的大部分，全球各国国内生产总值的60%，以及 3/4 的能源资源。麦金德的论文隐含的假设是，欧亚大陆将主导地缘政治大棋局，当然欧洲作为独立实体的成份将越来越少，难以从欧亚大陆其他地方和非洲的联合体中割裂开来。“旧世界已变得非常孤立，也就是说只是一个孤零零的个体，无法与我们地球上最大的地理单元相提并论。”从拿破仑战争结束时起，除了葡属莫桑比克、德属东非和荷兰属东印度群岛三处以外，英国海上力量始终占据着“世界性海角”。当英军拿印度西北边境作为赌注，对付沙皇俄国的进犯时，麦金德甚至将英国对印度洋的统治与古罗马军团沿莱茵河岸对地中海实施控制进行了对比。

通过麦金德的“封闭系统”我们可以感受到欧亚大陆和非洲作为有机整体在一同呼吸。在 20 世纪后期，该系统进一步封闭，我本人的研究核心点即是受其影响而形成的，他人亦可在此基础上更上一层楼。

但是，我们仍要承认，**即使是一个封闭的系统，内部仍然存在着地理上的分歧。事实上，地理在一个封闭的系统中前所未有地重要，因为不论该系统产生任何倾向性，都会引发明显的后果。**比方说，阿富汗的地理环境一旦恶化，其政治影响会从世界岛的一端波及其他地区。现在，让我们回头来探索麦金德的“心脏地带”意味着什么，这将极大地影响到世界岛的命运。

在麦金德开始阐述他的思想和最终进行总结时，下面这句简单而玄妙的格言被一再引述：

> 统治东欧者，必将统领中心地带；
> 统治中心地带者，必将统领世界岛；
> 统治世界岛者，必将统领世界。

我们要认识的第一件事，就是麦金德并非完全的决定论者。他对事件作出反应，同样也试图预测这些事件，这正是人的能动性的体现。在他 1904 年发表“枢纽”文章和 1919 年发表《民主的理想与现实》期间，第一次世界大战爆发；战争结束后，正值麦金德著作付梓之际，召开了巴黎和会。作为战争的结果，奥匈帝国和奥斯曼帝国相继崩溃，凡尔赛的外交官们重新划分了东欧地图，这也是他们的核心目的之一。

因此，在《民主的理想与现实》中，麦金德提到 15 年前他在“枢纽”一文中忽略的观点：“在德国和俄罗斯之间应该有独立国家的阻隔，这一措施必不可少。”也就是说，“我们反对半德国化的俄罗斯独裁国家，因为半个世纪以来，无论对于东欧还是心脏地带，俄罗斯一直是极具威胁性的主要力量；我们也反对完全的德国式政权，因为德国在东欧比沙皇俄国有优势，将来还有可能粉碎斯拉夫人的叛乱，并统治东欧和心脏地带。”因此看来，麦金德在 1919 年把东欧看做心脏地带的关键，无论是德国还是俄罗斯的陆权都由此派生而来。

就在俄罗斯为了打击英国的海上力量而“撞击印度的陆地门户”时，英国正绕过好望角，后又通过苏伊士运河，“攻打中国的海上门户”。麦金德于是建议，从爱沙尼亚往南至保加利亚，应建立一些独立国家作为“缓冲带”，如“大波希米亚”、“大塞尔维亚”、“大罗马尼亚”等。他的说法和其弟子詹姆士·费格里夫提出的“破碎地带”，实际上差别很细微。

1915 年，费格里夫在著作中对这一概念进行了具体阐述，意指那些随时可能遭受心脏地带的陆权力量或西欧的海权力量蹂躏的新国家。如果这些新的主权国家能够生存，就有机会导致中欧在精神和地缘政治意义上崛起。麦金德更进一步，提出东欧可以建立一系列主权国家，如白俄罗斯、乌克兰、格鲁吉亚、亚美尼亚、阿塞拜疆、塔吉克斯坦等，来挫败俄国布尔什维克设计的政体。事实上，1991 年苏联解体后，一连串新独立的国家随即出现，与麦金德的想法竟有惊人的相似。

在研究的最初阶段，麦金德也犯过错误。他似乎并没有像汤因比那样，意识到在民族自决原则基础上建立了边界的欧洲，很容易受德国控制，因为它面积更大，地理位置更好，比那些受到民族束缚的国家更强大。

事实上，在 20 世纪 30 年代和 40 年代初，德国将征服东欧，而苏联将相应地征服“破碎地带”中的那些新独立国家，从 1945 年至 1989 年，一直使他们处于一个民族国家的大监狱里；直到最近一代，希望才得以重现，一个精神上的中欧终于可以在俄罗斯和德国这两个陆权大国之间生存下去。那么，麦金德作为现实主义者的翘楚，为什么突然放软身段，支持“威尔逊主义”的民族自决原则呢？学者阿瑟·巴特勒·杜根（Arthur Butler Dugan）认为，尽管麦金德能够提出大胆和富有决定性的理论，他终归无法脱离自己的时代，是“特定舆论环境下的产物，只是他自己没有意识到罢了”。

就其内在而言，麦金德是一位自由主义者，或至少后来变成了自由主义者。他寄望大英联邦成为多种文化和民族的大联盟，成员虽各自不同但平等相处；他还相信，在欧亚大陆的心脏地带，将会形成一个民主同盟，以此作为对超级大国最好的防御。也可以说，北约与苏联之间的斗争，麦金德早已预见到了。

从《民主的理想与现实》开始，麦金德逐渐倾向于威尔逊主义原则，并在此基础上对自己的“心脏地带”理论进行了完善和修改。这一理论首次出现于“枢纽”一文，但没有使用“心脏地带”一词。这个术语实际上是费格里夫在自己的书里发明的，也就是 1915 年出版的《地理与世界权力》（*Geography and World Power*）。

1904 年，麦金德划定了中亚的“枢纽”地区，1919 年他又将“位于西藏与蒙古高原的大河源头”和从斯堪的纳维亚到安纳托利亚的一条南北向的宽阔国家带补充进去。这个新的“心脏地带”，或多或少地接近于冷战时期苏联在其权力顶峰时期的疆域，或者我应该说，是苏联加上挪威、土耳其北部、伊朗和中国西部。由于中国人口的大部分并不生活在西部，而是集中于受季风影响的东南沿海，因此麦金德的心脏地带主要包括欧亚大陆内部人口相对稀少的部分，以及中国、印度以及欧洲西部的人口稠密地区。中东（特别是阿拉伯和肥沃新月地带）既不是人口稠密地区，也不是心脏地带的一部分，之所以现在与“世界岛”的命运息息相关，是因为它作为“通道地带”连接欧洲与印度、心脏地带北部与南部，以及阿拉伯半岛周围的几片广阔水域。

虽然阿拉伯未处于心脏地带，但它的命运仍然在很大程度上受其影响。阿拉伯世界离心脏地带最近的国家伊朗，就是一个明显的教训，为了我们所处的时代，应该将其牢记。事实上，伊朗高原的确至关重要，我们稍后再来谈论它。

一个世纪前的地缘政治剧本

这里有一个有趣的例外，那就是希腊。在地理上，它属于德国和俄罗斯之间“缓冲带”的一部分，但在 1919 年拓展后的心脏地带范畴里，麦金德把它拿掉了。他认为，希腊有大片水域为界，因此更接近于海权国家。在二战期间，希腊属于从德国控制中解放出来的首批国家之一，对此，麦金德也有先见之明：“一个伟大的心脏地带政权若拥有希腊，……可能就会连带控制整个世界岛。”

事实上，这句话几乎应验了。经历了亲西方势力和游击队之间的激烈内战后，希腊成为缓冲区地带唯一一个没有纳入苏联轨道的国家，后来与土耳其一起，构成了北约的南部战略脊线。由此，苏联在冷战中失利，也就在意料之中了。

在麦金德看来，欧洲和中东更多地受到心脏地带的影响，而印度和中国的亿万人民能够自给自足，因此保持相安无事，和平发展。由此，他预测未来我们将在很大程度上倚仗“印度和中国的季风地带”。但心脏地带到底为何如此重要呢？对欧亚内陆广阔的低洼地带和高原山脉的控制，对于世界强国来说真的举足轻重吗？没错，这些地域蕴藏着丰富的石油、战略性矿产和金属，但这就足够了吗？麦金德的想法有极端机械性的缺点，但毕竟为我们提供了一种工具，可以部分地解释东半球各国及其人民的空间安排。以大陆中心而非任何沿海边缘地带作为参考，会比较容易解释欧亚大陆和其他地区之间的关系。**但是，心脏地带最好被视为世界岛的权力缓存器，而非决定性力量。**

在《民主的理想与现实》结尾处，麦金德断言，如果苏联在第一次世界大战后崛起，并以德国的征服者面目出现，“它必将成为地球上最伟大的陆权国家”，因为它有能力驻守心脏地带。

苏联的确这样崛起了，并在第二次世界大战后再次做到了同样的事。正如麦金德预示的那样，它也因此可以迎面抗衡美国这个世界上最杰出的海上力量。此外，正是出于对海上力量的追求和在印度洋上寻找不冻港，苏联最终入侵阿富汗（阿富汗原应是心脏地带的一小部分，却成为超越其掌握的漏网之鱼），后因深陷阿富汗游击队的伏击圈而使整个帝国土崩瓦解。现在的俄罗斯联邦，规模已大大缩小，但仍试图重新巩固其心脏地带的白俄罗斯、乌克兰、高加索和中亚等地区。麦金德一个世纪前提出的理论，竟然构成了我们这个时代地缘政治的主要剧本之一。

THE REVENGE
OF GEOGRAPHY

第 5 章
纳粹德国的地理扭曲
地缘政治空间竞争

德国相对其他欧美国家表现出更强的地理意识。豪斯霍弗尔上校是如何在拉采尔和契伦的基础上发展纳粹生存空间理论？作为希特勒背后的人，豪斯霍弗尔的理论对德国二战时期的战略选择产生了怎样深远的影响？

胡比的地缘政治学说对二战时期盟军的胜利起到了至关重要的作用。胡比是如何认识到纳粹地缘政治的危险性的？为何说麦金德的声誉在史特劳兹－胡比的手里得到了挽救？

空间力量的壮大是否意味着心脏地带理论已经过时？那些纵深宽广的大国正在悄悄改变世界的地缘政治格局……

作为陆地权力的继承者，德国人和俄罗斯人几百年来一直对地理方面十分重视，比美国和英国那样的海权国家考虑得更多。俄罗斯人对于蒙古人入侵造成的破坏刻骨铭心，地理对他们来说，仅仅意味着不扩张就有遭受蹂躏的危险。此外，光有大片的领土也远远不够。冷战期间，苏联需要建立一个由东欧卫星国构成的帝国，因此大量使用军事力量、在敌对国搞颠覆活动、修缮能源管道，所有的计划都围绕着如何扩大地盘进行，以谋求东山再起。所有这一切都体现了其严重的不安全感。

至少在 20 世纪中叶，德国人表现出了更强的地理意识。从黑暗时代到近现代的欧洲地图上，讲德语的地区形状不断改变，直至 19 世纪 60 年代，才在俾斯麦的领导下实现了统一。无论从陆地还是海上方面讲，德国都处于欧洲的心脏，这使其充分意识到了它与海上的西欧及俄属东欧的心脏地带的关系。

德国之所以先后战胜丹麦、奥地利哈布斯堡王朝和法国，从根本上说是缘于俾斯麦的战略眼光和精准的地理洞察力，实际上也就是承认地理限制的结果。东部的斯拉夫地区是德国不敢逾越之处。在第一次世界大战中，德国放弃了俾斯麦的谨慎风格，结果导致战败，这更激起了德国人对地理的脆弱性和可能性的重视。地图上的历史是多变的，德国的南北两边夹在北海和阿尔卑斯山之间，东西两边是平原，既方便德国扩张，又方便入侵者长驱直入，正可谓生也地理，亡也地理。正是德国人提出并阐释了地缘政治的概念，即由政治和军事力量主导的空间；也正是这样的地理理论，导致了德国在 20 世纪中期一败涂地，难怪自第二次世界大战以来，几代德国人都在诋毁地理和地缘政治。

被纳粹曲解的“生存空间”理论

地缘政治这一学科，历史上曾几度兴衰。所谓的理论家们踩着前人的肩膀展开研究，却又滥用前人的成果，直至弗里德里希·拉采尔（Friedrich Ratzel，1844 – 1904）出现，地缘政治才得到了认真对待。拉采尔是 19 世纪后期德国地理学家和人类学家，“生存空间”(Lebensraum）理论的创造者。这个概念原本传自 19 世纪早期美国一位名叫弗里德里希·李斯特的德裔移民之口，他是位记者、政治学教授和投机商，也是美国政治家、辉格党创始人亨利·克莱（Henry Clay，1777 – 1852）的朋友。亨利·克莱从门罗主义[①] 中汲取灵感，用“生存空间”来形容主权既定的广阔地理区域；而拉采尔则深受查尔斯·达尔文著作的影响，因此提出了这样一个有机的、生物学意义上的地理概念，即边界会根据人口的规模和构成而不断发展变化。虽然我们通常把边界看做是静态的，具有持久的代表性、合法性和稳定性，但拉采尔却认为，边界会随着国家事务的变化而扩大或收缩，并无常态。对他来说，地图能像生命体一样呼吸，进而萌生了“有

① Monroe Doctrine，发表于1823年，表明美利坚合众国当时的观点，即欧洲列强不应再对美洲实行殖民统治，或涉足美国与墨西哥等美洲国家之主权相关事务。而对于欧洲各国之间的争端，或各国与其美洲殖民地之间的战事，美国保持中立。相关战事若发生于美洲，美国将视为具敌意之行为。——译者注

机生物国家”的想法，把国家扩张的妄念，也看成是自然法则的一部分。

拉采尔的学生、乌普萨拉大学和哥德堡大学的政治学教授鲁道夫·契伦（Rudolf Kjellen）是“地缘政治”（Geopolitik）一词的创立者[①]。契伦是瑞典人，同时又是一个极端民族主义者，对俄罗斯在波罗的海等暖水海域谋求扩张始终心怀戒备，希望瑞典和芬兰也施行扩张主义，以应对俄罗斯的图谋。契伦虽然召集了一部分贵族和中上层阶级来支持自己，终因民众支持太少而失败——在19世纪晚期和20世纪早期的斯堪的纳维亚半岛已经没有多少人沉湎于大国梦想了。于是契伦把他所有的希望转移到德国，希望它站出来迎战他特别痛恨的俄罗斯和英国这两个国家。

契伦编制的德国未来帝国计划，包括中欧和东欧全部地区、法国沿海所有港口、俄属波罗的海各省，以及乌克兰、小亚细亚和美索不达米亚（以远程铁路网络连接到柏林）。他采用拉采尔的思想，把人类社会按种族和生物类别划分，认为国家就像人一样，要想有足够的阳刚和活力，就需要大量的生存空间。这正是拉采尔和契伦的理论中最狡猾和最精彩之处，后世的刽子手们利用它为其残暴行为大加辩护。观念无论好坏都很重要，那些模棱两可的观念尤其危险。正统的地理学，告诉我们在面对环境挑战时应该克服什么，而拉采尔和契伦的理论则是地理学的异端，将人性置于种族大灭绝的危险之下。

上述理论正是纳粹主义地缘政治学家、麦金德的坚定崇拜者卡尔·豪斯霍弗尔（Karl Haushofer，1869 – 1946）的生命支柱，虽然彼时他的学术活动尚未开始。豪斯霍弗尔对麦金德观点的悲剧性曲解，以及纳粹地缘政治战略的危险性，在一本备受冷落的经典政

---

①鲁道夫·契伦发展了拉采尔的思想，认为国家就像有机体，能生长、发育和衰亡。1918年发表论文《国家为有机体》，对法西斯德国的影响很大。——译者注

治学著作中都有详细记述，那就是 1942 年罗伯特・史特劳兹 - 胡比（Robert Strausz-Hupé，1903 – 2002）发表的《地缘政治：追求空间和权力的斗争》（*Geopolitics: The Struggle for Space and Power*）。

史特劳兹 - 胡比是奥地利移民，美国宾夕法尼亚大学教授，在冷战期间曾先后担任美国驻四个国家（包括土耳其）的大使和北约代表。1955 年，他在费城创办外交政策研究所（FPRI），20 年来，我也算是一直在他手下“混”日子。

史特劳兹 - 胡比的书写于第二次世界大战期间，当时形势尚未有利于盟军。他不仅试图在书中明确解释纳粹地缘政治的危险性及其对于美国公民的威胁，还着重阐释了地缘政治的重要意义，让正义的势力可以运用它抗击纳粹侵略。他用实际行动拯救了麦金德和这门学科的声誉，同时尽其所能执行外交任务，为赢得战争出了一份力。

再来看看卡尔・豪斯霍弗尔。这位身兼博士、教授、少将三个显赫头衔的纳粹学者出生于慕尼黑，他的祖父、伯父和父亲都从事制图和编写旅游手册的工作，这在他的生命中打下了深刻印记。豪斯霍弗尔加入了巴伐利亚的军队，并于 1909 年被任命为炮兵教官。他对日本的军事崛起深深着迷，主张德国与日本结盟。在第一次世界大战中，他被任命为旅长，纳粹党要员鲁道夫・赫斯（Rudolf Hess）成了他的助手。战争结束后，豪斯霍弗尔被任命为慕尼黑大学地理和军事科学院院长，赫斯作为弟子，一直追随他。

正是通过赫斯，豪斯霍弗尔得以面见“帝国崛起的煽动者”阿道夫・希特勒，并呈交了地缘政治的学术简报。当时是在 1923 年啤酒馆暴动[①] 失败后，希特勒被囚禁在兰茨贝格（Landsberg）的要塞中，

① Beer Hall-Putsch，1923年11月希特勒和E.鲁道夫等人在慕尼黑发动的法西斯未遂政变，又称希特勒暴动。希特勒试图利用魏玛共和国的危机发动政变，建立民族主义的独裁统治。——译者注

正在埋头撰写《我的奋斗》(*Mein Kampf*)。作为一个只受过四年制中学教育的人，除了相信直觉以外，他需要更多地了解现实世界。这位大学教授的来访正可以填补他的知识空白，因此受到热烈欢迎。在《我的奋斗》第十四章，希特勒提出了纳粹的外交政策与纳粹生存空间理论，可能正是受到豪斯霍弗尔的启发。

德国地缘政治的本质

跟随史特劳兹 - 胡比之笔，我们可以回顾豪斯霍弗尔是如何被他的同仁麦金德迷住的。麦金德虽然痴迷于陆权，却从来也没有真正诋毁过海上力量；但他对英国的海上力量一直持悲观态度，认为其难以阻止德国陆权袭击心脏地带。一旦拥有心脏地带，德国就可以建立一个强大的海军，助其征服世界岛。

麦金德解释说，20 世纪尤其需要向陆地进行更广泛、更深入的扩张，以便充分发挥工业化的优势。工业时代是超级大国的时代，弱肉强食是基本规律。史特劳兹 - 胡比写道，豪斯霍弗尔采纳了麦金德理论并反其道而用之，“他的结论是，德国的世界强国之路，正是由英国最恐惧的那条线路铺就的，也就是使德国和俄罗斯的更大地盘得到巩固”。按史特劳兹 - 胡比的话说，豪斯霍弗尔在解释麦金德的“心脏地带”时极尽添油加醋之能事，将其阐述得故弄玄虚、模棱两可。他称它是“世界征服者的摇篮”，“一个巨大的城堡，跨越易北河直达阿穆尔”(即中国的黑龙江)，意即从德国中部直到中国东北和俄罗斯远东地区，其纵深可以确保德国既能随时撤回重要的军工基地，同时其陆军和海军又能够在各个方向对外出击。

麦金德深受威尔逊主义的影响，认为有必要在欧亚大陆保持势力平衡，并在 1919 年建议在东欧建立独立国家带作为德国和俄罗斯之间的缓冲区；几年之后，豪斯霍弗尔颠覆了麦金德的论点，直接倡议“灭掉这些国家”。史特劳兹 - 胡比在书中记录道，豪斯霍弗尔称这些小国为“几块国家碎片”，认为其居民只会从自身“狭小的空间”展开思考，“其腐烂症状已被确诊无误”。史特劳兹 - 胡比更进一步发现了豪斯霍弗尔的“整体性逻辑”，即计划解散大英帝国，同时让苏联解体。他要让苏维埃联盟分裂成各单一民族体，之后设法让这些民族国家向大德意志俯首称臣，因为在豪斯霍弗尔看来，德国是唯一有权实行民族自决的国家。按他自己的话说，“目前，三分之一的德国人仍然生活在帝国边界之外的异族统治下。”德国所谓的世界新秩序包括日本霸权下的“大东亚”，以美国为主导的“泛美洲”，德国主宰的欧亚大陆心脏地带，以及意大利权力映射下的地中海 - 北非亚区。但对豪斯霍弗尔来说，这仅仅是一个中间步骤，最终应该是心脏地带主宰世界岛，世界岛主宰世界。

史特劳兹 - 胡比告诉我们，麦金德的心脏地带概念带有明显的“爱德华七世时代英国人印记”，我之前也曾提到过这一点。在麦金德所处的时代，俄罗斯作为大不列颠的对手已将近一个世纪，英国政治家一直生活在恐俄症中，害怕俄罗斯将控制达达尼尔海峡，吃掉奥斯曼帝国，并扑向印度。因此，麦金德一直主张建立一系列独立的缓冲国，以隔开俄罗斯和海上欧洲，虽然他已判定俄罗斯国内的心脏地带本身即可作为可视化战略工具使用。

“麦金德的目光，”史特劳兹 - 胡比写道，“对世界强国是崛起还是倒台这种病态的理念太过关注，这也是德国的国家病；麦金德的教条只有一个，这恰恰也是瓦格纳的崇拜者们[①] 所渴望的终极结局。”虽

① Wagnerian，文中特指对德国作曲家威廉·理查德·瓦格纳思想的狂热追随者。瓦格纳是德国歌剧史上举足轻重的人物，同时，因为他在政治、宗教方面思想的复杂性，特别是反犹太主义和纳粹思想，成为欧洲音乐史上最具争议的人物。——译者注

然如此，麦金德的声誉最终还是在史特劳兹-胡比的手里得到了挽救：

> 麦金德写书的时候，军队还未从战场返回，他受到冷遇却仍不失尊严，始终捍卫自己广阔的历史视角。他相信个人的信念，而这正是他的德国崇拜者所缺乏的。虽然豪斯霍弗尔喜欢强调英雄主义在历史中的作用，但他心目中的英雄是战场上的集体牺牲，而不是在战斗中送命的无名小卒。

史特劳兹-胡比和麦金德都相信和赞赏人的能动性，而德国的地缘政治信徒却不是这样。

心脏地带学说在麦金德手里，是用以解释地缘政治的关键性工具，而到了豪斯霍弗尔的手里，却成了一种疯狂又如梦似幻的意识形态。史特劳兹-胡比通过认真的剖析，认为豪斯霍弗尔"呈给希特勒的是一些非常重要的理论，刚好可以拨开其脑中混沌的迷雾，这就是一个系统而连贯的帝国学说"。

麦金德寄希望于未来各国势力均衡，认为那样能保护自由，而豪斯霍弗尔决心推翻它，于是他费尽心机从地缘政治里寻找突破口。在歪曲了麦金德的学说之后，他又对乔治·纳撒尼尔·寇松爵士（George Nathaniel Curzon）的学说如法炮制。寇松曾在1907年就"边界"问题发表演讲，豪斯霍弗尔受其启发，干脆写了一本书，名为《边界》(*Frontiers*)，实为探究如何突破边界。他在书中称，只有处于下降趋势的国家才寻求稳定的边界，只有腐朽的国家才修建永久性工事碉堡来保护其边界，因为边界本是活物；强盛的国家要做的是修建公路，而边境只是阻止霸权国家的临时栅栏而已。毋庸置疑，德国地缘政治的本质是以争夺"空间"为目的的永久战争，因此类似于虚无主义。史特劳兹-胡比补充道：

尽管这个变态的学说破坏了世界和平，我们也不应该假定它会让所有的地缘政治理论失效；即使是人类学，也不过是一门充当种族主义工具的科学而已。

豪斯霍弗尔虽然深受自身暴力世界观的局限，其原则也并非一成不变。在希特勒 50 岁生日时，他将这位元首称为“杰出的政治家”，认为他是由“克劳塞维茨的血液和拉采尔的空间与土壤”铸就之人。在一篇社论中，他大赞 1939 年苏德秘密协定，强调德国需要与苏联共建大陆霸权；然而 1941 年希特勒入侵苏联后，他又写了篇社论，认同入侵是获取心脏地带的最佳方式。当然，希特勒的决定当时谁又敢批评呢？

许多事例表明豪斯霍弗尔与希特勒的联系受到了人为夸大。当然，豪斯霍弗尔只是纳粹战略观的一个典型代表者而已。随着战争局势日趋不妙，豪斯霍弗尔失宠于元首，1944 年被关押于达豪集中营；同年，豪斯霍弗尔的儿子，同为地缘政治学者的阿尔布雷希特，因参与反对希特勒的军队叛变被处决。此外，豪斯霍弗尔的妻子有部分犹太人血统，虽因赫斯的关系受到纳粹的种族法律保护，但在赫斯 1941 年只身飞赴英国谈判被囚后也失去了倚仗。内外交困之际，豪斯霍弗尔逐渐意识到，对于造成大屠杀和大破坏的世界战争，他负有部分责任。德国战败后不久，盟军对他展开战争罪行调查，豪斯霍弗尔和他的妻子畏罪自杀。

“心脏地带”理论的末日？

其实，史特劳兹 - 胡比著书的根本目的，并不是抹黑豪斯霍弗尔和挽救麦金德的声誉，而是恳请美国人严肃地对待地缘政治学。如果他们对此不以为然，就会受到其他意图不轨的势力利用，并借此打败美国。于是，他在书的结尾写道：

> 纳粹的战争机器是征服的工具；而地缘政治作为其手中的蓝图，给他们提供了征服的方法和目标。现在了解这些知识尚可亡羊补牢，因此要尽快吸取地缘政治的教训。

史特劳兹－胡比是一个彻头彻尾的现实主义者。仅仅将极权国家征服计划的理论基础公布于众，对他来说是不够的，此外也太容易了。他知道一些令人不舒服的真相，正如麦金德的推理在关键方面存在缺陷一样，豪斯霍弗尔的推理虽然变态，但却有其现实基础。因此，史特劳兹－胡比的目的是向美国人灌输地理学科的重要性和价值，使美国凭借两大洋之间得天独厚的地理条件，承担起战后稳定器的角色，维护欧亚权力平衡。这也正是纳粹在豪斯霍弗尔等人的帮助下，千方百计试图打破的东西。

至于心脏地带理论本身，史特劳兹－胡比从始至终都非常怀疑。空中力量一出现，不管是商用还是军用，马上会使其毫无意义。然而他也承认，工业时代的技术发展，包括大型工厂、铁路线、坦克和航母，都使得纵深宽广的国家能取得最大的优势。当然，在后工业时代，微型芯片、手机、塑料炸药等重要物件，就连个人和无国籍群体都可以轻易拥有，这在无形中增加了地缘政治的复杂性和紧张性。史特劳兹－胡比在讨论边境问题时已对这方面的某些点有所涉及，并认为豪斯霍弗尔对寇松观点的滥用难辞其咎。

在豪斯霍弗尔的虚无主义理论大行其道之时，史特劳兹－胡比无视其威慑，毫不客气地对其予以揭穿。边境的客观存在，表明我们所处的是一个政治和军事的分界线早已划定的世界。“主权国家起源于有组织的力量，起始于战争。其边境无论好坏，均属战略前沿。”史特劳兹 - 胡比写道。他从寇松那里引用的话，尤其引人关注，如断言边境战争将在数量和强度上增加，因为“地球的可居住范围在萎缩”，特别是当“一国的野心膨胀、不可调和时，势必与另一国产生冲突”。

换句话说，豪斯霍弗尔对于“世界冲突永无休止”的假定，并非完全错误。即使战争结束，人类也不会从日渐悲惨的生存条件中找到些许喘息之机。**近几十年来地球的日益拥挤，军事技术的进步，时间和距离系统的崩溃，处处预示着世界地图上迟早会发生空间危机**(room crisis)。详细情况且听下回分解，因为我们还需要请出麦金德的“封闭系统”理论对其加以分析。

现在我们要做的，是响应史特劳兹 - 胡比的呼吁。他已注意到任务的紧迫，而美国作为世界大国之间权利的平衡者，永远担付不起无视地缘政治的代价。地缘政治和空间竞争是永恒的，在未来几十年其热度将只升不降。自由国家必须自告奋勇，甘当重任，否则阵地就会落入豪斯霍弗尔之流手中。

THE REVENGE OF GEOGRAPHY

第 6 章 被边缘的边缘地带

“权力均衡”的挑战

与胡比一样，斯皮克曼的权力均衡始终都是其地缘政治学说的核心，他甚至在二战尚未结束时就预示了美国将成为未来的超级强权。

胡比为何认为历史是在“北纬 20° 与北纬 60° 之间”创造出来的？被斯皮克曼称为“美洲的地中海”的加勒比海，真是新世界的战略和地理核心吗？斯皮克曼为何认为控制欧亚大陆的边缘地带比控制麦德金所谓的“中心地带”更为重要？

苏联为何一心要打破心脏地带的海权国家所形成的包围圈？边缘地带对苏联意味着什么？斯皮克曼在 60 年前准确预见中国的崛起？美日同盟的形成以及美国重返亚太遏制中国是否是历史的必然？

在第二次世界大战期间，胡比不是唯一一个向美国人发出警告，要求将地缘政治从纳粹手中夺回来，恢复其本来面目并为己所用的人。尼古拉斯·J. 斯皮克曼（Nicholas J. Spykman）也做了同样的事情。

斯皮克曼 1893 年出生于阿姆斯特丹，第一次世界大战期间，他作为中立国荷兰的驻外记者四处奔走，先后到过近东（1913 – 1919）和远东（1919 – 1920）。战争过后，他在美国加州大学伯克利分校获得了本科和研究生学位，并在那里留校任教一段时间；后转投耶鲁大学，1935 年在那里成立国际问题研究所。他让学生以地理作为主要工具，来评估这个吸引他入籍的国家在世界上面临的危险和机会。1943 年，斯皮克曼死于癌症，时年 49 岁。他去世前一年发表的《美国在世界政治中的战略：美国的权力平衡》（*America's Strategy in World Politics: The United States and the Balance of Power*），在理解冷战后的世界框架方面，比麦金德的著作更具参考性。斯皮克曼在年代上略晚于麦金德，在某种意义上刷新了他的思想。

在史特劳兹 - 胡比的身体里，流动着与摩根索、基辛格和其他欧洲移民一样的现实主义血液。在 20 世纪中期的几十年里，这个国家给他们提供了避难之所，同时他们也敏锐地感觉到这个“天真”的国家处境危险。斯皮克曼也是一样，他的脑子里没有一丁点美国式的理想主义和伤今别古之感，在他看来，地理就是一切。美国的大国地位不是由其理想奠定的，而是因为它直接面向大西洋和太平洋，从地理位置上来看，是“世界上最受欢迎的国家”。

对斯皮克曼来说，地图的冷酷性和随之而来的空间斗争从未止歇。他写道，“国际社会是一种特殊的社会形态，不存在中央权威来维护法律和秩序。”换句话说，它处于无政府状态，所有国家都必须在斗争中寻求自我保护。政治家们本可以致力于追求公正、公平和宽容的普遍性价值观，但对他们来说，权力如同呼吸，几乎是生存的代名词，怎么可能舍得放手呢？“不是为了实现道德价值观而追求权力，而是利用道德价值观来获得权力。”卡尔·豪斯霍弗尔一语道破了这些政客们的想法，为了实现这一点，已酿成太多的悲剧。

然而，斯皮克曼与麦金德和史特劳兹 - 胡比一样，相信“权力均衡”会比某霸权主宰全球更具“安全性”。这也是他与豪斯霍弗尔观念的分水岭。斯皮克曼还谨慎地将“权力均衡”与“自然律法和基督教伦理”相提并论，因为在他看来，二者都可用于维护和平。

虽然史特劳兹 - 胡比在其作品中为麦金德辩护，但他的论述重点始终落在纳粹的地缘政治理论上；而斯皮克曼则将重点放在世界地图上，借此评估纳粹统治的前景，勾勒出战后世界权力的配置，可惜他无法活着看到那一天。在作品中，他开篇即用地理解释了美国是如何成为超级大国的。

边缘地带与心脏地带，孰轻孰重？

世界历史，如斯皮克曼所言，是“在温带制造的”。温和的气候在那里占据主导地位，而且“因为南半球的大块陆地在这个区域分布较少，历史主要是在北半球的温带地区形成的”。当然，说撒哈拉以南非洲和南美洲的南锥体地区无关紧要，也是不恰当的；事实上，由于交通和通信技术的发展，每一个地方都有可能对全世界所有地方产生影响，因此他们在今天比在过去更重要。当然，从世界范围内来看，他们的影响比北半球，尤其是北温带地区还是要少得多。

詹姆士·费格里夫与麦金德几乎是同代人，他解释说，因为温带地区与热带相比日照少、气候条件多变，因此人们必须一年到头努力工作；同时，季节的差异也导致播种和收获的时间具有确定性。这些正是人类能在温带地区“进步发展壮大”的原因。此外，南极是一个巨大的大陆块，周围被不间断的海洋圈环绕；而北极周围则反过来，海洋被不间断的大陆圈环绕包围，在这样的条件下，人类最有生产力。

史特劳兹-胡比解释得更具体。他说，历史是在“北纬 20° 与北纬 60° 之间”创造出来的。这个区域包括北美、欧洲、大中东和北非、俄罗斯，以及中国和印度的大部分地区。麦金德的“荒野腰带”说（Wilderness Girdle）与此大致吻合，即包括欧亚大陆的中心地带和相邻的边缘地带。我们可以用加拿大所属北极圈内地区的情况来印证这个说法。那里是世界上最后一个相对空旷的巨大温带区，然而直到欧洲进行启蒙运动的时期，才出现真正意义上的城市文明。

斯皮克曼也证实，美国最初的繁荣得益于东海岸密布的河口提供的“无数有利于建设港口的位置”，以及蜿蜒的海岸线。地理也是早期美国自由最重要的捍卫者。在确立了西半球的地区霸权之后，美国就可以腾出力量应对“新世界以外的活动”，最终奠定其超级大国地位。它能够影响东半球的权力平衡，也正得益于此。

这一切绝非易事，更不应该被视为理所当然，因为所有的成就都植根于拉丁美洲的地理细节。地理的关键作用，使世界上再没有任何一个国家能像美国这样，成为占有整个半球的霸主。斯皮克曼以南美洲为例对此作出了解释，这也正是麦金德在很大程度上忽略的一个地区。麦金德对欧亚大陆，特别是心脏地带有浓厚兴趣，这对于理解冷战地理至关重要；而斯皮克曼对于地球的整体性把握得更好，因此在当今全球各地高度连通的时代，比麦金德更具现实意义。

新世界的战略和地理核心，正是被斯皮克曼称为“美洲的地中海”的加勒比海。雅典称霸于爱琴海，因此有效地控制了希腊群岛；罗马称霸于地中海，于是号令西方世界；在斯皮克曼看来，美国之所以能够成为一个世界强国，根本原因在于它在 1898 年美西战争之后无可争议地控制了加勒比海，并在此后不久就有了建造巴拿马运河的条件。至于加勒比盆地，正如斯皮克曼所说，“这个地区没有能力对美国的地位形成严重的威胁”。中美洲的地形就像巴尔干半岛，岛屿规模有限，只适合建立较小的政体；即使像墨西哥、哥伦比亚和委内瑞拉等规模相对较大的国家，也因受制于地形、气候、战略原料而无法成为海上强国。美国海军只要愿意，尽可以封锁加勒比地区的东部边界，切断这些国家与世界市场的联系。斯皮克曼因此得出结论，他们渐渐对美国形成了严重依赖的关系。

和我在书中提到的其他思想家一样，斯皮克曼最可贵的品质，就在于他能够透过纷乱喧嚣的表象，揭示出深藏在本质中的真理。他认为，**西半球最基本的地理特征，就是其内部分化不是在北美洲和南美洲之间产生，而是在亚马孙地区赤道雨林以北和以南地区之间产生。**哥伦比亚、委内瑞拉和圭亚那虽然在南美洲的北部海岸，但仍具有北美洲的部分特征，因此也算是“美洲的地中海”的一部分；具有重要地缘政治意义的加勒比地区则与亚马孙丛林南部的国家几乎没有共同点，尽管他们共享同一大陆。与欧洲的地中海一样，“美洲的地中海”象征的不是分裂，而是统一。比如，北非虽然属于非洲的一部分，但由于受撒哈拉沙漠阻隔而在地理上被纳入了地中海世界；同样，南美洲北部海岸是加勒比世界的一部分，地理切断了其与南美洲的联系。斯皮克曼解释道：

> 从安第斯山脉开始，山脊向东弯曲，把亚马孙盆地与马格达莱纳河谷和奥里诺科河谷隔离开来，形成圭亚那的南部边界。穿过这里，是人迹罕至的广袤森林和亚马孙河流域的热带雨林。河流及其支流形成了一条东西向的交通系统，但南北向方面则缺乏运输动脉。

根据斯皮克曼的解释，南美洲的南半部受地貌的影响，在地缘政治上处于边缘地带，而西海岸则被太平洋和安第斯山脉挤压得支离破碎。安第斯山是世界上最高的山脉之一，仅次于喜马拉雅山、喀喇昆仑山和帕米尔高原。穿过阿巴拉契亚山脉的河谷给美国东海岸提供了通往西部的机会，而安第斯山脉河谷则既窄且少，不能通航。智利和秘鲁等国家远离历史上沟通和迁移的主要通道，需在太平洋上航行 8 000 英里才能到达东亚，离美国任一海岸也有数千英里之遥，因此不能发展强大的海军。而且，智利全境只有中部和南部处于温带。据说基辛格曾趣言智利是指向南极中心的匕首，这个比喻可算得十分形象。南美洲的东海岸，也一样显得偏远而孤立。

美国的后院——起火的“南锥体”

由于南美洲并非位于北美大陆正下方，而是在其东南方向，因此大西洋沿岸的人口稠密地区（如里约热内卢到布宜诺斯艾利斯）与纽约之间的距离，和与里斯本之间的距离差不多。美国在加勒比地区称霸一方，与南美洲的心脏地带之间隔着千山万水和宽阔的热带雨林，因此在自己的半球几乎没有挑战者。斯皮克曼写道，南美的南锥体地区与其说是美国的“大陆邻居”，还不如说是美国的“海外领地”。

但也并非全无反例。加勒比盆地的团结，体现在行动上，就是从哥伦比亚出发，经由中美洲和墨西哥向美国贩运可卡因和大麻的通道。所谓的毒品战争也是一堂特殊的地理课，现在正威胁着美国在西半球的后院；此外，民粹主义者、激进反美的委内瑞拉铁腕人物乌戈·查韦斯，立足于加勒比盆地边缘公然与俄罗斯和伊朗结盟，也是对美国全球利益的侮辱。如果该国处于亚马孙雨林下方的南锥体上，其威胁就小得多。全球化信息时代距离感的崩溃，以及劳动力从人口年轻化国家向人口老龄化国家迁移，都使美国与加勒比地区的关系更加密切，而围绕其周边的正是一个不稳定的拉丁美洲。

加勒比地区以前若非由美国海军把控，其实很容易脱离美国社会主流，也就不会像目前这样，成为与美国相互交织的一部分。斯皮克曼预测到了这一趋势，但他显然无法预测到具体细节。和史特劳兹-胡比等人一样，他在第二次世界大战期间从事研究和写作，在战事尚未明朗化之前，如何在全球范围内应对纳粹的威胁是斯皮克曼头脑中最重要的问题。因此，他看到了美国与南美洲南部分离在地缘政治方面的意义，认为这是一种战略优势；但从另一方面说，一旦该地区受到来自欧洲对手的威胁，美国将腹背受敌。

南锥体地区的里约热内卢以南，正是斯皮克曼所谓的“等距离区”(Equidistant Zone)，其中包括这个大陆最有生产力的农业地区和占南美洲 3/4 的人口，南美洲两大共和国巴西和阿根廷的主要城市也都在这里。虽然与欧亚大陆相比其地理重要性微不足道，但斯皮克曼仍担心南部锥体成为敌对势力包围战略的一部分。美洲的地理条件，允许美国作为西半球霸主出现，但如果美洲分裂为一个自由的北部和一个由轴心国主导的南部，美国的优势将被终结。斯皮克曼写道：“许多孤立主义者认可西半球的国防战略，因为它似乎是与德国避免冲突的唯一方式。但他们忽略了一个事实，即使美国可以避免与德国在欧洲正面冲突，也不能完全避免与之围绕南美洲的霸权开战。”

即使当年轴心国被击败，斯皮克曼的警告依然有效，直至今天仍可以被奉为经典。欧洲、日本和中国，与斯皮克曼定义下的等距离区有着非常深的贸易交往，而其与美国的贸易量仅占总量的不到20%，美国作为这个区域的外来强权，其地位很难得到长期保证；另外，从纽约到布宜诺斯艾利斯的飞行时间是11小时，相当于从美国飞往中东所需的时间。从这一点来说，虽然斯皮克曼聚焦于地理的原因是为了赢得战争，但他卓越的学术成就也继续映射到了我们目前居住的世界。

大陆边缘地带导致“遏制”战略的形成?

作为麦金德的后辈，斯皮克曼引入了这位英国地理学家的理论框架，为其研究提供参照和启示。他们二人都对欧亚大陆关注有加，而拉丁美洲则构成其关注中心的一条长长的正切线。

麦金德在著作中认为，在由心脏地带主导的陆权与海权之争中，陆权更占优势。斯皮克曼承认受到麦金德影响，但他对海陆力量的相对重要性有着不同的看法：

> 自彼得大帝时代起的两百多年来，俄罗斯一直试图冲破边境各国的包围，将边界推进到海洋。但是，地理和海权一直持续地阻挠着它。

斯皮克曼把心脏地带作为苏联帝国的模糊代名词，意即北部毗邻冰雪封锁的北冰洋，从挪威一直延伸到远东地区之间，南部群山环绕，从罗马尼亚喀尔巴阡山脉到安纳托利亚、伊朗和阿富汗高原，并向东北转向帕米尔高原、阿尔泰山脉和蒙古大草原，最终收尾于满洲和朝鲜。在他看来，这是世界上最关键的地域，围绕此地进行的争夺战连年不断。在北部的山脉和台地内侧，就是心脏地带，南部和外侧则是欧洲、南亚、东南亚、中国和日本等人口集中区域，以及石油资源丰富的中东。欧亚大陆的边边角角，特别是沿海地区，被斯皮克曼称大陆边缘地带（Rimland）。他认为，对于世界强国来说，最关键的是大陆边缘地带，而不是麦金德的心脏地带。心脏地带虽可主宰欧亚大陆，但面向海洋的大陆边缘地带，才是与外部世界联系的中心。

其实，两人的观点在实质上殊途同归。**麦金德说，谁控制了心脏地带，也就占据了控制大陆边缘地带的先机，之后就可以通过海权统治世界。**当然，这正是苏联的梦想。20 世纪 80 年代，为了占据印度洋的温暖水域，它入侵阿富汗，并企图制造巴基斯坦的不稳定，试图以此把海权和陆权结合起来。不过，斯皮克曼对大陆边缘地带的格外看重，仍然使其占有微弱的优势。纵览目前世界形势，处于大陆边缘地带的大中东动荡不安，南亚和东南亚地区局势紧张，朝鲜半岛紧张对峙，这一切使得斯皮克曼对大陆边缘地带及其地缘政治意义的认识，具有更多的当代关联性。

麦金德的理论主体出现之时，世界正处于世纪之交和第一次世界大战期间；而斯皮克曼则从第二次世界大战的战争事实出发，认为当时心脏地带在另一个盟友苏联手中，因此暂时不是问题，而大陆边缘地带却受到轴心国的威胁。

虽然轴心国输掉了这场战争，但对大陆边缘地带的争夺一直持续到冷战时期。苏联作为巨大的心脏地带强国觊觎着这一地带，而西方海权则对其进行了抵制。1946 年美国外交官和俄罗斯问题专家乔治·凯南（George Kennan）在他的“长电报”[①] 中阐述了对苏联实施“遏制”（containment）的冷战政策这一说法出自苏联周边的海权国家，而心脏地带的强权则称之为“包围圈”。对于西欧、以色列、温和的阿拉伯国家以及伊朗巴列维王朝的捍卫，以及在阿富汗和越南开展的战争，都是为了防止苏联将控制范围从心脏地带扩展到大陆边缘地带。1957 年，年轻的亨利·基辛格出版了里程碑式的著作《核武器与对外政策》（*Nuclear Weapons and Foreign Policy*）。他在书中写道：“为防止苏联集团控制欧亚大陆周边地带，有限度的战争是成本上可接受的唯一手段。”基辛格认为，苏联作为心脏地带的霸权国家，拥有强大的“内部通信和交通线路”，因此可以沿其周边聚集相当大的力量。波兰、伊朗、阿富汗、越南在整个冷战时期都随时可能成为战场，因为它们处于苏联和中国的边缘地带。这就是麦金德的世界，但带着斯皮克曼式的感性。

遏制中国的逻辑

斯皮克曼以 1942 年作为基点，其目光超越第二次世界大战，这使我们看到了地理学家心系未来的先见之明。虽然当时盟国的优先目标是彻底摧毁希特勒的战争机器，但斯皮克曼也非常担心战后德国一旦非军事化，会给世界局势带来什么影响。他解释说，一个“从乌拉尔到北海”的俄罗斯民族国家，可能比一个“从北海到乌拉尔”的德国好不到哪里去。苏联若在英吉利海峡设立机场，将和德国机场一样威胁大不列颠的安全。因此，在希特勒垮台后，一个强大的德国仍然

① The Long Telegram，美国外交史上最重要的电报之一。1946年美国国务院询问驻苏联大使馆如何对付苏联，当时作为代主管的乔治·凯南用一封长达8 000字的电报作为回复，史称“长电报”。——译者注

是必要的。基于同样的道理，虽然美国与日本之间的夺岛恶战还要打三年，斯皮克曼仍然建议与日本结成战后联盟，以对付苏联等大陆强权，特别是正在崛起的中国。日本是一个粮食净进口国，石油和煤炭产量不足，但其悠久的海军传统是一大优势；对美国来说，这个强大的东亚海上岛国在远东可以发挥同英国在欧洲一样的作用。斯皮克曼特别强调，虽然中国在 20 世纪 40 年代初因遭受日本的侵略而异常虚弱，但将来必然会重新振作，因此联合日本这个盟友实属相当必要：

> 一个现代化、军事强大、生机勃勃的中国……不仅会对日本构成威胁，还会向西方列强在“亚洲地中海”的地位提出挑战。中国幅员辽阔，控制着广大周边海域，它在亚洲占据着类似于美国在美洲地中海的主导地位。当中国变得强大时，它对该地区的经济渗透无疑将带有强烈的政治色彩。可以设想，这片海域将不再由英国、美国、日本海权控制，而是由中国的空中力量控制，这种结局可能为时不远。

也许，斯皮克曼最有说服力的观点是对欧洲的观察。他反对德国或苏联统治欧洲，也反对在任何情况下实现一个统一的欧洲。他更倾向于在欧洲国家之间形成权力平衡，认为这比欧洲联邦（即便是通过和平民主的方式实现的）更有利于维护美国的利益。他写道，一个“欧洲联邦……有可能凝聚力量，彻底改变我们对于大西洋地区的重要性，并大大削弱我们在西半球的地位”。目前欧盟仍处于发展中阶段，各个强国的国家领导人虽加强相互协调，并建立了单一货币区，但仍奉行各自独立的外交政策；要评判斯皮克曼的预测是否准确，还为时过早。然而我们已经可以看到，欧洲越是统一，与美国的关系就越是紧张。**一个拥有武装部队并奉行单一外交政策的真正意义上的欧**

洲超大国，将是美国强有力的竞争对手，甚至可能成为在南美洲南部的“等距离区”占主导地位的外部力量。

接下来的部分，是斯皮克曼的理念明显不同于麦金德和冷战遏制政策的地方。遏制政策基于自由主义理想及地缘政治原因，鼓励欧洲统一，希望其发挥反苏的堡垒作用。乔治·凯南撰写“长电报”时，就把欧洲生活方式奉为至臬，并相信它将拖垮苏联的极权体制。随后，志同道合的欧洲民主国家在美国的鼓励下，开始朝着一个共同的政治经济联盟而努力。凯南自己是一个死硬的现实主义者，而斯皮克曼显然比他更冷血，他根本不会让自己的分析掺进地理以外的任何元素。与豪斯霍弗尔不同的是，他并非不相信民主和自由社会，而是感到它的存在对于地缘政治分析不会起到很大的作用。斯皮克曼的工作不是改善世界，而是陈述他认为正在发生的事；也许正是这种冷血带来的敏感性，使他的视野远远超越了凯南和冷战。在半个多世纪前的1942年，他已然可以把今天的局势写得清清楚楚：

> 只有从全球视野和三维立体战争的整体性考虑，并运用他们的政治和战略思维，政治家才可以拯救他们的国家，避免在遥远的边缘侧翼陷入左右夹攻。空中力量对海权的弥补意义及其移动的迅捷性，将成为战争的本质，全球没有任何地区会因为太遥远而失去战略意义，也不会因为太偏僻被强权政治的算计所忽视。

换句话说，得益于空中力量和远征能力，各国部队特别是美军可以在任何地方快速部署，范围遍及整个地球。这出精彩剧目，麦金德“封闭系统”中的每个人都将有幸目睹。这种令人吃惊的能力应归功于通信技术，特别是与空中力量有关的技术的迅速发展。

然而，地球系统毕竟过于庞大，无法由一个霸权主导。因此斯皮克曼认为，将会出现“区域性分权”，每两个大区域之间都会相互影响。他直觉地认为，世界会以多元霸权的方式存在，相当于我们现在经常谈论的、已然存在的“多极化世界”。但这种多极化只是就经济和政治领域而言，在军事意义上并非如此，因为美国相对于其他国家的军队，仍然具有绝对的优势。但在这个新兴的世界里，区域性庞然大物实在太多了：美国、欧盟、中国、印度和俄罗斯这些强权大国，以及土耳其、伊朗、印度尼西亚、越南、巴西等中等强国，对于斯皮克曼而言，都是出乎意料之外的。

这样一个世界的动力是什么？斯皮克曼的回答方式，就是紧盯着地图，从不同角度探究。他最引人注目的见解来自北极投影地图。“这里有两个显著的特点，一个是北半球大块陆地的集中，另一个是他们以北极为中心，像海星一样向四面八方散开，朝着非洲和好望角、南美洲和合恩角、澳大利亚延伸……”在这幅投影地图上，几乎到处都是陆地；如果你对比南极地图，则会发现几乎到处都是水域。北极地图显示了北方大陆彼此之间有多么接近，南部大陆则彼此相距甚远；当然，在这张地图上，南方大陆之间的距离被夸大了，但仍然大致可以看出澳大利亚与南美洲、南美洲与非洲之间相距有多远。因此，**在地理上，北美和欧亚大陆之间的密切关系是动态的，并构成了“世界政治的基本线”，而那些南半球大陆之间关系的重要性要小得多。**

再强调一次，斯皮克曼并不是说南美洲和非洲是微不足道的，只是说它们彼此的关系影响较小。**南美洲和非洲在地缘政治意义上的价值，只有通过它们与北方大陆的关系才能体现出来；而北美和欧亚大陆之间存在有机关系，才是这幅极地投影地图传递的真实信息。**

我们认为，正是浩瀚的太平洋，把北美西海岸与东亚分隔开来；但从极地飞行航线图上看，这不过是一段航程而已：向北飞越阿拉斯加，然后南下横跨俄罗斯远东，越过日本和韩国，到达中国的温带地区。假想一下，北极地区如果变得温暖，在未来几十年里将赋予海权和制空权什么意义？超音速运输机将美国西海岸和亚洲城市之间的距离削减了 2/3，极地航线越来越多地投入使用，美国、俄罗斯和中国将被锁定在一个日益紧固的世界里；地理会变得更具实感，并因而更加重要。虽然我们普遍认为全球化将打破壁垒，实际情况却是各国间的联系在数量和强度上大大增加，产生冲突的可能性更大。

麦金德认为，一旦世界变成“一个封闭的政治系统，终极地理现实也将变得真实易感”。他指的是北半球由欧亚大陆和非洲大部分组成的世界岛，将其看做地缘政治的一个独立单元，北美则是边缘地带海洋中最重要的卫星大陆。斯皮克曼的大陆边缘地带理论与这种情况正好吻合。在他的设想中，欧洲、中东、印度次大陆和远东的边缘地带，将凭借其大量的人口、迅猛的经济发展和丰富的油气资源，一起控制围绕欧亚大陆的印度洋和太平洋的连续海岸，并对俄罗斯的心脏地带权力形成制衡（即使俄罗斯在北极海岸获得温暖水域的控制权）；北极可能变成飞机和船只运输的枢纽中心，连接北美与世界岛的北部地区；而大印度洋则可能形成世界岛商业和军事方面的海上通路，把非洲与中东和东亚连接起来。

尽管如此，欧亚大陆边缘地带仍不会在严格的政治意义上统一。这是在多元化霸权世界里最让麦金德和斯皮克曼担心的一种危险，但似乎尚没有出现的迹象。即使是处于海权力量上升期的中国，虽然似乎有能力取得这一成就，但仍会受到美国、印度、日本、澳大利亚和其他国家海军的牵制。**我们会看到一个权力分布更加微妙的世界，贸易和经济会削弱纯粹的军事力量；不过，世界可能仍然是一个由地理决定的地缘政治体，尤其是海洋，将比以往更加拥挤。**

THE REVENGE OF GEOGRAPHY

第 7 章 海权的诱惑

霸权野心

马汉为何认为帝国的地理枢纽不在欧亚大陆的心脏地带而在印度洋和太平洋？他的海权论学说又有着怎样的不足？

为何说美国的地理位置对其而言是一把双刃剑？巴拿马运河的开通为何使得美国不再像过去那样超脱于国际纷争之外了？

为何当下美国所施行的海军战略似乎与马汉的海权论背道而驰？为何崛起中的中国和印度格外推崇马汉的海权论？它们是否会重蹈美国海上霸权的“覆辙”？

铁路和公路运输技术的发展，促使麦金德强调大陆权力；同样的工业革命也促使比麦金德年长几岁的美国海军上校阿尔弗雷德·塞耶·马汉（Alfred Thayer Mahan，1840 – 1914）成为海权的狂热鼓吹者。马汉认为，在争夺主导权的斗争中，海权不仅是比陆权更重要的力量，而且由于“海军向内陆压迫性延伸的能力是有限的”，因此对国际局势稳定的威胁也比较小。

马汉认为，帝国的地理枢纽不在于所谓欧亚大陆心脏地带，而在于印度洋和太平洋。这两个大洋可使相关国家沿欧亚大陆边缘投射力量，并借助发达的铁路和公路网影响大中亚地区政治发展。从这一点来说，斯皮克曼对印度洋和太平洋周围大陆边缘地带的看重，同时受到了马汉和麦金德的深刻影响。

俄罗斯对中心地带的控制实力，让麦金德备感吃惊；马汉的著作《亚洲的问题》（*The Problem of Asia*）比麦金德的“枢纽”一文还要早4年，他当时就发现了俄罗斯的弱点在于与印度洋温暖水域相距甚远。他说，俄罗斯“与任何开放性海域之间的遥远距离是其先天弱势，并使它在积累财富上处于更加不利的地位。……既然如此，它有理由感到不满，而这种不满也很容易通过侵略的方式表现出来。”于是，马汉深入研究了俄罗斯的民族性格，特别是其最深层的心理意识流，而地理正是他研究的基础。那些位于俄罗斯南部、印度洋北部的国家，被马汉称为亚洲的“有争议地区”，即“俄罗斯陆权和英国海权之间的冲突区”，中国、阿富汗、伊朗和土耳其的重要性都得到了强调。这里也正是 40 年后被斯皮克曼称为大陆边缘地带之处。事实上，马汉在 1900 年选定的一些枢纽国家，直到当前仍具有地缘政治意义。这不是巧合，地理是不可改变的。

冷战期间的地理刺激，使西方制定了对苏联的遏制战略，它从欧亚国家的南部梯队实施，涉及该领域内的所有大陆边缘国家。**地理确定了中国的重要地位，这个国家的地域和文明从欧亚的心脏地带一直延伸到太平洋沿岸的温暖水域；地理也有助于将阿富汗和伊朗确定为心脏地带国家，并成为中东命运的关键力量。**

1902 年，马汉首次使用“中东”这个术语，来划定阿拉伯和印度之间对于海军战略特别重要的地区。他指出，印度位于印度洋沿岸的中心，其后方侧翼受喜马拉雅山脉的保护，对于中东和中国的海洋渗透战略至关重要。海权的出现，使美国可以在“麦金德式的封闭系统”里，从千里之外影响欧亚大陆，马汉为此提供了方法。

地理决定海权？

马汉的海洋中心论也有缺陷。史特劳兹 - 胡比在其《地缘政治》一书中解释道，“英国和美国都很推崇马汉学说，豪斯霍弗尔和其他德国地缘政治学者也从中看到了德国飞黄腾达的机会。马汉学说的吸引力在于，它承诺只要以此作为国防理论基础，就可确保世界安全。对于德国来说，只要英国采用该学说，他们就可获得必要的喘息空间，以便组织全面战争。”换句话说，马汉的海权学说一直强势聚焦于大欧亚安全，却没有充分考虑到陆权国家有能力占领从伊比利亚半岛到乌拉尔之间的区域，从而迅速实现对欧洲的包围。

对于这一点，马汉自己也并非毫无知觉。他写道，“海权的适当使用和控制，仅仅是财富积累过程中交换链条的一个环节。”然而，他的思想更适用于美国在世界范围内的海权扩张，而不是用来保持欧洲范围内的权力平衡。用史特劳兹 - 胡比的话说，马汉心怀“某种诱人的帝国主义”，看到美国的最终目标是超越“从一个大洋迈向更广阔的大洋”的天定命运，并牢牢把控加勒比和太平洋地区，这将使美国成为世界上唯一的超级大国。马汉认为，一个国家要么扩张，要么衰落，如果停滞不前，就不可能保住自己。作为坚定的战术家，他相信通过战舰群形成战列线舰队，必可实现海军力量的强化和集中。

从 1883 年开始的 20 年间，马汉出版了 19 本书籍，可谓一发不可收拾。“诱人的帝国主义”只是他思想中的一个方面。他也是一个民主派人士，尽管他认为民主制度不利于军费开支；他认为一个庞大的船队对美国并非绝对有必要，因此应与英国合作，因为制海权只有通过联盟才能掌控；他认为战争是国家间的非自然状态，但他们却不得不为之时刻作好准备，这是世界上最大的悲剧；他同时也预见到将来有可能形成跨国海上联盟系统，以保护全球公地安全。基于以上理由，我们还是不要丑化他为好。

1890 年马汉发表的《海权对历史的影响：1660 – 1783 年案例研究》（*The Influence of Sea Power Upon History, 1660 – 1783*）一书，奠定了他的总体构想。该书对美国总统威廉·麦金莱、西奥多·罗斯福的思想有重大影响，也促使德国皇帝威廉二世在第一次世界大战前加紧海军建设。马汉认为，海洋是文明的“重要高速路”或“广阔的公用区域”，“海上航行一直比陆地更容易和更便宜”，因此海军作为商船队的保护力量，一直在全球政治斗争中起决定性作用。他的论点之所以有说服力，不仅在于其独创性，其全面性更是值得称道。

马汉在其史诗性巨著中开宗明义地断言：**"一个和平的、有进取心的国家，并不一定也是有远见的国家。充足的军事准备需要有远见卓识的头脑，特别是在目前这些日子里。"**马汉既不是战争贩子，也非专制政治的拥护者，恰恰相反，他指出正是因为专制和"无尽的贪婪"使西班牙和葡萄牙可以成为海权大国，却算不上是伟大的国家。然而，"无论一个民主政府是否具备先见之明和对国家立场的敏感性"，阻止对手的必要性仍然是"一个悬而未决的问题"。

马汉告诉我们，友好的外国港口在全世界随处可见，但并非永远如此。在和平时期，许多国家都不会去刻意培养对于危机的敏感性，他们的历史学家也常常对大海未加重视，没有意识到这片广阔区域对陆地、对国家的安全和繁荣有多大的影响。因此，他警告说，尽管军事科技迅猛发展（从木制桨艇到蒸汽船，再到今天的核动力航母和潜艇），但战争的原则一直保持未变。因此，当务之急是撰写海战的历史。他以陆军类比形象地说明这一点：

> 徒步行军被机车部队所取代，后者又让位于铁路运输，距离增加了，时间跨度减少了。但是，作战原则仍然支配着军队的集合地点、调动方向、对敌人的进攻点以及通信保障等，这一切都没有改变。

马汉著作的时间跨度，从 1660 年航海时代"基本开始"直到 1783 年美国独立战争结束。他指出，乔治·华盛顿在总结美国独立战争时，把胜利的部分原因归结于对海洋的控制；而在此几十年前，法国在七年战争中失败，部分原因则是对海权的忽视。马汉对海军战术作了全景式的评论，对海洋在人类历史中的关键性作用作了精彩的描述，并将记述范围进一步上溯到更久远的历史中。

在罗马对迦太基的布匿战争中，正是由于罗马对水域的控制，迫使迦太基名将汉尼拔“横穿高卢，长途跋涉，一半以上老兵残将客死征途；而罗马军团通过水路行军，不受干扰，不觉疲倦，在汉尼拔的大本营西班牙与意大利之间，活动自如……”马汉指出，第二次布匿战争（公元前 218 －前 201）中没有大型海战，罗马对地中海的掌控是迦太基战败的决定因素。假设地中海是平坦的沙漠，而陆地是沙漠上耸立的高山，占主导地位的海军力量，就如同陆军来回穿越沙漠旅行，从一个山岭翻越到另一个山头。这就是罗马的情况。但是，因为海洋是一个奇特的领域，水手们“从没有历史记录的远古时代起，就在人们视线之外孤独地游弋”，我们对海军的重视，也向来没有达到应有的高度。马汉认为：

> 从本质上说，海军属于轻兵种。它与自己的港口之间通信无障碍；它能够有效地阻击敌人；它扫荡海上，使之为陆地所用，又可控制着沙漠，那是人类在可居住的地球上生存和发展的地域……
>
> 击败个别船舶或舰队并不是至关重要的，重要的是拥有压倒一切的海上力量，可以轻易摘去敌人的旗帜，或随它落荒而逃……如果一个国家处于这样的位置，它就不用在陆地上被迫自保，也不必用陆地的方式寻求领土的延伸。通过海洋，它将获得那些只拥有大陆边界的国家梦寐以求的巨大优势。

英国和美国就处于这样的地位，因此历史上都曾长时间以霸主地位存在。但马汉暗示说，美国的地理位置也有其天然缺陷。作为地处温带的巨大岛屿，美国占尽天时地利，当欧亚大陆为了霸权而相互斯杀时，它可以独善其身；但同时也要看到，它离欧亚大陆，特别是太平洋沿岸港口的距离实在太远了，这大大抑制了美国对他们施加影响的能力。马汉在书中也预见到，中美洲的巴拿马运河开通后，美国的商船和战舰编队会与欧亚大陆有更多接触。但距离仍将是巨大的，而且也是“付出巨大代价的事业”。巴拿马运河实际上是对加勒比海的改造，将其从一个“终端”和“本地交通站”改造成为“世界上最伟大的海上通道之一”，美国和欧洲国家的船只都可以通过运河一路航行到太平洋。马汉说，有了巴拿马运河，美国“从此将不会像过去那样，那么容易超脱于国际纷争之外”。

地理条件除了使地峡式运河成为可能之外，也必然会促使美国和中美洲及加勒比邻国之间的关系更加密切，以便保护运河，并控制附近海域。有了运河，美国与亚洲在物理距离上更为接近，并可通过海运更多地参与欧洲事务；运河还对削弱孤立主义大有裨益，由此引起自由国际主义的崛起，使华盛顿的同盟越发声势壮大。但可以肯定的是，尽管地理有指令性作用，却不是最终决定因素。

巴拿马运河是几大因素相互作用的结果：美国与西班牙的战争、将欧洲国家排斥在外的大国强权政治、选择巴拿马而非尼加拉瓜的幕后交易决策、征服中美洲热带疾病的战斗，此外还有艰巨的劳动和伟大的智慧。而地理则再次为人类的选择提供了环境背景。

马汉也是影响美国选择的因素之一。在他那本富有冲击力的著作荣耀出版的同年，美国军队巩固了美洲大陆，在对印第安人的战争中赢得了最终也是最残暴的胜利。仅仅几年之后，作为战争的结果，美国将获得西班牙帝国在西太平洋地区的殖民地，取得对加勒比地区的主导地位。

马汉与其说是一位地理学家，不如说是一位历史学家和战术家。他吁请美国通过全球海权力量武装自己，他那极具代表性的帝国主义优越感，表现出明显的地理影响痕迹，这也是斯皮克曼对他高度重视的最主要原因。并非斯皮克曼热衷于征服，而是他同马汉一样，直觉地认识到美国将别无选择，不得不卷入全球范围内的权力斗争，因为它在西半球的优越地理位置，赋予了它在东半球的影响力。

制海权等于霸权？

正如人们所期望的那样，马汉也自有敌手。诺贝尔和平奖获得者诺曼·安吉尔爵士（Norman Angell，1874 – 1967）是和平主义精神的捍卫者和倡导者，他于1909年发表《大幻想》（*The Great Illusion*），指责马汉的著作是“滑稽的空谈”。这位英国记者和政治学家，因遭到豪斯霍弗尔的憎恨而名声大噪，此时却对马汉的观点发难。他认为，马汉所说的“将国家权力施加于异族社会”并非体面的事业，因为“国家和帝国与个人一样，除了有身体，更有灵魂”。马汉的荒谬之处在于，他对“个人”这一有形存在全盘否定，并要求其服从于“国家”这个相对无形的存在。安吉尔辩称，“有谁会因为俄罗斯农奴恰好生活在世界上最大的帝国里而尊重他吗？又有谁会蔑视易卜生……或任何受过教育的斯堪的纳维亚人、比利时人或荷兰人，仅仅因为他们属于欧洲最小的国家？”换句话说，马汉连同斯皮克曼、麦金德等一众地理学家和地缘政治学家，都是决定论者和本质主义者，他们的战争倾向来自他们的所见所闻。以赛亚·伯林曾抱怨说，现在国家和帝国似乎比建设它的人还要真实，安吉尔的观点可谓与他一脉相承。

然而，我们需要再次请出豪斯霍弗尔作为陈述理由。马汉等人如果没有参与安吉尔所谓“决定论”战略的制定，就会将大战略领域留给那些真正邪恶的人。这样说来，我们需要马汉这些人的道德缺陷。

安吉尔著作的核心点是说战争和大国竞争不合逻辑，然而本书出版后没过几年，第一次世界大战就爆发了，并在欧洲引发了前所未有的世纪战争和冲突。生不逢时的安吉尔随之成为笑柄，受到许多不公平的对待。我之所以说“不公平”，是因为他的书就其本身而言可读性极强，读来让人不忍辍手，论证也十分鲜明独到。他的书或可作为“人性光明面”的证明，然而正是因为人性的缺陷遭到地理的扩大，才允许一个像马汉这样的作家几十年来享受的优待比像安吉尔这样的作家多得多。

现在，印度和中国的战略家们比美国人更像“马汉派”，这也是世界权力变化的风向标。他们如饥似渴地阅读马汉的作品，同时建设舰队以应对海上武装冲突，而欧洲海军仅仅用警察巡逻的方式维护海权。2004 年在北京举行的一场座谈会上，“学者一个接一个地引用马汉的话，这就证明了他的影响力”，美国海军战争学院教授詹姆斯·R. 福尔摩斯（James R. Holmes）和吉原俊井（Toshi Yoshihara）这样写道，“他们援引的都是马汉最咄咄逼人的训诫，几乎无一例外，比如把制海权等同于霸权，关闭公海，拒绝敌人旗舰进入等”。随着中国海军变得越来越强大，他们对马汉也越发推崇；印度海权的崛起，让中国感到了威胁，而印度方面则同样以马汉式的角度看待中国。

与此同时，美国的海军却似乎已经接受了另一位理论家的思想。朱利安·科贝特（Julian Corbett，1854 – 1922）是与马汉同时代的英国历史学家，他在海军战略方面的精明之处在于，他提倡用更少的船舶在海上做更多的事。科贝特断言，如果一个国家失去了对海域的控制权，另一个国家也不一定能得到它（马汉也这样认为）；海军联盟看似薄弱分散，但若适当建设，就会有“现实的力量”。科贝特称这是一个“客观存在的舰队”，必要时，舰船能够迅速集结成统一的舰队。这支舰队不需要将对手逼上死路，只要有效地控制基地、把守咽喉要道，就可战无不胜。科贝特认为，这能为有限的国防注入“积极和旺盛的生命力”。他的书出版后，英国皇家海军很快缩减海军规模，同时利用盟国日本和美国的海权相互制衡，当然，这可能只是巧合而已。

现在，美国面临着与100多年前英国类似的处境。美国海军在逐渐减少，战舰从冷战时期的600艘左右，减少到20世纪90年代的350艘，现在只有280艘。因为预算削减及成本超支，这个数字在未来几年和几十年里还有可能降至250艘。正因如此，它热烈欢迎盟友加入，如印度、澳大利亚和新加坡海军。2007年10月，美国海军公布了一份文件，题为《21世纪海权合作战略》，其中更多反映的是强调合作的科贝特精神，而不是马汉所强调的主宰。

这份文件声称，“我们国家的利益，……最好通过促进和平的全球贸易体系得到维护，这一体系将由金融、信息、法律、人民和治理的相互依存网络组成。”在美国海军看来，各国的相互联系日益紧密，全球人口加速向人口中心地带聚集，这些地区大多处于海域附近，非对称性的袭击和自然灾害将给他们带来很大的困扰。文中提到大国冲突有愈加微妙和不对称的趋势，却很少谈及传统的海陆作战，中国海军力量的增长也未得到提及。“集体防务”的精神无处不在，因为“没有一个国家拥有足够的资源，为整个海域提供安全保障……”该文件也指出，西太平洋和印度洋之间的海域，将具有首要的战略意义。

用斯皮克曼和麦金德的话说，在欧亚大陆边缘以及更大的世界性海角，正在出现两种明显的趋势。一方面，美国海军拥有的舰队数量趋于下降，但仍然占主导地位。他们遵照科贝特精神进行海上巡逻，与非洲和东北亚的当地盟军联合保护海上商业安全；另一方面，中国和印度的力量正在崛起，并遵照马汉的思想武装海军。正是因为中国人对这位有帝国主义野心的美国标志性人物特别重视，美国海军也将无法完全摆脱他的影响。“鼓吹扩张本质上是种误导，”芝加哥大学政治学家约翰·米尔斯海默（John Mearsheimer）写道，

“这意味着过去 350 多年来，所有列强都没有理解国际体系的工作原理。”

表面上看，这是一个令人难以置信的观点。米尔斯海默进一步解释道，“霸权的安全效益是巨大的，”在一个无政府状态的体系里，却没有世界霸主，“强大的国家都会禁不住受到诱惑而效仿美国，并试图称霸世界某个地区”。

到目前为止，马汉已声名远扬；但他最风光的日子，可能还在后头。

当前，欧亚大陆沿岸的战舰日益增多，以应对其他国家重蹈美国权力覆辙的野心。极地航线的可操作性，尽管可能缩减欧亚大陆和北美之间的距离，却也会使全球范围内霸权斗争的速度和强度大大增加。因此，我们需要探讨一个封闭地理系统的功能。

THE REVENGE OF GEOGRAPHY

第8章 从“缓冲垫”到监狱

拥挤的地图

所谓“空间危机”指的是什么？历史上亚洲为何没有出现类似欧盟的组织？美国在亚太的军事存在是要确保亚洲的军事平衡吗？为何说核武器的蔓延大大加快了全球化进程？

马尔萨斯的人口论思想对地缘政治产生了怎样深远的影响？人口的过度膨胀又将如何在地缘政治上作出反映？

精确制导武器及复杂地形的限制，使得地理的报复变得显而易见，“心脏地带”“大陆边缘地带”和“边缘区”的相互作用，使得地图本身的内聚力和收缩性表现得更为明显，再加上大众传媒的广泛影响，日益严重的空间危机正在前所未有地改变世界的地缘政治格局……

几年前，我在安纳波利斯的美国海军学院任客座教授，所授课程是未来国家安全面临的挑战。学期一开始，我就叫海军士官生读《东方的战火：亚洲军事实力的兴起和第二个核时代》（*Fire in the East: The Rise of Asian Military Power and the Second Nuclear Age*），这本书的作者是耶鲁大学政治学教授保罗·布拉肯（Paul Bracken）。

这本简洁而有洞察力的作品 1999 年出版时并不好卖。尽管文中没有提到麦金德和斯皮克曼的名字，但在很大程度上体现了他们的精神。布拉肯几乎向所有后冷战时期美国政府提供过评估顾问服务，他绘制了一个欧亚大陆的概念地图，在图上详细描绘出各国冲突的时间和距离，以及对于空白地域的占领——这是威廉·麦克尼尔在他所处的伟大历史时代的末章，提醒过我们注意的事；及至布拉肯写作之时，其发展已到了更具戏剧性的阶段，因此布拉肯断言，“空间危机”很快就要出现了。

布拉肯参考了杰出的美籍匈牙利数学家约翰·冯·诺依曼（John von Neumann）的学说。冯·诺依曼担忧地提出，虽然过去空旷的地理条件本身可以作为一种安全机制，以应对军事和科技进步，但现在地理已处于下风。无可否认，“有限的地球面积”将日益成为不稳定的力量，而军事的发展又将进一步压缩地缘政治地图上的距离。布拉肯警告说，“我们很容易就会忽视这一点，因为这是一种简单而渐进的变化。”

让我用几页的篇幅来概括一下布拉肯的论文，因为这对我自己的思想发展至关重要。

在美国人和欧洲人关注全球化的同时，欧亚大陆其他地方则越来越受到民族主义和军事实力的吸引。布拉肯说，导弹核试验、生物战计划和化学武器的发展，已成为“一个自由繁荣的亚洲制造的副产品”。战争的技术和财富的创造一直紧密相连，西方“没能认识到”这一点。随着亚洲经济的崛起，它的军事也崛起了。

在冷战初期，亚洲的军事力量主要用于伐木屯垦。虽然无人如此定义，但“二战型”军队存在的主要目的即是巩固国家。“军队是一个巨大的思想灌输工具，是以民族主义为核心课程的巨型学校”。士兵主要的工作是帮助收获庄稼，而不是磨练他们的战场杀敌本领。因此军队驻地向国家内部集中，许多国家的军队甚至与他国军队相距很远。但随着国家财富的积累和信息革命的兴起，从盛产石油的中东到太平洋沿岸的“亚洲虎”国家，军事经济均全面发展，在军转民营的后工业化园区里，生产着导弹、光纤电缆和手机。

与此同时，欧亚大陆国家的官僚体制更加趋向高度集权化。他们的军队及其领导人将国内政治派别之争暂且搁下，一致对外，并在此过程中日益专业化，从而更具杀伤力。过去千百年来，面对外敌入侵，政府往往退避到偏远地区；现在的国际边界上电子传感器密集分布并全方位实时监测，大规模杀伤性武器时时处于战备状态，地理已经从“缓冲垫”变为一座座监狱，任何人都无处可逃。

亚洲的概念是由西方海权国家创立的，始于 16 世纪之初的葡萄牙，并在冷战期间被分割成许多单独的区域。但在 20 世纪 70 年代，随着自由经济热潮席卷东亚，“太平洋盆地”（Pacific Basin）这个新的大型区域形成了，在此基础上亚洲地图回归其整体性。这种经济成功的故事之所以成为可能，绝非仅仅是以武力相威胁的结果；相反，正是因为军事霸主美国的存在，才保证了亚洲的地区和平。现在，随着亚洲重返单一的有机整体，美国的力量正在慢慢后撤，而中国、印度和其他本土国家的军事实力随之上升。随着区域次单元逐渐崩溃，亚洲变得越来越大；又因为人口规模和导弹射程不断扩大，它越来越令人感到恐惧。武器装备在逐渐累积，同时却没有伴随联盟结构，这样一个亚洲，愈加显得不稳定。

布拉肯解释说，欧洲有许多强大的国家，彼此拥挤在一个狭窄的半岛上，容易相互争夺；而亚洲因为规模巨大，军队之间相距太远，彼此很难给对方以驰援，因此历史上的联盟从无必要。但现在情况正在变化。如今遍布欧亚大陆的是大规模杀伤性武器，而不是步兵部队；各国海军远离母港，游弋于印度洋和西太平洋；中国、日本、印度、以色列和其他国家正在发展通信技术网络，卫星和水下监听设备得到广泛使用。随着“亚洲工业化强国与军事强国成为同义词”，布拉肯写道，大陆简直已经没有出错和误判的空间，事实上成为了“缩小的欧亚棋盘”。

对于这个缩小的棋盘，布拉肯还追加了“破坏性技术”这个不稳定因素。这些技术不是用来维持领导地位和现存全球权力结构的，而是可以“打破现状，破坏秩序”。它们包括计算机病毒和大规模杀伤性武器，尤其是核武器和生物炸弹。布拉肯写道：

> 破坏性技术改变了游戏规则。它通过培育新的技能打破现有优势，并促进不同战略的出现。由此产生的不确定性动摇了既定秩序，改变了衡量领导地位的标准。

事实上，破坏性技术在宗教狂热的助力下，已把伊朗高原拉到巴勒斯坦的大门口，即使两国地理距离相隔 800 多英里。伊朗仅仅是某种趋势的一部分。从前的第三世界国家，如今也获得了战术核武器，美军在两次海湾战争之前设于沙特阿拉伯和科威特的大型前进基地，今后将很容易受到敌人的攻击。这样的发展趋势，将阻碍美国向欧亚大陆边缘地带投射力量，为更加不稳定的、多极化的权力格局铺设了道路。

正是因为可以自由地在全球关键部位部署军事装备，美国才得以保持军事实力优势，但是，核武器和生化武器能够摧毁这些前瞻性部署，或者至少使它们在一段时间内无法发挥作用。布拉肯写道：“亚洲的军事霸主并不是亚洲国家，而是美国。因为要保持非对称局面，很大程度上必须依靠军备力量。”然而，美国现在越来越难做到这一点了，因为从前的第三世界国家已经在军事实力上有了突破性发展。

几十年来，美国和苏联拥有而不轻易引爆核武器，只是为了玩弄“政治花招，以便形成威慑力，可以任意发号施令，或者取得其他形式的心理优势”；现在越来越多的国家能够这样做，有些是受愤怒情绪的驱使，有些是不愿受制于贫困，或因缺乏有效的官僚机制，不能以负责任的方式控制这些武器的使用。在冷战时期，两个超级大国以“超然和理性”的方式对待核战争，然而在布拉肯称为“第二次核时代”的当今时代，可能就不是这么幸运了。如今欧亚大陆里挤满了穷国，其中不乏拥有核武器的国家。

布拉肯说：“在亚洲，导弹和大规模杀伤性武器的扩散，就像美国旧西部电影中的六连发手枪一样泛滥。”这个比喻之所以恰如其分，是因为六连发手枪既便宜又致命，有了它人的块头和力气大小都变得无关紧要。正如六连发手枪改变了旧西部人与人之间的力量平衡一样，穷国的核武器以及其他破坏性技术，将改变全球权力平衡。突然之间，一个像美国这样的国家，不得不与一个像伊朗这样的国家打交道，而且几乎要平起平坐。

核武器在亚洲的蔓延，“让世界更少以欧洲为中心”，从而大大加快了全球化进程。欧亚大陆和欧洲自身在地理上的关系将更加密切，许多强大的国家不甘心囿于密闭的狭小空间，必然冲突不断；和平只是作为插曲，为了实现政治上的权力均衡而间或出现。现在倒不会像冷战期间那样有大规模的热核弹头积累，也不会通过彻底毁灭对手来寻求和平与稳定，虽然在这个都市密集的世界上，一个国家仍然能够对另一个国家造成巨大的、几乎令人无法理解的伤害。因此，一个封闭的地理环境需要有最能干的政治家，通过实施梅特涅[①] 式的权力平衡治国术，来防止大规模暴力的发生。

可以肯定的是，我们将会进入一个多维边缘政策的世界。地图的萎缩不仅会抹杀冷战时期区域研究者划定的人造地区，也会使麦金德有关“枢纽”的概念与斯皮克曼关于“边缘地带”的概念之间的区别变得不那么明显。

一直以来，欧亚大陆已经因技术的重新配置而形成一个有机的整体。例如，如果有其他国家对伊朗实施军事援助，可能会在欧亚大陆另一端的以色列引发军事行动；因为电视图像生动直观，落在加沙地带的炸弹可能在印度尼西亚激起民众抗议示威；美国空军可以从位于印度洋中央的迪戈加西亚岛基地攻击内陆封锁的阿富汗；许多国家的军队过去通常囿于本地，现在中国和印度海军则可以沿着整个可通航的大陆边缘地带，从亚丁湾一路部署到南中国海和日本海。还有许多这样的例子，欧亚大陆某个地方呼应另一个地方，而另一个地方

① Metternich(1773—1859)，奥地利帝国外交大臣和首相。倡导“均势外交”，周旋于欧洲大国之间，寻求国际力量的平衡，从而维护和扩大了奥地利的利益。后来的历史学家将当时的欧洲格局称为“梅特涅体系”，而1815年之后大约十几年的光景是梅特涅体系的黄金时期，被称为“梅特涅时代”。——译者注

又予以反复回应。这并不是对地理的否定，只意味着我们必须为它添加其他因素。地理，已不再像过去那样至高无上了。

人口膨胀在地缘政治上的反映

麦金德和斯皮克曼曾经的担忧，不仅会因布拉肯密切关注的破坏性技术而加剧，还有一个原因，就是当代城市人口的急剧增加，这将使欧亚大陆地图患上更严重的幽闭恐惧症。20 世纪 90 年代是冷战后的第一轮知识辩论周期,“现实主义”和“决定论”等词汇遭到诋毁。18 世纪后期英国哲学家托马斯·罗伯特·马尔萨斯的人口论思想被许多知识分子所诟病，认为它过于严酷，充满决定论思想。因为马尔萨斯把人类看做一个对所生存的物理环境作出反应的物种，而不是拥有自我意愿、受思想驱动的个体。当然，马尔萨斯的具体理论，即认为人口呈几何级数增加，而粮食供应只能以算术级数增长，显然是错误的；然而，随着世界粮食和能源价格大幅波动，以男性为主的大量贫困人口涌入卡拉奇和加沙地带（中东的索韦托）这样的地方，马尔萨斯作为第一位集中研究人口及穷人生活质量和政治影响的哲学家，已得到了更多的尊重。

目前，在约旦河西岸和加沙地带，一半人口的年龄都在 15 岁以下；未来 20 年，整个大中东人口将从 8.54 亿增长到 12 亿，阿拉伯世界人口增长近一倍，尤其是在也门这样的地方，人口膨胀甚至使地下水的供应也显得大为紧张，由此产生了爆炸性的政治副作用。可以想见，马尔萨斯这个名字，以后我们将会更经常听到。

可能已经没有必要去刻意证明马尔萨斯的正确性了。他的普遍性世界观，与布拉肯关于欧亚大陆空间危机的观念正相吻合。拥挤的大城市，恶劣生活条件的困扰，商品价格轮番上涨，水资源短缺，反应迟缓的市政服务既是传播民主的主要渠道，也是滋生极端主义的肥沃土壤，就连政府自身也将越来越多地由导弹以及重点对外的现代军队武装起来。越来越多的大城市，将在21世纪占据地理中心。目前世界上已经有25个人口超过1 000万人的特大城市，到2015年，这一数字将上升到40个，但除两个以外，全部集中在以前的第三世界；大东京有3 500万人，一路领先，尼日利亚的拉各斯垫底，也有近1 200万。在这25个城市中，有13个位于南亚或东亚。在大中东地区，主要大城市包括卡拉奇、德黑兰、伊斯坦布尔和开罗。

关键的事实是，以前第三世界的许多城市只是从名单上漏掉了而已，现在一半以上的人类居住在城市条件下，到2025年这一比例将上升至2/3。世界上有468个城市人口超过100万，未来几乎所有新出现的城市都将集中在发展中国家，特别是亚洲和非洲。我们正在进入的这个时代，相当大一部分人口居住在城市的贫民区和棚户区；而在麦金德的时代，即20世纪之初，只有14%的人类算是城市居民。

伊本·赫勒敦著有《历史概论》，或称世界历史的“简介”。书中写道，沙漠的游牧民族渴望定居生活和物质上的舒适，这为城市化提供了原动力；强大的统治者利用其需求为王朝提供安全保障，让城市得以蓬勃发展。但由于统治者对奢华和腐败的痴迷侵蚀了党派团结，行政权力被削弱，使体制最终支离破碎，并为其他形式所取代。

现在，这出剧目再次上演，只不过历史上头一次是在全球范围内进行的。城市和大都会已经形成，整个欧亚大陆、非洲和南美洲的农村居民，从不发达的农村向城市中心迁移。这些大都市所在国家的管理者，越来越难以有效地从中央派遣人力，对民众实施有效的管理，只好将这些集中居住点非正式地分成郊区和自助社区；该地区的地方管理者，也往往是通过电子通信技术的辅助方式，接受来自遥远中央的指令和计划。

在过去的半个世纪里，伊斯兰教也部分地上演了城市化剧目，其范围横跨北非和大中东，这也是 2011 年激进的民主示威者推翻各个阿拉伯政权的故事。忘记阿拉伯游牧民族或高原沙漠上绿洲居民的形象吧，现在的他们大多是城市居民，混迹于拥挤破旧的都市民居中。城市生活的人情淡漠，更助长了宗教感情的加深。在古老的村庄，宗教是广义的大家庭之间日常传统和生活的自然延伸；但向城市迁移的过程中，穆斯林们逐渐走进了贫民窟式的生存环境，过着隐姓埋名的生活。为了保持家族的凝聚力，让年轻人不致滑向犯罪深渊，宗教必须经过重新改造，刻意显得惊世骇俗，或具有更强烈的意识形态色彩。国家的职能因此被削弱了，或至少让它三分，有时甚至不得不容忍极端的民族主义和宗教行为，这些都是城市化推进的后果。最终，新的宗教社区站稳了脚跟，超越了传统的地理障碍，甚至形成了自己独特的空间格局。

历史上的伟大变化，往往是潜移默化地发生的。辽阔的欧亚和北非大陆有集中的城市、交叉重叠的导弹射程和制造轰动效应的全球化媒体，不断有民众受到半真的谣言和半假的真相蛊惑，并将其愤怒通过卫星电视频道以光速传播，瞬间传遍整个边缘地带和心脏地带的广大空间。反之亦然，民众也会受到社会媒体的驱动，相信专断的当权者对真相的矢口否认。在一个新的时代里，地图将因密集的大城市而变得拥挤灰暗，民众反而成了关键。这一庞大的人群放弃了自己的个性，凝聚成为令人惊叹的集体性符号。

埃利亚斯·卡内蒂（Elias Canetti）是一位保加利亚出生的西班牙裔犹太人，诺贝尔文学奖得主，他对于民众的暴力感到愕然和惊恐不安。当时正值两次世界大战期间，通货膨胀席卷法兰克福和维也纳，卡内蒂投入大量时间精力，研究各种形式的人类群体及其活动。他于 1960 年出版《群众与权力》（*Crowds and Power*）一书，提出了一个标志性的见解，即人人都渴望加入某种群体里，哪怕是暴民群体也没关系，因为群体可以为其提供规避危险的庇护所。他推断，人们可以由此摆脱孤独无助的境地。民族主义、极端主义以及对民主的向往等都是群体形态的产物，是人类摆脱孤独的表现；也正是这种孤寂感最终导致了传统权威的崩溃，以及新权威的建立。孤独是城市存在的独特特征，那里到处都是陌生人，真正的朋友和家人相对较少。正因如此，21 世纪新城市地理的最大特征，即是一幅幅充满激烈个人向往的地图。

即使有人不愿承认，我也不得不说，其实乔治·奥威尔作品中有关暴政的描写，很大程度上表现的也是人类的一种倾向，即宁愿出让个人自由来换取保护和与组织的亲密接触。在奥威尔的小说《1984》里，有一个人物这样说道："总是夹在人群中和别人一起叫嚷，那就是我说话的方式。人多势众，是保证安全的唯一办法。"作家托马斯·品钦也认为，互联网提供一种虚拟的群体保护，并由此"实现了空前规模的社会控制，这是 20 世纪那些留着滑稽胡须的旧式暴君们做梦都想不到的"。与此同时，媒体放大了即时性（presentness）的影响，愤怒、狂喜、美德、恶行……无论什么情况，不管是好是坏，只要是目前的情景即可。换言之，在大众媒体时代，政治成了我们所经历的最紧张的事，因为无论过去还是未来，都已被一笔勾销了。

群体心理作祟下的民族主义

带有技术含量的群体心理，在奥巴马的竞选活动中发挥了作用，并刺激了 2008 年华尔街的恐慌性抛售。在 2002 年印度古吉拉特邦发生的针对穆斯林的大屠杀中，这种心理起了很大的作用；2003 年欧洲爆发民众示威游行，反对美国入侵伊拉克，它起了作用；2009 年和 2010 年，在伊朗发生的亲政府和反政府示威中，它起了作用；同一时期，在曼谷发生了反对泰国政府的大规模民粹主义集会，它起了作用；在西岸和加沙地带，连绵不断的反以色列示威游行中，它也起了作用。

欧亚大陆的大城市是群体心理能够发挥最大的地缘政治影响之处。思想的确很重要，自由的人文主义和反决定论者都宣称认可这一点。而且，正是地理的紧缩，为新的和危险的意识形态提供了最佳环境，当然也为健康的民主化思路提供了有利条件。

大众教育之所以重要，除了它对社会进步的促进功能以外，也是因为它会从客观上使一群受到误导性教育的人从宿命论中解放出来，造成社会的不稳定。生存空间不足将是关键因素。民族认同的心理大熔炉加快了城市的发展，使之取代了过去理想化的田园风光。当然，城市人群有时也会要求他们的政府奉行最高纲领的外交政策，而这正是以理想化的地图为基础的。

在这一进程中，媒体将发挥至关重要的作用。正如奥斯瓦尔德·斯宾格勒在《西方的没落》（*The Decline of the West*）一书中写的那样：

> 没有哪个驯兽师指挥的动物，比媒体指挥的还要多。……只要对那些大众读者一声令下，他们就会涌塞街道，一根筋似地奔向指定目标，……这简直是我能想象的最令人惊奇的关于思想自由的讽刺画了。从前一个人不敢自由地去思考，现在他敢了，却已无能力思考。他对于思考的意愿，其实仅仅是愿意对别人的命令作出响应而已，却让他感觉自己获得了思想自由。

斯宾格勒有些过于悲观和愤世嫉俗了。不过，回想一下冷战时苏联和美国之间的仇恨，隔着海洋和北极的冰天雪地，通信技术尚不发达，没有种族歧视的基础，因此是冷静和抽象的。但现在和未来铺天盖地的传媒网络，就像机场里巨大的平板电视屏幕，你只能收看，不能关掉。这使得原本相隔万里之外的国际事务都显得近在咫尺，而且愈发个性化。于是，我又想到了布拉肯的话：

> 西方人很难理解亚洲人在宗教、种族和领土纠纷问题上所投入的感情。国家内部的混乱和问题，一经大众传媒煽风点火或受到寻找国外替罪羊的政治逻辑驱使，就可能很快蔓延到整个地区，并跨越国界。这样，国家领导人就可安然退至光线照不到的墙角了——对于那些拥有并可任意处置原子弹的人群来说，这也是危险的地方。

布拉肯警告说，民族主义被西方观察家“危险地低估了”，他们把它看做复古倾向的一部分，可以随着经济发展和社会进步而一步跨过。“21世纪最重要的问题，是如何理解民族主义与亚洲的新破坏性技术相结合的趋势”。正如我已经说过的，新的核大国里必然存在穷人和低收入阶层，他们将成为心怀不满、血气方刚的民族主义者的催化剂。这个时代里新的军事符号不是军队，而是导弹和核武器，它们也将作为群体的新图腾存在。虽然拥有导弹的自豪感有助于增强民族意识和爱国主义观念，从而使一些国家的国力增强，但群体心理现象伴着媒体的推波助澜，会将不同的民族、宗教和宗派团体、民间团体以及倡导民主普遍性的各种团体集结起来，削弱另一些国家的国力。

与此同时，一些国家会在应对全球化的战争中缓慢而无情地败下阵来，因为他们的官僚能量在长期的战争中消耗殆尽，疲于应付不断涌来的难民，难以适应过于庞杂的城市管理工作。总之，随着欧亚大陆的地图变得更小，技术的进步和人口增长也将使人为边界从内部受到削弱。

杀伤性武器和大众传媒带来的地理报复

理解 21 世纪的地图，意味着要接受的矛盾。当一些国家因拥有大规模杀伤性武器而变得更加强大时，其他国家，尤其是大中东地区的一些国家，就会相应地受到削弱。然而，这些国家的文化和宗教传统衍生出一些次国家军队，在一些特定地域的战斗中，他们比国家军队更具杀伤力。南黎巴嫩的真主党，斯里兰卡北部前泰米尔猛虎组织，印度东部和中部的毛派“那夏里特”运动（Maoist Naxilites），巴基斯坦西北部的亲塔利班组织和其他普什图族部落集团，阿富汗塔利班本身，以及 2006 年至 2007 年内战期间伊拉克境内多如牛毛的民兵组织，都是特定地形条件下的次国家军队趋势日益明显的例子。

在当今时代，精确制导导弹可以准确摧毁数百英里之外的指定房舍，同时确保相邻的房子完好；而一小撮非正规军也同样可以利用一些复杂艰险的山区地形，给一个超级大国带来相当大的困扰。在后一种情况下，地理的报复是显而易见的；但从前一种情况来看，这些导弹要想成功发射，就不得不借助于某一块陆地或海上基地，这也使我们重新与地理拉上了关系，尽管是不太亲密和不那么传统的一种关系。斯皮克曼的印度洋大陆边缘地带，对于美国军舰的部署是至关重要的，其导弹的矛头对准伊朗和阿富汗这两个心脏地带国家的纵深腹地；其中阿富汗陷入部族冲突，分裂成许多部分，几乎与亚历山大大帝时代一样多。斯皮克曼和麦金德在 20 世纪初的伟大构想，既与那些古代思想共存，又与我们自己的时代息息相关。

众多而密集的贫困城市对一个国家来说是沉重的负担，让建国立制比以往任何时候更加艰难。这是僵化的独裁统治崩溃的原因，也是年轻的民主国家的弱点。一个像巴基斯坦这样的国家，可能拥有大规模杀伤性武器，却几乎不可能提供起码的市政服务，或保护人民免受自杀式炸弹袭击。还有相当一部分国家，如尼日利亚、也门、索马里等，时常处于次国家民兵组织的围攻之中，几乎难以为继。特别是在加沙地带的巴勒斯坦人，用持续不断的暴力活动对自己的处境表示抗议，却对建国所需的基本条件避而不谈。黎巴嫩真主党也是这样，它可以在任何时候推翻贝鲁特政府，却迟迟不肯动手。由此可见，一个国家的建立和维持，有些规则是不得不遵从的，既然这样，还不如追求一些更容易的目标来得实际些。

所以，在这个超级城市和大众媒体的时代，我们面临一个新概念：无国籍的力量。约翰·霍普金斯大学客座教授贾库柏·格瑞吉尔写道，“国家是一种负担”，所以这些次国家群体“只顾寻求权力，而不承担执政的责任”。现代通信技术和军事技术的发展，容许这些团体组织纷纷坐大，寻求外国的帮助，用致命性武器来武装自己，从而打破国家对暴力机器的垄断。

正如我前面所说，工业革命讲究一个“大”字：大飞机、大坦克、大航空母舰、大铁路、大工厂等。而在后工业革命时代，讲究的是小，微型炸弹和塑料炸药并不需要一个国家腾出一块领土来部署。小型的无国籍组织，正是这种新技术时代的受益者，而没有必要组成国家的理由也越来越多了。格瑞吉尔写道：

> 国家之间，特别是列强大国之间相互摧毁的能力越强，建立国家的风险就越大，对于那些以挑战现有政权为目标的团体来说更是如此。

他继续说，对于那些受到宗教狂热或意识形态极端主义驱动，突发奇想地提出绝对化目标的人来说，国家的形式并不适用。在当前时代，人口向城市平民地区大规模迁移，并切断与传统农村的联系，进一步推动了沿欧亚大陆边缘地带南部的激进化进程，许多地区甚至变成了典型的“愤怒地带”。大众传媒有机会接触他们并宣传他们的要求，这个过程进一步强化了他们的身份认同感，一大群志同道合的“思想家”由此出现；他们对国家是否忠诚，并不是判定其身份的决定因素。

总之，如果我们稍微退后一步，考虑一下有关情况，我们就能得到一张新的欧亚大陆地图。这张地图把整个大陆看成是统一的板块，而不是冷战时期的区域研究部门划分的、我们已经习惯的小块地区“拼图”。

在这张新的地图上，出现了一些之前几乎不存在的触点和通信节点。扩展的城市，重叠的导弹射程范围，相互交织的意识形态，加上大众传媒推波助澜，使它显得更加混乱不堪。新的道路、港口和能源管道，把中东和中亚与欧亚大陆其他部分联结在一起，从俄罗斯经印度洋到中国均已连成一片。

随着不同的文明体密集地相互交叉，媒体作为经常性愤怒的出气筒和受压迫群体释放民间压力的渠道，对于安静的幕后外交的需求从来没有这么强烈。一场危机将会并入下一场危机，“保持冷静”成了每个人、每个国家都需要经常彼此告诫的箴言。

由于地图本身所具有的内聚力和收缩性，“心脏地带”“大陆边缘地带”和“边缘区”等意味着从水平层面将大陆分成若干大区的概念，在某种意义上将不再那么贴切了。但从另一层意义上来说，这些地区之间永远存在的相互作用，有可能带来各种各样的结果：就好比说，一块手表或计算机芯片虽然小却十分复杂，想要了解手表或芯片的工作原理，就必须对其加以分解，才能看到其中一部分如何影响其他部件一样。飞机、互联网、对广大城市中越来越彼此雷同的政治手段的关注，都必然会削弱地图的重要性；而且，互联网若脱离了网络载体，转化为口头形态，可能会把领土战争变成一种思想的战争（这也是我们迫切需要坚持以赛亚·伯林的人文主义的原因之一）。正是因为各国不管如何武装自己，都会变得越来越脆弱，正是因为民主和网络空间对于次国家体和超国家力量的推崇和善待，较小的区域将更大胆地突破底线，正如他们在中世纪罗马帝国分裂之后做的那样。

然而，我们当下居住的这个“政治制度封闭化”的世界，在20世纪的进程中已进一步关闭了，正如布拉肯注意到的那样；就连地图也受制于熵函数定律[①]，这意味着一种平衡状态终将形成：地图上包括大城市在内的每个人类居住区，都会越来越彼此雷同，并表达出相似的情感诉求。根据俄亥俄州立大学政治学教授兰德尔·L. 施韦勒（Randall L. Schweller）的研究，这会导致“因过度刺激引发的全球性倦怠……由令人不安的个人极端主义和国家的故作教条姿态混杂而成”。换言之，世界将比以前更加无聊，更加危险。

但在这种了无生气的局面完全掌控世界之前，我们所经历的一切社会动荡、权力转移以及自然的地缘政治演变，都可以参照地图得到有效描述。

现在，到了深入探索全球各地区的时候了，特别要重点关注欧亚大陆这个超级地带。要牢记我们从历史学家、地缘政治学家和其他思想家那里学习到的东西，在接下来的章节里，我会尽量与读者分享他们的情感和理论。

① 熵（shāng）指的是体系的混乱程度。1850年，德国物理学家鲁道夫·克劳修斯首次提出熵的概念，用来表示任何一种能量在空间中分布的均匀程度，能量分布得越均匀，熵就越大。——译者注

我会写到欧洲，它与麦金德的心脏地带相邻，受到它很大的影响；

我会写到俄罗斯，它是麦金德的心脏地带本身；

我会写到中国，它有可能在未来数十年里主宰心脏地带以及斯皮克曼所说的大陆边缘地带的一部分；

我会写到印度次大陆，这里形成了大陆边缘地带的核心区域；

还有伊朗，它是心脏地带和大陆边缘地带实际交汇的地方；

土耳其和阿拉伯中东地区，这里是霍奇森所谓的“一世界”；

最终，我将落笔于北美，这是麦金德的大陆卫星国中最大的区域，并对欧亚大陆和世界岛提出了挑战。

我会尽量不作预测，而是着力描绘地理对历史的影响，从而模糊地管窥未来可能是什么样子。

THE REVENGE OF GEOGRAPHY

第 9 章 欧洲分裂的地理根源

被割裂的“大欧洲”

麦金德认为欧洲的命运是由成群结队涌入的亚洲游牧民族塑造的，随着欧洲在能源、经济上越来越依赖亚洲，这是否意味着欧洲的命运仍旧受到亚洲的支配？

欧洲地理的多样性和复杂性为其发展带来优势的同时，也造成了欧洲的条块分割。为何说欧洲当前以货币形式出现的经济分歧，实际上有一定历史和地理的基础？

德国的中心地理位置及其内在文化态度，将怎样决定欧洲的走向？希腊何以成为整个欧洲乃至西方的发端与终点？

在谈到当代地缘政治频繁的动荡和变革时，重点自然会集中在非洲和亚洲，即从中东到中国的这片区域，而欧洲往往会排除在这个坐标轴以外。但这是错误的。

欧洲联盟有5亿人口，排名世界第三，仅次于中国和印度；其经济规模达16万亿美元，比美国还要大；欧洲的西端与北美的心脏地带遥相呼应，它同美国一样靠近南美洲南锥体，甚至连距离都差不多，从它的东端则可俯瞰非洲和欧亚大陆；此外，欧洲位于东半球的中心地带，是一个“陆地半球”，事实上，它与俄罗斯远东的距离和它与南非的距离相等。综上所述，我们对世界政治地理的解释理应从欧洲开始。

麦金德、斯皮克曼、摩根索以及我们曾提到过的其他思想家，在很大程度上表达的都是欧洲人的立场和观点。因此，看看世界自他们那个时代以来经历了何种演变，有助于我们从他们起步的地方再次前行。虽然马歇尔·霍奇森有关近东“一世界”居首位的观点显然是对的，但我会将它当作我们旅程的高潮之一而非起点；虽然是从欧洲出发，我们也将综合考察俄罗斯、中国、印度次大陆和大中东地区的地理，对于这一点读者不必担心。总之，要了解21世纪的地缘政治，必须从 20 世纪现代化的起源地，也就是欧洲开始。

麦金德说过，欧洲的命运是由成群结队涌入的亚洲游牧民族塑造的。在 21 世纪，欧洲与东方的关系将继续给它带来关键性影响，特别是与俄罗斯的关系。中欧和东欧想要进一步发展，成为繁荣稳定的国家带，从而保护整个欧洲不受俄罗斯威胁，还有很长的路要走。在这个过程中，自由派知识分子与麦金德有着同一个梦想，那就是：实现“中部欧洲”的复兴。

然而，在欧洲寻求更广泛和更深入的统一时，它也将继续受到其内部分歧的困扰。这些困扰从表面来看是经济方面的，如德国对于希腊债务危机的愤怒，但就其本质而言，仍然是永恒的地理真理的表达形式。也就是说，这体现了北欧的德国、地中海的希腊和巴尔干欧洲的不同发展模式。由于欧洲的人民运动主要是由技术促进的，因此其历史发展越来越频繁地与南边的非洲和东方的亚洲交织在一起；但是，欧洲内部的多样性仍然存在。换句话说，欧洲目前虽然没有面临传统军事威胁，却可能成为自我陶醉的牺牲品。反过来讲，斯皮克曼担心统一的欧洲可能挑战美国，还显得为时过早。

尽管现在设立了许多泛欧机构，但欧洲地理的多样性和复杂性，包括海洋、半岛、河谷和群山的不同地貌，以及不同的语言群体和民族国家，都将在未来岁月里继续促进欧洲政治和经济上的分裂。即使从地图我们也可以看出，欧洲将来很有可能会成为一个热词，频繁亮相各大报章的头版头条。

欧洲的地理与未来的命运

用牛津大学考古学家巴里·坎利夫（Barry Cunliffe）的话说，欧洲是亚洲大陆“西边的赘疣”，这个从欧亚大陆伸出的巨大半岛，在第二个千年期间竟然主宰了世界政治。这一切都源于地理，我们可以从麦克尼尔以及坎利夫对麦克尼尔理论的阐释中得到更好的解释。得益于海湾暖流调和的气候，欧洲处于非洲的沙漠和北极冰盖之间最宜居的生态区中。欧洲资源丰富，盛产木材、石材、金属和毛皮，最关键的是，其海岸线旁逸斜出，犬牙交错，有许多天然良港和小岛、小半岛。欧洲海岸线长达 23 000 英里，足以绕地球一圈；事实上，论海岸线与陆地之比，欧洲远远高于其他大陆或次大陆。

在欧洲边界上，有 4 个封闭或半封闭的内海，它们将这个次大陆挤占为一个相对狭窄的半岛，这 4 个内海是地中海、黑海、波罗的海和北海。欧洲拥有极佳的河流地形，莱茵河、易北河，特别是多瑙河，简直是天赐的跨半岛优良河道。痴迷于中欧文化的意大利作家克劳迪奥·马格里斯（Claudio Magris），对多瑙河不吝溢美之辞，称它“汲取德国文化之精华，承载着奥德赛的梦想，一路向东流淌，与其他文化交融着，混合着，蜕变着”。这里也有摩拉维亚峡谷、布伦纳山口、广阔的平原和通过法国的罗纳河谷，它们成为了从欧洲一部分通向另一部分的走廊。

欧洲享有陆地与海水相衔接的巨大优势，既无海啸破坏之虞，又有出入浩瀚大海的门户，这使其具有无限的海上活力，欧洲各国人民之间的流动亦畅通无阻。然而，欧洲的复杂地形和气候环境，反过来又导致了截然不同的社会形态的出现，并最终以强权政治的形式爆发：从古代雅典、斯巴达、罗马、伊比利亚、腓尼基、斯基泰和其他蛮族之间的相互交战，到普鲁士、哈布斯堡王朝和奥斯曼帝国之间的争夺，再到当今时代法国、德国和俄罗斯之间的冲突。

尽管欧洲矛盾冲突不断，但数百年来旅客仍可通过大西洋到黑海的低地走廊，舒适便捷地跨越欧洲全境，欧洲的凝聚力和自身优越感由此产生，这也在马格里斯的散文中表现得淋漓尽致；

此外，欧洲全境范围内的直线距离都比较短，这一事实已经成为统一的另一大元素：从里斯本到华沙，即从欧洲一端到另一端，距离只有 1 500 英里。

换句话说，地理通过第二次世界大战后领土主权合并等方式，确定了一个“大欧洲”的概念。这是自由人文主义思想的地理表达，这种和平安定的趋势，以及对各个历史时代破坏性军事冲突的反思，也是数千百年的物质和知识进步的产物。然而，在各国相互冲突的时候，欧洲绝非铁板一块。当今以货币危机形式出现的经济分歧，实际上有一定的历史和地理的基础。

我们已经在前面的章节中提过，柏林墙倒塌前后的几年里，知识分子为中欧的复兴而欢欣鼓舞，把它视为一个多民族融合的自由主义灯塔，可以且理应为邻近的巴尔干乃至更远的第三世界地区所效仿。但事实上，21 世纪欧洲的政治核心位于中部欧洲稍微偏向西北的区域，从比荷卢经济联盟[①] 国家开始，向南延伸至法德边境的阿尔卑斯山一带。也就是说，它包括总部设在布鲁塞尔的欧盟委员会、海牙的欧洲法院、签订了《马斯特里赫特条约》(*Treaty of Maastricht*) 的小镇，以及在斯特拉斯堡的欧洲议会等。

事实上，所有这些地方是由一条从北海南下的线贯穿着的，这条线也是公元 9 世纪法兰克王国的加洛林王朝的生命线和重要通路，这是现代欧洲已故著名历史学家托尼·朱特（Tony Judt）的发现。如今的欧洲超级国家联盟主要集中在中世纪时代的欧洲核心地带，查理曼帝国的首都亚琛仍然处于其正中心，这决非偶然。因为在这块大陆上，再找不出任何一个地方，比这条旧世界文明的脊柱、这块海陆交界处更富饶和伟大了。

① Benelux，是由3个相邻的君主立宪西欧国家：比利时、荷兰和卢森堡组成的经济联盟。总部设在布鲁塞尔，宗旨是发展三国关系，协调三国之间的财经和社会事务政策，加强与大国的竞争地位。——译者注

在比荷卢这三个低地国家，有通向大海的开放式港口，它们与英吉利海峡的入口和一系列荷兰岛屿一起，形成了一道重要的保护屏障，让这些小国享有与其大小不成比例的优势；紧靠北海沿岸的后方，有许多因蕴藏着无限的财富而受到保护的河流和水道，为商业、迁徙和政治进步提供了广阔前景；欧洲西北部的黑土地土质肥沃，森林也为其提供了天然屏障；最后是北海和阿尔卑斯山之间的寒冷地带，与温暖的南部阿尔卑斯山气候相比有足够的挑战性，考验着从青铜时代晚期以来人类的意志。法兰克人、阿勒曼尼人、撒克逊人和弗里斯兰人，从近古时期就定居高卢，生活在阿尔卑斯山脚下和沿海低洼地带。这里在 9 世纪成为法兰克帝国和神圣罗马帝国的军事试验场，勃艮第人、洛林人、布拉邦人、弗里斯兰人，以及特里尔和列日城邦，也都纷纷到此一试身手。他们后来集体脱离了罗马，并演变成驱动当今欧洲联盟运转的政治实体。

当然，罗马建立在以上这些政体之前，古希腊又在罗马时代之前。用麦克尼尔的话说，这二者构成了“古代文明”世界的前庭，以埃及和美索不达米亚作为其发源地，通过米诺斯文明的克里特岛和安纳托利亚半岛，直达地中海北岸。众所周知，文明起源于温暖河谷的保护和孕育，如尼罗河和两河流域，并继续迁移到地中海东部的黎凡特地区、北非、希腊和意大利半岛等气候相对温和的地区，那里的人们只要掌握了初步的技术，就可以很容易地生存下去。

尽管欧洲文明是在地中海沿岸奇葩初绽的，但到了技术更先进、人类行动力更强的时代，仍然继续向北方发展，并适应了更寒冷的气候。公元伊始，罗马帝国扩张至此，为东南部的喀尔巴阡山脉到西北的大西洋，也就是中欧的大部分及靠近北海和英吉利海峡的地区，提供了前所未有的政治秩序和国内安全保障。大型聚居地，即凯撒大帝称为“欧匹达”（oppida）的城市，在这片延绵广阔、覆盖着森林、灌溉条件良好的欧洲中心腹地随即出现，为中世纪和现代城市提供了初步发展的基础。

罗马的扩张为欧洲北部所谓的野蛮人部落带来了相对稳定，同样，罗马的分裂也在千百年来促进了我们现在已非常熟悉的那些民族和民族国家的形成。这一点，在 1648 年的三十年战争[①] 结束后签订的《威斯特伐利亚和约》（*Treaty of Westphalia*）中得到了正式确认。学者威廉·安东尼·海（William Anthony Hay）解释道：“来自大草原和外围游牧部落的压力形成了连锁效应，推动着其他过着半定居生活的群体进入了因罗马政权崩溃留下的真空地带。”也就是说，罗马帝国的崩溃加上大草原民族的进攻，推动了欧洲中部和西北部民族群体的形成。

地中海对于古代社会的地理屏障作用，随着罗马的腹地失守而受到了削弱，中世纪由此诞生了；阿拉伯人席卷北非，更是将地中海的统一一举打破。到公元 11 世纪，欧洲地图已经有了现代化的轮廓，法国和波兰的地形与目前相去不远，神圣罗马帝国沦为德国统一的幌子，波希米亚则以布拉格为中心，显现出捷克共和国的雏形。历史，就这样向北移动了。

尽管地中海社会在政治上不断创新，雅典民主与罗马共和国相继出现，但用法国历史和地理学家费尔南·布罗代尔的话说，其主要特征仍是“传统性和僵化刻板”。地中海土壤质量差，大领主们因此将许多土地据为己有，这使得社会秩序趋向于一成不变；而欧洲北部的森林空地土壤较为肥沃，更自由的文明在那里有发展空间，并借由封建主义的非正式权力关系得以维系。这种文明也允许一些新技术

① 三十年战争（1618—1648年），是由神圣罗马帝国的内战演变而成的全欧参与的一次大规模国际战争。这场战争是欧洲各国争夺利益、树立霸权以及宗教纠纷剧化的产物，战争以波希米亚人民反抗奥地利帝国哈布斯堡王朝统治为肇始，最后以哈布斯堡王朝战败并签订《威斯特伐利亚和约》而告结束。——译者注

优势，比如活字印刷术发挥其最大作用。

布罗代尔的解释可能有些决定论的意味，但它对于描绘欧洲历史演变的背后动因确实有一定作用。当然，扬·胡斯、马丁·路德、约翰·加尔文等新教改革的关键人物（同时也是启蒙运动的关键人物），他们的主观能动性使北欧得以迅速崛起，成为现代史的舵手之一；但是若没有畅通的河流和入海口，富含煤炭和铁矿石的黄土等作为个人活动和工业化发展的大背景，一切都不可能发生。在中世纪的地中海沿岸，兼收并蓄、伟大辉煌的大帝国次第出现，其中包括 12 世纪的罗杰二世在西西里岛建立的诺曼王国；另外，随着米开朗基罗的艺术作品和马基雅维利的世俗现实主义在世上传播，文艺复兴运动也自中世纪晚期的佛罗伦萨蓬勃兴起，对此我们尤其不能忘记。然而，最终推动全球航线开辟的却是寒冷的大西洋，它将地中海的封闭局面一举打破。尽管葡萄牙和西班牙得益于其所处的半岛突出位置，成为大西洋贸易的早期受益者，但在启蒙时代之前，他们却因邻近北非穆斯林而惨遭占领，最终在与荷兰人、法国人、英国人的海洋竞争中败下阵来。正如查理曼的神圣罗马帝国取代古罗马，近代的北欧亦已成功取代了南欧，矿产资源丰富的加洛林核心区以欧洲联盟的形式胜出。所有这一切都是地理在起作用。

中世纪的地中海被一分为二，西有法兰克，东有拜占庭。在此之下还有许多令人头疼的细分法，不仅像当今一样有南北之分、东西之分，西北部和中心之间还有分野，待会儿我们也将看到。沿多瑙河流域有一条迁徙路线，向东穿越匈牙利大平原、巴尔干和黑海，经过里海沿岸和哈萨克草原，直到蒙古和中国；沿着大平原一路向北，则可以畅通无阻地进入俄罗斯。这一地理事实，为东斯拉夫人和突厥部落等入侵者一波波地向东进犯创造了条件。麦金德在他的“枢纽”一文中对此有细致的描写，这也极大地塑造了欧洲的政治命运。所以，就像有加洛林时代的欧洲、地中海时代的欧洲一样，来自东方的入侵也造就了拜占庭和奥斯曼帝国的欧洲、普鲁士的欧洲和哈布斯堡王朝的欧洲。所有这一切都缘于地理位置的独特性，并通过不同的经济发展模式延续至今。这些模式之间的区别，是不会因单一货币制的创立而被简单消除的。

例如，在公元 4 世纪，罗马帝国被分为东西两半，罗马仍然是西部帝国的首都，而君士坦丁堡则成为东部帝国的首都。西罗马帝国后来让位给更靠北方的查理曼帝国以及梵蒂冈，也就是所谓的西欧；东部的拜占庭帝国则主要由讲希腊语的东正教徒组成，当奥斯曼土耳其人从东部迁徙而来，在 1453 年攻陷君士坦丁堡时，那里住满了穆斯林。东西两大帝国的边界，就在第一次世界大战后成为多民族国家的南斯拉夫中间横穿而过。1991 年前南斯拉夫在暴力冲突中的分裂，至少在最初阶段呼应了 16 个世纪以前罗马帝国的分裂。斯洛文尼亚和克罗地亚人是罗马天主教徒，自命为正统的继承人，可从奥匈帝国回溯到西罗马帝国；塞族信奉东正教，是东罗马遗产奥斯曼 - 拜占庭的继承者。喀尔巴阡山脉横卧前南斯拉夫东北部，将罗马尼亚分割成两部分，部分地强化了罗马和拜占庭之间的分界，也即是维也纳的哈布斯堡皇帝和君士坦丁堡的土耳其苏丹之间的分野。

在这些难以逾越的崇山峻岭之中有一些商贸路线，把中欧深厚的文化积淀带到拜占庭和奥斯曼帝国统治下的巴尔干地区。但是，即使是喀尔巴阡山脉也并非坚不可摧的边界，就像阿尔卑斯山一样，只能说是一种渐变，标志着天平从欧洲一个部分倾向另一部分。东南欧地区不仅比西北欧贫穷，也比不上有着普鲁士传统的欧洲东北部。也就是说，贫穷的巴尔干地区不仅跟比荷卢经济联盟国家没法比，甚至比波兰和匈牙利还要落后。

柏林墙的倒塌使这些分歧对比更加鲜明。华沙条约使莫斯科统治下的帝国日渐羽翼丰满，并以其军事占领和计划经济导致的持续贫困作为显著特征。在克里姆林宫统治的44年期间，普鲁士、哈布斯堡王朝、拜占庭-奥斯曼帝国的欧洲，统统被困于苏联的国家监狱里，它们只有一个统称，即“东欧”。与此同时，西欧的欧洲联盟正在形成，早期是煤钢共同体，后来发展为欧洲共同体，并最终成为欧洲联盟。参与国家范围从原加洛林王朝的法国、德国和比荷卢经济联盟国家，到吸引意大利和英国加入，直至后来的希腊和伊比利亚半岛国家。由于在冷战期间占了先机，处于北约内部的加洛林欧洲部分显得比普鲁士的东北欧和多瑙河的中欧更为繁荣，后者在历史上原本也是富饶的，只是在华沙条约组织里待得太久了。

第二次世界大战后期苏联开进中欧，将一次完整的历史轮回划上了句号。这一事件证实了麦金德的论断，即亚洲的行动塑造欧洲的命运。当然，我们不应过多强调这种决定论，因为如果没有阿道夫·希特勒，第二次世界大战就不会发生，也就没有后来的苏联开进了。

但希特勒的存在是客观事实，因此我们不得不面对这样一个景况：由于统一德国的复兴，欧洲的权力平衡将比查理曼王朝时期稍微向东转移，转向普鲁士与中欧的合流交汇处，在德国经济力量的支持下，波兰和波罗的海国家，以及多瑙河上游地区随之振兴。地中海海岸和拜占庭-奥斯曼帝国的巴尔干将被远远抛在后面。这两个地区交汇于多山的希腊半岛，在经济和社会上是欧洲联盟成员国中最受困扰的。希腊位于霍奇森所谓的近东“一世界”的西北边缘，是古代地理的受益者。在这个位置上，埃及和波斯-美索不达米亚的严酷统治变得柔软和人性化些了，“西方”由此诞生；但在今天北方国家主导的欧洲，希腊发现自己站错了位，处于东方化的末端，虽比保加利亚和科索沃等地稳定和繁荣一些，也仅仅是因为它很早就脱离了苏联阵营。希腊企业的3/4是家族企业，依赖家庭劳力，所以最低工资法并不适用，那些没有家庭关系的人甚至得不到晋升。这是一个具有深厚文化底蕴的现象，并具有其历史和地理根源。

的确，地理可以解释很多事。华沙条约组织解体时，以前受到禁锢的国家的经济和政治走向，几乎完全取决于自己在地图上的位置。其中，波兰和波罗的海国家，还有匈牙利和当时捷克斯洛伐克的波希米亚地区发展态势良好，而南部的巴尔干国家却陷入了贫困和动荡之中。尽管 20 世纪巨变频发，普鲁士、哈布斯堡王朝、拜占庭和奥斯曼统治的遗产仍然与当今时代息息相关。这些帝国是地理首要的也是最重要的产物，他们全都受到麦金德所谓东方迁徙模式的影响。

因此，让我们再看看 11 世纪的欧洲地图吧：神圣罗马帝国像统一的德国一样，处于其中心位置。周围全是地区性国家，如勃艮第、波希米亚、波美拉尼亚和爱沙尼亚；西南则有阿拉贡、卡斯蒂利亚、纳瓦拉和葡萄牙。

21 世纪成功的区域故事，主要集中在加洛林欧洲，如巴登 - 符腾堡州、罗讷 - 阿尔卑斯大区、伦巴第大区和加泰罗尼亚。托尼·朱迪特提醒我们，这些地区居住的大部分是北方人，看不起“落后、懒惰、靠接济过活”的地中海南岸居民，甚至对罗马尼亚和保加利亚等巴尔干国家加入欧洲联盟心生恐惧。这是中心与边缘的对立，外围地带邻近中东和北非，其居民普遍（虽非绝对）被看做失败者。但也有例外，总部设在布鲁塞尔的欧洲超国家联盟就处于偏北的次区域，它对巴登 - 符腾堡州和加泰罗尼亚的作用使其从一刀切或连锁店式的统治中解放出来，并通过占有历史上固定的经济、政治和文化精神中心，得以蓬勃发展。

除了对欧洲周边的失败成员表示不满以外，繁荣的北欧地区中也充斥着对社会解体的不安感。欧洲各国人口出生率陷入停滞，老龄化趋势加剧；到 2050 年，欧洲将失去 24% 的主要劳动年龄人口，而

60 岁以上的人口将增长 47%。这可能会导致更多第三世界青年移民到欧洲，以支撑这些老龄化的福利国家。穆斯林统治欧洲的说法未免夸大其辞，但穆斯林在欧洲主要国家所占的百分比到本世纪中叶将翻倍，从目前的 3% 增至 10% 将会是不争的事实。在 1913 年欧洲人口比中国还要多，到 2050 年欧洲、美国、加拿大的人口总和将只占世界人口总量的 12%，与第一次世界大战后的 33% 相比有大幅下降。欧洲所占人口比例正受到亚非的挤压，而欧洲人口本身也包含了越来越多的非洲人和中东人。

事实上，欧洲的地图正在南移，再次涵盖整个地中海世界，在罗马时代、拜占庭和奥斯曼土耳其时代，同样的事情也曾发生过。几十年来，专制政权扼杀了经济和社会发展，同时也助长了极端主义政治，北非因此与地中海北部边缘切断了大部分联系，仅为该地区提供经济移民；但随着北非国家在民主政治方面的混乱演变，它们与欧洲政治和经济的互动也将成倍增加。而且，一旦改革派政策创造新机遇，一些阿拉伯移民将返回自己的家园。在后殖民地时代，地中海地区将成为一个连接带，而不是它过去扮演的分离器。

1989 年民主变革后，欧洲东移并重新吸纳了一些苏联的卫星国，现在则向南扩大，吸收了阿拉伯革命的成果。突尼斯和埃及不会加入欧洲联盟，但他们会成为欧盟深度介入的阴影区。因此，欧盟将变得比以往任何时候都更加雄心勃勃，同时也更加庞大笨拙。正如麦金德所说，撒哈拉大沙漠从北部切断了赤道非洲，因此将成为欧洲真正的南部边界。尽管欧洲联盟备受分化、焦虑和与日俱增的阵痛困扰，它仍然是世界上最重要的后工业中心之一。因此，其内部正在向东进行权力转移，从布鲁塞尔、斯特拉斯堡到柏林，从欧盟到德国，将成为全球政治的关键。德国、俄罗斯和仅有 1 100 万人口的希腊，将最敏锐地揭示出欧洲的命运。

亚洲仍然支配着欧洲?

德国统一的事实，意味着欧盟的影响力比其分裂时期降低了，因为统一的德国位于欧洲心脏地带，在地理、人口和经济上处于优势。德国现在的人口是 8 200 万，法国则是 6 200 万人，意大利近 6 000 万人；德国的国内生产总值为 3.65 万亿美元，法国则为 2.85 万亿美元，意大利 2.29 万亿美元。更为关键的是，法国经济的影响主要局限于冷战时期的西欧国家，而德国经济的影响则包括西欧和前华沙条约国家，这得益于它的中心地理位置，以及与东西双方的贸易联系。

除了地理位置横跨海上欧洲和中欧以外，德国在贸易活动中持有一种内在的文化态度。时任德意志银行首席经济学家的诺伯特·沃尔特（Norbert Walter）曾告诉我：“德国人更愿意主导实际的经济活动，而非严格意义上的金融活动。我们留住客户，了解他们需要什么，并在几十年的时间里发展市场和人脉关系。”这种能力由一种特别的动力所支持：正如哲学家和经济学家彼得·科斯洛夫斯基（Peter Koslowski）向我解释的那样，“众多的德国人在第二次世界大战后从零开始，因此他们是积极进取的现代主义者。在这里，现代主义和中产阶级文化已提高到意识形态的地位”。

统一的德国也有利于在空间上组织起来，发挥欧洲北部地区繁荣时代的优势。17 世纪的三十年战争后，产生了一系列独立小国，他们的传统仍然引导着德国的联邦制度；这里没有像巨大的压力锅一般的庞大首都，转而代之的是一系列规模较小的都市，即使在柏林重建的时代，也能各自设法生存；汉堡是传媒中心，慕尼黑是时尚中心，法兰克福是银行业中心，铁路网络均匀地向四面八方辐射开来。此外，因为德国的统一直到 19 世纪下半叶才接近完成，因此各区域特点得到了较多保留，这在今天的欧洲是比较有利的。最后，从历史的角度来看，柏林墙的倒塌仍然算是“最近”的事情，其趋势需经几十年才能完全显现。它把德国与中欧重新连接起来，并以极其微妙和非正式的方式重建了 12 世纪的第一帝国和 19 世纪的第二帝国，几乎相当于整个神圣罗马帝国。

除了柏林墙的倒塌之外，释放德国地缘政治力量的另一个因素是 20 世纪 90 年代中期德国与波兰的历史性和解。美籍波兰裔国际关系学者兹比格涅夫·布热津斯基（Zbigniew Brzezinski）写道：“通过波兰，德国的影响力可以向北辐射到波罗的海国家，向东辐射到乌克兰和白俄罗斯。”换句话说，德国的势力通过更大的欧洲以及作为独立实体重现的中欧得到了扩大。

在这一演变进程中至关重要的因素，是欧洲尤其是德国的准和平主义未来能在多大程度上得以持续。正如英国战略家科林·S. 格雷（Colin S. Gray）写的那样，“几朝被蛇咬……在索姆河上的失利，在凡尔登战役的惨败，到 1945 年纳粹‘诸神的黄昏’，欧洲中西部的强国已经令人信服地放下了武器”。然而，欧洲人厌恶军事行动（除了维和行动和人道主义干涉之外），不仅仅是因为战争和破坏的教训使然，还有一个事实，就是冷战时期欧洲享有超级大国美国提供的安全保护，至今也没有迫在眉睫的传统军事威胁。德裔美国学者和记者约瑟夫·约菲（Josef Joffe）也曾说过，“欧洲现在面临的威胁不是穿制服的军队，而是衣衫褴褛的难民”。

但顺着麦金德的思路想一想，如果说欧洲的命运依然受到亚洲的历史性支配，如俄罗斯的崛起，那又会怎样？那必然会是不小的威胁。支撑苏联在二战结束后的东欧强硬地建立了一个帝国的力量，至今依然存在。俄罗斯曾被立陶宛人、波兰人、瑞典人、法国人和德国人掠夺留下的阴影，使得他们认为有必要在历史上的俄罗斯和中欧之间，建立一个由附庸国组成的缓冲区。可以肯定的是，俄罗斯人不会再为此派地面军队重新占领东欧，但他们会在政治和经济上联合施压而达到目的。由于欧洲需要从俄罗斯进口天然气，莫斯科可以部分地借此在未来几年内对前卫星国施加不正当的影响。想一想欧洲的 25%、德国的 40%、芬兰和波罗的海诸国将近 100% 的天然气都是由俄罗斯供应的，就能知道其影响会有多大了。

在这种情况下，一个解除了武装的德国会部分屈服于俄罗斯的影响，从而导致东欧“芬兰化”，并使北约更加空洞吗？或者，虽然德国社会依然沉浸在后英雄主义时代的准和平主义理念之中，但它是否会通过各种政治经济手段巧妙地抗衡俄罗斯？

前面一种情形若出现，麦金德及其他地理学者所担心的事就有可能发生，即地理上并不存在中欧，只有海上欧洲和大陆欧洲之分，中间是一条缓冲带；而后一种情形将使欧洲的命运更加复杂：中欧将自“一战”以来首次全面复兴，繁荣绽放；德国与俄罗斯之间的许多缓冲带国家也将迅速崛起，麦金德所希望的欧洲和平将得以实现，尽管欧洲对于武力部署的反感会让美国在地理上不太方便。在这种情况下，俄罗斯将会容忍东至乌克兰和格鲁吉亚的国家加入欧洲，欧洲的概念作为历史自由主义的地理表达，终将变成现实。**罗马帝国分裂后，欧洲用几个世纪重新分化组合。在经历了 1914 – 1989 年间长期的欧洲战争之后，欧洲还处于寻找自身理念的阶段，并将继续进行自我重组。**

希腊债务危机决定欧盟的未来?

从地理学意义上讲，欧洲的概念在整个历史阶段经历了多次变化。地理大发现之后，欧洲向西横移，商业发展穿越大西洋，使得魁北克、费城和哈瓦那等城市在经济上与西欧的距离比克拉科夫、利沃夫等东欧城市更近。17 世纪后期，奥斯曼帝国军队向西北推进到维也纳，从而切断了巴尔干与欧洲次大陆其它部分的联系。现在的欧洲一方面在东移，因为它吸纳了前共产主义国家加入欧盟；另一方面又在南移，因为它解决了北非地中海南岸的政治经济稳定问题。

在所有地区的重组过程中，希腊最适合为欧洲联盟的健康状况提供一份深刻的报告表。希腊是巴尔干国家中唯一一个有多条海岸线通往地中海的国家，因而成为两个欧洲世界的连接点。它在地理上与布鲁塞尔和莫斯科等距离，在文化上因拜占庭留下的东正教传统而与俄罗斯和欧洲一样亲近。在现代历史上，希腊深受政治停滞落后的拖累。19 世纪中期的欧洲革命通常是中产阶级为实现政治自由而发起的，而当时的希腊独立运动，则主要是一场以宗教为基础的民族运动。

在 1999 年的科索沃战争中，尽管希腊政府的立场相对中立，但希腊民众却压倒性地站在俄罗斯这边，支持塞尔维亚人，反对欧洲。冷战时期，除了处于苏联阵营的国家外，希腊是欧洲经济状况最糟糕的。回溯到古代，欧洲乃至整个西方的发端与终点都是希腊。希罗多德关于希波战争的纪年历史建立了东西方的“二分法”，这一分法持续了数千年。冷战初期，希腊险些脱离西方阵营，后因希腊右派分子与共产党人的内战，以及丘吉尔和斯大林之间的谈判而最终成为北约的一部分。正如麦金德所写的那样，**希腊处于欧亚大陆心脏地带边缘，与海权极为接近；一旦被俄罗斯这样的心脏地带国家以某种形式控制，“就有可能以此为基础控制世界岛”**。

当然，俄罗斯控制希腊这件事，近期之内应该不会发生，但思考一下这个问题也是很有意思的。如果冷战时期丘吉尔与斯大林之间的谈判换一种结果，那会发生什么情况呢？想象一下，假如希腊留在苏联阵营里，克里姆林宫的战略地位该有多强？它可能跨过亚得里亚海危及意大利，整个地中海东部和中东都不在话下。

2010 年以来，希腊金融危机暴露了其政治经济的欠发达性，动摇了欧盟的货币体系。由于挑起了南北欧国家间的紧张关系，希腊成为继南斯拉夫分裂战争以来对欧洲统一的最大挑战。然而，希腊有能力证明，欧盟仍然是一项雄心勃勃的在建工程，在这个空间危机徐徐展开的世界里，南方和东方的趋势和碰撞也将继续影响欧洲的未来。

(哈布斯堡王朝)

HABSBURG EMPIRE
Habsburg acquisitions 1648–1913 (some lost during that period)
1914 boundary
GERMANY
Elbe River
AUSTRIAN NETHERLANDS
Rhine River
Seine River
WÜRTTEMBERG
Danube River
BOHEM
FRANCE
Loire River
COUNTY OF BURGUNDY
AU
STY
VORARLBERG
TYROL
SALZBURG
CARINT
TRENT
GORIZIA
VENETIA
CARNI
LOMBARDY
MANTUA
CTY. OF ISTRIA
Rhône River
PARMA
MODENA
Adriatic Se
PAPAL STATES
TUSCANY
Tiber R.
ITALY
Mediterranean Sea
KINGDO OF NAP
Tyrrhenian Sea

（本书插图均系原文插图，后文各图不一一标注，上图地名中文对照见第 168 页）

图名：HABSBURG EMPIRE 哈布斯堡王朝
Habsburg acquisitions 1648 — 1913（some lost during that period）
1648 — 1913 年哈布斯堡所辖地区（某些地区在此其间失去）
1914 boundary　1914 年的分界线

① FRANCE 法国　GERMANY 德国　ITALY 意大利　AUSTRIA 奥地利
KINGDOM OF NAPLES 那不勒斯王国　BOHEMIA 波希米亚　HUNGARY 匈牙利
POLAND 波兰　SERBIA 塞尔维亚　MORAVIA 摩拉维亚　NETHERLANDS 荷兰
WURTTEMBERG 符腾堡　OTTOMAN EMPIRE 奥斯曼帝国
PAPAL STATES 教皇国　COUNTY OF BURGUNDY 勃艮第王朝
② Mediterranean Sea 地中海　Tyrrhenian Sea 第勒尼安海　Adriatic Sea 亚得里亚海
③ VORARLBERG 福拉尔贝格州　TYROL 蒂罗尔州
STYRIA 施泰尔马克州　CARINTHIA 克恩滕州
④ Seine River 塞纳河　Loire River 卢瓦尔河　Rhine River 莱茵河
Elbe River 易北河　Danube River 多瑙河　Tiber R 台伯河
Rhone River 罗讷河　Vistula River 维斯瓦河　Tisza R. 蒂萨河
⑤ VENETIA 威尼斯　GORIZIA 戈里齐亚　TRENT 特伦特
SALZBURG 萨尔茨保　MODENA 摩德纳　CTY. OF ISTRIA 伊斯的利亚
CARINOLA 卡里诺拉
⑥ CROATIA 克罗地亚　BOSNIA 波斯尼亚　TRANSYLVANIA 特兰西瓦尼亚
DALMATIA 达尔马提亚　TUSCANY 托斯卡纳区
LOMBARDY 伦巴第　PARMA 帕尔玛　MANTUA 曼图亚
HERZEGOVINA 黑塞哥维那　KRAKOW 克拉科夫　BUKOVINA 布科维纳

THE REVENGE
OF GEOGRAPHY

第 10 章
摒弃历史的地理
中心地带的俄罗斯

俄罗斯的整个历史，从高加索打开窗口。

历史上蒙古人对俄罗斯的统治更是导致了俄罗斯人的“侵略妄想恐惧症”，但这个经度跨越东经 26° 至西经 170° 的国家终究摆脱不了陆权国家的命运。

严酷的气候和地貌以及车臣等分裂势力的干扰，加之俄罗斯人与生俱来的“不安全感”，俄罗斯也表现出了对印度洋、阿富汗和伊朗的兴趣。

俄罗斯正在运用手中的能源筹码影响欧亚的地缘政治格局，但曾经的加盟共和国并不安心受其摆布。一度被贬低的地缘政治随着苏联的解体逐渐恢复过来，但在亚洲与欧洲的天平上，俄罗斯似乎并不清楚应该站在哪边……

《1914 年 8 月》(*August 1914*) 是俄罗斯著名作家亚历山大·索尔仁尼琴（Alexander Solzhenitsyn）以第一次世界大战为主题的大型史诗小说，开篇就是一首高加索山脉的颂歌：“那高耸入云的高加索山脉白雪皑皑，……一个个锯齿形的山坳全都清晰可见。与人类所创造的种种渺小事物相比，这座山脉简直是人类不能想象的庞然大物。数千年来在这个世界上生存过的所有人，即使尽可能地张开手臂，把他们曾创造的一切全部堆积起来，也造不出这样一座鬼斧神工的山脉。”沿着这条脉络，索尔仁尼琴又对其“辽阔雪域”“裸露的峭壁”、“深谷和山脊”“缭绕的云雾”进行了描绘和赞美。

从历史上来说，高加索始终紧扣俄罗斯人的心弦，索尔仁尼琴这样激烈的民族主义者，特别对它充满恐惧和敬畏。在黑海和里海之间有一座大陆桥，欧洲在这里逐步消失于绵延 600 英里、高达 18 000 英尺的群山中，那蜿蜒的山脊格外迷人，舒展而平坦的草原向北延伸。这里是俄罗斯的“蛮荒西部”，虽然这些山脉处于莫斯科和圣彼得堡的南边。自 17 世纪以来，这里一直是俄罗斯殖民者试图征服的“蛮夷”民族的聚居地，他们包括车臣人、印古什人、奥塞梯人、塔吉斯坦人、阿布哈兹人、卡特维尔人、卡克特人、亚美尼亚人、阿塞拜疆人等；

在这里，俄罗斯也见识了伊斯兰教的温文尔雅和残酷无情。俄罗斯人对高加索地区复杂的情感，让他们既着迷又惶恐，俄罗斯的整个历史故事，也在这里打开了窗口。

地理决定的集体主义？

俄罗斯是世界上最独特的陆权大国，经度跨越东经26°至西经170°，几乎占地球的一半。主要出海口在北方，一年中数月被北极冰层封锁。马汉曾暗示过，俄罗斯作为陆权国家常年处于不安全境地。在获得海洋屏障之前，他们永不满足，要么继续扩张，要么坐视别人征服。俄罗斯土地平坦宽阔，几乎没有自然边界可以为其提供保护，因此他们对陆地上的敌人充满恐惧，这也是麦金德学说的一个主要议题。因此，俄罗斯想方设法把边界推到中东欧中间，以阻止19世纪法国和20世纪德国的进犯。为了限制英国在印度的势力，并寻求在印度洋的温水出海口，俄罗斯多次出兵阿富汗，他们还把边界强推到远东，以限制中国。此外，俄罗斯对高加索山脉的作用极为重视，将其作为屏障，以防御大中东的政治和宗教争端。

俄罗斯面临的另一个地理事实是严寒。俄罗斯的大片陆地都位于北纬50°以北，大部分人口居住在比加拿大更寒冷的气候带上。地理学家索尔·科恩（Saul Cohen）写道，“俄罗斯纬度较高，又远离海洋，加上山脉的屏障作用和大陆性气候”，使得该国的大部分地区都寒冷干燥，不适宜永久定居。但高加索和靠近朝鲜边境的俄罗斯远东地区例外，这也是高加索的另一个吸引力所在：处于北纬43°，气候相对温和。

俄罗斯的气候和地貌确实严酷到极点，这也是掌握俄罗斯人性格和历史特点的钥匙。俄罗斯史学家菲利普·朗沃思写道，俄罗斯的极度高寒，似乎正是这个民族“能够承受苦难，普遍具备集体主义意识，甚至愿意为共同利益牺牲个人”的原因。他解释说，北部高纬度地区农作物生长季节很短，需要农民之间齐心协力，“通过狂热而艰苦的努力完成长时间的田间劳作，甚至要动员儿童参加”，因为播种和收获的全过程，都不得不匆匆完成。此外，寒冷造成的低产量，促使新兴的俄罗斯富豪们尽力控制广阔的土地，这严重扼杀了农民的积极性，只要没人强制就不愿多干活，这造成了农民在日常生活中往往具有“暴力倾向”。俄罗斯共产主义的特点以及对于个人自由的不以为然，都与寒冷的地理条件息息相关。空荡荡的大地，冰冷平原上的大教堂和防御工事，东正教的祈祷诵经以及所有风俗制度，都体现了集体主义的冷酷无情。

俄罗斯北部处于北极圈和北冰洋之间的冻土带，常年覆盖着冰雪，除了苔藓和地衣外寸草不生。当夏季冰雪融化时，大量的蚊虫又会泛滥成灾。冻土带往南是世界上最大的针叶林，从波罗的海一直延伸到太平洋。这样的地区，在西伯利亚和俄罗斯远东占 40% 左右。在俄罗斯南部，从西部匈牙利平原经由乌克兰、北高加索地区以及中亚，一路直到远东，绵延着世界上最大的草原，用俄罗斯学者 W. 布鲁斯 · 林肯（W. Bruce Lincoln）的话说，这简直就是一条“以草铺就的大路”。

麦金德说过，俄罗斯人本来是蜷缩在森林里的民族，从远古、中世纪到近代早期一直受到亚洲草原游牧民族的侵扰，迫于无奈，不得不寻求对外扩张与征服。特别是蒙古人，包括中世纪莫斯科公国附近的金帐汗国和中亚的蓝帐汗国对他们的长期侮辱和侵犯，直接导致俄罗斯错过了文艺复兴时期，但同时也赋予他们共性、动力和极强的目的性，这些至关重要的品质最终反过来帮助他们摆脱了蒙古人统治的枷锁，在近几个世纪里夺取大片领土。历史学家 G. 帕特里克 · 马奇（G.

Patrick March）认为，**蒙古人的统治造就了俄罗斯人“对暴政的极大容忍”，使他们在遭受困苦的同时，患上了“侵略妄想恐惧症”。**

不安全感是俄罗斯典型的民族情感之一。美国国会图书馆馆员詹姆斯·H. 比林顿（James H. Billington）写道：“既想在历史中寻根，又希望利用历史为自身辩护，这种需求部分源于来自东部平原的不安全感。”他在关于俄罗斯文化的巨著《标与斧》（*The Icon and the Axe*）中写道，“地理，而不是历史”，一直主导着俄罗斯人的思想：

> 严酷的季节转换，远方的几条河流，降雨多少和土壤肥瘦，决定了普通农民的生活方式。游牧民族征服者来了又去，对他们来说，不过是一成不变的冷酷海面上某种物体的无意识游荡而已。

平坦空旷的俄罗斯大地，从欧洲一直延伸到远东，几乎没有自然边界。分散定居的生活方式造成了长期的无政府状态，每一个族群都永远地缺乏安全感。在森林深处防备着草原上潜伏的敌人时，俄罗斯人对于泛灵论和宗教的渴求相互融合，形成了他们的精神避难所。比林顿写道，东正教的复活节“影响极大，特别是在俄罗斯北部”。在这个传统节日里，问候语不是“复活节快乐”这样平淡的西方客套话，而是对一个神圣史实的直接肯定：“基督升天了！”得到的答复则是：“千真万确，升天了！”这一对话赞美的不仅是升天的基督，也是复苏的自然——漫长而黑暗的冬季接近尾声，树木抖落枝丫上的积雪，拱出稚嫩的叶芽。在严谨的东正教基督教义中，这算是一个小小的“异端”了吧。20世纪初的俄罗斯神学家尼古拉·别尔嘉耶夫（Nicolas Berdyaev）指出，布尔什维克强调总体性，因此俄罗斯共产主义实际上是另一种形式的俄罗斯宗教，是东正教的世俗化替代品。

正如比林顿的书名所显示的那样，它的图标本身就是一种生动的提醒，唤醒那些受难的先驱者对于东正教的信仰，并体会到其带来的庇护和更高的目标；而斧头是“用于征服森林的，象征着实现大俄罗斯基本目标不可缺少的手段”。无论是俄罗斯宗教还是共产主义，都让人回想起森林深处、草原边缘那种深重的不安全感，因此顿生征服之欲——因为俄罗斯土地平坦，并与亚洲和大中东整体相接，本身就容易被征服。其他帝国历经崛起、扩张、崩溃直至销声匿迹，再也无人提起，而俄罗斯帝国扩张、崩溃、恢复，又几度东山再起。地理和历史表明，我们永远不能低估俄罗斯。苏联帝国解体后俄罗斯的复苏，有可能就在我们有生之年，将化为古老故事的一部分。

欧洲的“外省人”

俄罗斯第一个帝国，也是真正意义上的第一个东欧政体，是公元 9 世纪中叶的基辅罗斯（Kievan Rus），它兴起于第聂伯河最南端的历史文化名城基辅。基辅罗斯可以经常接触南部的拜占庭帝国，对俄罗斯人皈依东正教有极大促进作用，它与俄罗斯的严寒条件相结合后，发展成一种极富特色的本地化宗教；地理也决定了基辅罗斯的人口构成，从北方顺流而下的北欧维京海盗和东部的斯拉夫土著都相继加入；该地土壤贫瘠，意味着他们不得不征服大片土地以保证食物供应，两种动态区域势力在此合二为一，即维京海盗和拜占庭人，帝国由此开始形成，并使俄罗斯逐渐成为一种地理和文化概念。

由于长年疲于应对草原游牧民族的侵袭，13 世纪中叶，基辅罗斯终于被成吉思汗之孙拔都汗（Batu Khan，1207 – 1255）带领的蒙古大军摧毁——蒙古传统的牧马地连年干旱，马既是他们的食物也是迁徙工具，促使蒙古人向西进发，为马匹寻找新的牧场。俄罗斯帝国的首次扩张企图，在欧亚腹地陷入了僵局。

经过无数次迁徙往复以及各种政治伎俩，俄国逐渐转向北方，到达斯摩棱斯克、诺夫哥罗德、弗拉基米尔和莫斯科等地，其中莫斯科在中世纪后期实力逐渐变得最强（正如我们看到的，中世纪这几百年的特点是专制和偏执，部分缘于蒙古的压力）。莫斯科的脱颖而出得益于其商业上的有利地位，它地处伏尔加河中上游河谷的河流港口沿线。布鲁斯·林肯写道："莫斯科位于高地中心，是俄罗斯欧洲部分大河的发源地，蜿蜒交错的河流水道以此为枢纽不规则地向外延伸，如同倾斜的轮圈辐条一般。"这段历史使俄罗斯避开了蒙古人出没的草原，进一步向森林深处集中发展，并在那里作为国家凝聚在了一起。

中世纪的莫斯科公国，四面被围，内陆闭锁。东部只有针叶林、草原和蒙古包，南部草原上的匈奴人、蒙古人阻止莫斯科公国出入黑海，西部和西北部则有瑞典人、波兰人、立陶宛人把控着波罗的海。"恐怖的"伊凡四世[①] 在遥远的北方获得的唯一一个勉强可用的海岸，就是北冰洋的入海口白海。这种局面使俄罗斯别无选择，只能在伊凡四世治下尝试突破，力图有作所为。

伊凡四世，史称"恐怖的伊凡"，是一个有争议的历史人物，同时被人看作怪物和民间英雄。他的绰号"恐怖的"，是对 Groznyi 的误译，原意其实是"严厉的"（Dread），其支持者的本意是说他对有罪者严惩不贷。历史和地理部分地赋予了伊凡首位大帝国扩张者的身份，因为在他所处的时代和地理环境中，对付混乱的唯一方法是实行专制。1453 年，拜占庭统治下的希腊被奥斯曼土耳其人征服，希腊

① Ivan IV，1553—1584。又被称为伊凡雷帝或者"恐怖的伊凡""伊凡大帝"，是俄国历史上的第一位沙皇。伊凡四世三岁即位，母亲暂时摄政，却苦于大贵族们的横暴。当时各集团激烈争权、倾轧和谋杀，对伊凡四世性格的形成及其活动产生了深刻影响。——译者注

难民从君士坦丁堡逃难到莫斯科以北，更是给他们带来了政治、军事和管理经验，这对帝国的建立至关重要。

伊凡四世的残暴和狡猾集俄罗斯人经验之大成，他的臣民曾一代又一代地与亚洲人“耐心而顺从地打交道”。作为史上第一位沙皇，他先是击败了喀山鞑靼人，为接触乌拉尔山脉创造机会，迈出了日后征服西伯利亚的重要一步；后又击败额尔齐斯河附近的失必儿汗国，即现在的蒙古西北部。在这片广阔的土地上，俄罗斯以惊人的速度突飞猛进，60 年后的 17 世纪初即到达鄂霍次克海，直抵太平洋边缘。

伊凡也觊觎南部和东南部，特别是穆斯林居住的阿斯特拉罕地区，它是金帐汗国的一支，控制着伏尔加河河口通往高加索、波斯和中亚的道路；其东是诺盖汗国的地盘，当地居民属突厥游牧民族，说钦察语的一种。虽然诺盖是莫斯科公国的政敌，但他们愿意与大公进行贸易活动，并欢迎伊凡的士兵保护主要道路的安全。草原如无边的大海，蒙古人和鞑靼人隐藏其中，与俄罗斯一边打仗，一边贸易；高加索地区的艰苦和复杂性不亚于此，在俄罗斯人眼中，那里有更奇特的异域风光，让人痴迷忘返。

伊凡不知疲倦地扩张。在南部取胜之后，他紧接着在今爱沙尼亚和拉脱维亚地区发起战争以抢占波罗的海，但被汉萨同盟[①] 和日耳曼利沃尼亚骑士团打败。虽然俄罗斯此前刚刚在中东和亚洲获得大片土地，这次失败仍彻底阻断了其与西方的联系。16 世纪中后期和 17 世纪初，俄罗斯大陆帝国首战告捷，哥萨克人作为御用军队名声鹊起，稳定了其在高加索地区的地位。哥萨克这个词，或称哈萨克，原本是指自由的鞑靼战士，他们对家园苛刻的生存条件感到绝望，从

① Hanseatic League，德意志北部城市之间形成的商业、政治联盟。13世纪逐渐形成，14世纪达到兴盛，加盟城市最多达到160个。15世纪转衰，1669年解体。——译者注

俄罗斯、立陶宛、波兰等地迁移到南部的乌克兰大草原。在前蒙古边境的混乱形势下，他们迫于生计，干起了盗贼、商人、殖民者、雇佣军等行当，并因坚强勇敢和佣金便宜而逐渐被吸纳进伊凡的非正规军行列。

哥萨克人定居点主要集中在顿河和第聂伯河的河谷中，尼古拉·果戈理的经典之作《塔拉斯·布尔巴》（*Taras Bulba*）描写的正是第聂伯河哥萨克人的故事。果戈理是俄罗斯民族主义者，但他在乌克兰（俄语原意“边疆”）看到了真正的、原始的俄罗斯：一望无际、四通八达的草原，几近枯竭、无法通航的河流，造成了民族之间矛盾频发，人民嗜血好战。虽然果戈理用“俄罗斯”“乌克兰”和“哥萨克骑兵”来表示特定的人群，但他同时承认这些身份有其重叠性（三种身份代表的地域也是如此）；他笔下的故事阴暗悲惨，充斥着不可饶恕的暴力，虽然小说中描绘的人物完全缺乏人性，其结局都源于自己的可怕选择，但书中的暴力场面也在一定程度上表现了俄罗斯和乌克兰大草原的地理特点，其平整度、大陆性和迁徙路线导致了冲突的发生，并引发财富的迅速变化。

伊凡四世的帝国在鲍里斯·戈都诺夫（Boris Godunov，1598 – 1605 在位）统治期间继续扩张，囊括了斯大林格勒东南方向的乌拉尔山地区和哈萨克草原。好景不长，莫斯科大公国最终也如基辅罗斯一般轰然倒塌，这次是瑞典人、波兰人、立陶宛人和哥萨克人把帝国的庞大躯体凿得支离破碎。中世纪莫斯科大公国自封为“第三罗马”，是罗马帝国和拜占庭帝国的合法继承者；它解体后的时期号称“乱世”（the Time of Troubles），似乎整个世界和文明都会随之结束。但俄罗斯并没有结束，短短几年后的 1613 年，米哈伊尔·罗曼诺夫（Michael Romanov）被推为沙皇，俄罗斯历史上一个新的王朝开始了。

罗曼诺夫王朝（1613 – 1917）奠定了现代俄罗斯的基础，俄罗斯帝国主义的运行机器和行政组织在这一时期初见规模，比浪漫有余、规范不足的中世纪莫斯科公国大有改进。在罗曼诺夫王朝300年的统治中，俄罗斯征服了波兰和立陶宛，摧毁了瑞典，羞辱了拿破仑的法国，夺回了乌克兰，并从奥斯曼土耳其那里成功抢到了克里米亚和巴尔干，同时正式实现了对高加索、中亚和西伯利亚的扩张，边境直接推到中国和太平洋。

至此，俄罗斯从克里米亚战争（1853 – 1856）和日俄战争（1904 – 1905）的逆境中恢复了。广阔无阻的地理条件，使俄罗斯在战争中进可攻、退可守，来去自如，这种大规模的军事调度成了俄罗斯历史上最盛大的主题之一。1812 年，罗曼诺夫王朝在一次战役中败给了拿破仑军队，从而失去了波兰和俄罗斯西部，短短几周后即卷土重来，将法国赶回到中欧，拿破仑军队完败。

彼得大帝于 17 世纪末至 18 世纪初统治俄罗斯，他在罗曼诺夫王朝的地位与伊凡四世在莫斯科大公国的地位相当。他的卓越功勋，使地理仅仅成了故事的一部分。关于彼得大帝，历史上最知名的事件是 1703 年他在波罗的海沿岸建立圣彼得堡，其间与瑞典帝国的战争可谓艰苦卓绝：瑞典穿过马祖里湖区大举入侵白俄罗斯，俄罗斯以焚烧农作物的“焦土战术”对敌，此举后来也用于对付拿破仑和希特勒，屡试不爽。

彼得大帝成功地巩固了俄罗斯波罗的海沿岸，并面向欧洲建立了新都，但其试图改变俄罗斯政治文化身份的努力最终归于失败。**虽然致力于全方位扩张，俄罗斯在骨子里仍然是一个认同欧洲文化的欧亚国家，其典型性可谓独一无二；即使其地理条件和被侵略（例如蒙古）的历史否认这一点，俄罗斯仍然想方设法成为欧洲国家。**19 世纪伟大的俄罗斯思想家亚历山大·赫尔岑对此是这样解释的：

目前，我们看待欧洲人和欧洲的心态，就像外省人看待首都居民一样，既羡慕又自卑，喜欢屈从和模仿他们，凡是与人家不一样的地方，都认为是我们不如人家。

显然，俄罗斯没有什么值得自卑的，他们已经做得够好了：这个民族凭借不利的地理条件，建立了一个不可思议的帝国，并不断地侵扰黎凡特东部和印度门户，从而威胁法英帝国的安全。在赫尔岑写下上述文字的同时，俄罗斯军队攻占了塔什干和撒马尔罕，踏上了通往中国的古丝绸之路，并逼近印度次大陆边界。

当法国和英国这两个海权帝国忙于应付海外的劲敌时，俄罗斯却不得不在自己的领土上接受敌人的挑战。忧虑和警惕，成了他们从早期历史中学会的东西。这个国家似乎总是处于不同形式的战争状态，再来看看高加索的例子：北高加索地区的车臣穆斯林在 18 世纪后期抵抗叶卡捷琳娜大帝的军队，19 世纪则继续与沙皇战斗，在今天这个时代依然不曾安歇；而高加索南边更顺从的地区，如格鲁吉亚，早在很久之前已纳入沙皇统制下。车臣的好战，源于其生活条件的极端困窘。石质山脉少得可怜的土壤本就收成极低，还需要拿起武器来保护绵羊和山羊免遭野生动物的侵害。在经过高加索地区的贸易路线上，车臣人既是导游也是劫匪；此外，他们虽然皈依了苏菲伊斯兰教，却往往不像其他教派信徒那样狂热，而是把大部分精力花在保卫家园、抵御东正教俄罗斯的入侵上。地理学家丹尼斯·J.B. 肖（Denis J. B. Shaw）写道，在高加索地区，“俄罗斯人、乌克兰人和哥萨克殖民者，遇到了山区暴民的顽强抵抗。除了奥塞梯人以外，此地居民在文化上都从属于伊斯兰，这更使他们下定决心痛击俄罗斯入侵者”。

出于对北高加索地区人民独立精神的恐惧，布尔什维克拒绝将其纳入统一的共和国，而是将其与不同语言和民族构成的其他民族人为划分到一起。正如肖指出的，“把卡尔巴德人与巴尔卡尔人划分在了一起，尽管前者与切尔克斯人有更多共同之处，而后者与卡拉恰伊人更合得来”。更有甚者，1944 年斯大林以涉嫌与德国人合作为由，将车臣人、印古什人和卡尔梅克人流放到了中亚。他摆出的这副冷酷面孔，相当一部分是由高加索造成的。这是陆权国家的宿命，也是他们对征服的需求使然。

俄罗斯的步步为营，触动了麦金德“枢纽”理论的形成。19 世纪下半叶，俄罗斯铁路建设迅速发展，1857 年至 1882 年间修通 15 000 英里，将莫斯科与西部的普鲁士边境相连，东部连至下诺夫哥罗德，南部通往黑海之滨的克里米亚。此外，1879 年至 1886 年间，俄罗斯从里海东岸的克拉斯诺沃茨克铺设了一条铁路线，通往东部的梅尔夫，全长超过 500 英里，逼近波斯和阿富汗边界。1888 年，这条铁路线又往东北新增 300 英里，直到撒马尔罕。

在卡拉库姆沙漠和克孜勒沙漠南部的中亚草原，帝国的新动脉跟随俄罗斯军事扩张的步伐不断推进，覆盖今土库曼斯坦和乌兹别克斯坦全境。至此，俄疆域已接近印度次大陆，与当时如日中天的英国霸权争夺亚洲的控制权；同时另一条铁路线跨越高加索地区，把里海西岸的巴库与黑海之滨的巴统连接起来。

1891 年，俄罗斯开始修建从乌拉尔山脉穿过西伯利亚和远东地区，直通太平洋沿岸的铁路，该线全长 4 000 英里，经过俄罗斯境内所有森林、高山、沼泽和冻土带。到 1904 年，俄罗斯已拥有铁路 38 000 英里。有了这个条件，就可以从圣彼得堡跨越 11 个时区，一路走到俄罗斯和阿拉斯加之间的白令海峡。这再次证明，**新版俄罗斯“天定命运”的推动力正是其不安全感，他们必须保持进攻，并在各个方向探索，否则自身难保。**

“不安全感”造成的无休止扩张？

欧亚地图上有一个突出的事实，可以作为俄罗斯故事的解释。西部的喀尔巴阡山脉和东部的中西伯利亚高原之间全是低洼平地，使广袤的大平原形成了一整块大陆（乌拉尔山脉作为小插曲横亘其间）；这个大平原，包括麦金德所说的心脏地带，从白海和喀拉海的北冰洋入口延伸到高加索地区、兴都库什山脉和扎格罗斯山脉，直到阿富汗地区和伊朗境内。

俄罗斯帝国一直对打通印度洋心存模糊的希望，对印度洋附近温暖的出海口垂涎三尺，这是苏联 1979 年入侵阿富汗的背后动因，但其冒险跋涉的范围远不止此。从 17 世纪初到 20 世纪，俄罗斯的哥萨克人、毛皮贩子和贸易商勇敢地跨越叶尼塞河，从西至东进入西伯利亚和远东地区，那里高寒广袤的七座大山绵延 2 500 英里，整个地区每年霜冻期可达 9 个月。如果说对白俄罗斯和乌克兰的征服是顺其自然，因为这片土地与俄罗斯地理上接近，共享文化和历史，对西伯利亚的征服则是硬生生地夺取一个全新的“北方河流帝国”（boreal riverine empire）。

布鲁斯·林肯在其权威性巨著《征服大陆：西伯利亚和俄罗斯》（*The Conquest of a Continent: Siberia and the Russians*）中写道，“真正让俄罗斯变得庞大的，一直是它在亚洲的扩张”，而非欧洲。俄罗斯人在对东西伯利亚和更远处的征服过程中总结了极为严酷的历史经验，正如菲利普·朗沃思所言：

> 严寒的气候，磨炼着他们的顽强意志和持久耐力，地广人稀加上生长季节短促，又促使合作加强迫的社会关系形成。为了生存，俄罗斯人比世界上大多数民族都需要有更大的组

织规模。在过去，这方面的需求有利于形成集中、独裁的政府形态，并阻止了其他政体的参与。

叶尼塞河是世界第六长河，洪水泛滥时面积可扩至3英里宽。它从蒙古向北流淌，绵延3 400英里注入北冰洋。与乌拉尔山相比，它是俄罗斯西部和东西伯利亚之间真正的分界线，其西岸是绵延上千英里的低地平原，东岸耸立着上千英里的高原雪山。英国游记家科林·萨布伦（Colin Thubron）写道："这条从虚无中流出来的河宛如实体，历久不息，时而平和时而可怕，把我的心揪得紧紧的。"在北极圈之外，沿着河流偏向更北方的另一点上，"地球变成了扁平状，偏离其轴线，而河岸正在沉下去。这里似乎什么也没发生过……历史只剩下了地质痕迹"。

将探险家们吸引到这个冰川期世外桃源的第一件东西是动物毛皮，后来则是石油、天然气、煤、铁、金、铜、石墨、铝、镍等其他各种金属和矿物质。此外还有电力，因为西伯利亚的河流落差之大有利于发电。

正如叶尼塞河把西伯利亚分为东西两半，同样雄伟的勒拿河则是西伯利亚东部与俄罗斯远东之间的分界线。事实上，西伯利亚的大江大河支流繁多，"犹如参天大树，枝丫交叉，旁逸斜出"，形成了一个宏大的河口港湾系统。还有地面上星罗棋布的矿区，构成了沙皇和苏联刑法制度的核心。事实上，西伯利亚一直是环境残酷和战略财富的代名词，它使苏联在过去几十年里成为一个道义黑暗、能源丰富的强权国家。18世纪初它突然跻身欧洲列强之列，即得益于乌拉尔森林中储量丰富的铁矿石，它们适合做大炮和火枪，这些都是发动现代战争的必需材料。

同样，由于20世纪60年代中期在西伯利亚西北部发现了大型油气田，俄罗斯在 21 世纪初一举成为能源超级大国。对西伯利亚的征服，还使俄罗斯进入了太平洋的地缘政治带，并与日本和中国发生冲突。冷战的核心动力，正是俄罗斯与中国的冲突，由于事关如何在 21 世纪与两个大国打交道，它甚至对美国自身战略也起到了关键作用。

与额尔齐斯河、鄂毕河、叶尼塞河和勒拿河不同，阿穆尔河的流向不是从南到北，而是由西向东，与乌苏里江连接，形成今天俄罗斯远东地区和中国黑龙江省之间的边界。自 17 世纪中叶起，沙俄和中国清廷为此地区争夺不断，先是俄罗斯的盗猎者进入该地区，随后是莫斯科士兵，两国外交官也纷至沓来，当时清廷为了平定中原和收复台湾，分身乏术。这一较量最终在 1860 年有了结果，积弱腐朽的清政府，被迫割让 35 万平方英里的领土，俄罗斯因而开辟了目前的边界。

当然，现在中国强大了，俄罗斯相对较弱，因此边境再次面临压力。中国以移民和开设公司的方式北上，以便开采利用其石油、天然气、木材和其他资源。地理注定要在俄罗斯和中国之间造成持续紧张关系，只是有时会被战术性需要或一时的反美联盟所掩盖。2009 年 7 月，俄罗斯总参谋长尼古拉·马卡罗夫（Nikolai Makarov）在一次报告中明确指出："北约和中国是我们最危险的地缘政治对手。"

其实，地理显示的恰恰是我们经常遗忘的东西：俄罗斯历史上正是驱动东亚权力斗争的重要力量。1904 – 1905 年日俄战争的大部分原因在于日本的煽动，他们要求俄罗斯承认中国的满洲自治（以及日本对韩国的自由干预权），对此俄罗斯表示反对。那场战争不仅使沙皇当局受挫，中国清政府更是遭受莫大的耻辱，因为这片饱经蹂躏的土地正是清廷皇祖列宗的故土。也就是说，俄罗斯虽然失败了，仍然保留着阿穆尔和乌苏里地区的控制权。这成了清廷的一块心病。

日俄战争中，俄罗斯失去了萨哈林岛（Sakhalin Island，即库页岛）

南半部和南满的一部分（根据地理逻辑，它无论如何也应属于中国），然而更为严重的是1917年俄国十月革命和随后的混乱，它真正撼动了俄罗斯对远东的控制。中国、日本和美国（一个名符其实的新兴远东力量）分段控制了西伯利亚大铁路，范围从贝加尔湖西部直到东方港口符拉迪沃斯托克（Vladivostok，即海参崴），后者在1918年至1922年间又随着日本八万大军进攻阿穆尔而被占领。

不久以后，列宁的红军镇压了“白”俄罗斯反革命内战的潮流，新生的苏维埃政权很快就有了足够的实力收回边疆的领土，特别是中亚沙漠地带的土耳其民族聚居地等极易受到西方攻击的地区。尽管布尔什维克公开宣称“世界上所有的工人阶级团结起来”，但在面对外围备受威胁这个陆权大国的“老问题”时，他们还是变成了现实主义者。

不管谁统治俄罗斯，都不得不面对其领土过于庞大平坦、与周边邻国缺乏自然分界这个令人头痛的事实。为了弥补这一天然缺陷，布尔什维克们摇身一变成了俄罗斯帝国主义者，比起他们的沙皇前辈有过之而无不及：他们将摩尔多瓦人、车臣人、格鲁吉亚人、阿塞拜疆人、土库曼人、乌兹别克人、哈萨克人、塔吉克人、吉尔吉斯人、布里亚特蒙古人、鞑靼人以及其他所有民族一概纳入囊中。

布尔什维克很容易把他们的征服合理化，他们向这些民族许以共产主义的幸福，就连俄罗斯人自己也成为了苏维埃加盟共和国之一。因为地理的原因，苏联有意识地向东迁都，从波罗的海之滨的圣彼得堡迁回莫斯科，恢复了亚洲国家的主要身份。毕竟，亚洲对于俄罗斯而言，总是处于核心地位的。自此，彼得大帝开创的从“西方的窗口”统治俄罗斯的半现代化制度，被克里姆林宫统治的国家取而代之，这里也曾是历史悠久的中世纪莫斯科公国的半亚洲基地。

苏联由俄罗斯、乌克兰、白俄罗斯三个联盟共和国以及11个自治共和国和州区等组成。因为许多地区划分没有与族群边界正相重合（例如，在乌兹别克斯坦有庞大的塔吉克少数民族群体，而塔吉克斯坦有更多的乌兹别克人），内战的迹象时时出现，迫使苏联逐渐演变为一座国家监狱。在 20 世纪，这个监狱一如继往地富有侵略性，甚至比以往任何时候都更有不安分的理由。1929 年，苏联动用步兵、骑兵、飞机攻击满洲的西部边缘，夺取了穿过中国领土的铁路控制权[①]。

1935 年，苏联提出在中国西部的新疆省设虚拟卫星站，并扶植蒙古成立蒙古人民共和国，与其结成同盟。1939 年，苏联又在欧洲与纳粹签署条约，允许苏联合并波兰东部、芬兰东部、比萨拉比亚（Bessarabia）和波罗的海三国立陶宛、拉脱维亚和爱沙尼亚。也就是说，在苏联的幌子下，俄罗斯帝国从欧洲中部延伸到了朝鲜半岛。

各种事件证明，苏联仍然不够安全，地理在这个问题上最有发言权。1941 年希特勒向东进犯，穿过苏联的欧洲平原部分，直逼莫斯科郊外，里海几乎触手可及，直到 1943 年初才被挡在斯大林格勒外面。战争结束后，苏联通过大举报复来宣泄几个世纪以来的不安全感，其规模让人回想起蒙古人对基辅罗斯的掠夺。纳粹德国和法西斯日本崩溃以后，苏联迅速地占领了整个欧洲的东半部，建立其共产主义卫星国系统，这些国家的忠诚度在大多数情况下靠苏联驻军保障；后又回师向西，跨越整个平原和第聂伯河、维斯瓦河和多瑙河。

当年面对广袤的苏联欧洲部分地区，希特勒的战争机器因后勤物流严重不足而陷入瘫痪，重蹈拿破仑一个世纪前的覆辙；现在，苏联东欧帝国已延伸到中欧的心脏深处，超过了 1613 年至 1917 年的罗曼诺夫帝国的范畴，以及纳粹与苏联协定互不侵犯的领土。另一方面，

① 即中东路事件，1929年张学良领导的东北政府以武力收回苏俄在中国东北铁路的特权，双方发生军事冲突。——译者注

苏联的亚洲部分也已扩张到日本北部的萨哈林和千岛群岛，毗邻俄罗斯远东地区。

日本的侵略造成了中国的混乱和疲弱状态。在毛泽东的共产党和蒋介石的国民党为国内权力而斗争时，苏联军队趁机在满洲大举进驻，一方面巩固亲苏的蒙古政权，一方面在朝鲜半岛北部建立对苏友好的共产主义政权。第二次世界大战后不到 5 年，朝鲜半岛遭遇海上强权美国介入，当时苏联作为大陆强权同刚刚确立了共产主义政权的中国一起支援朝鲜战争。作为第二次世界大战的结果，麦金德描述的心脏地带强权最终以苏维埃俄国的形式建立起来，而马汉和斯皮克曼的海上强权则以美国的形式存在，二者形成两极对峙局面。

苏维埃强权在心脏地带的扩张，使欧洲和中国的命运都受到了影响，而大中东和东南亚处于欧亚大陆边缘地带，因此感受到美国的海上和空中力量的压力。这是冷战的最终地理真相，但它被意识形态的对立掩盖了。

在地缘政治中迷失的俄罗斯

对于在二战后成长起来的几代人来说，冷战看起来似乎永无休止，但事后证明那仅仅是俄罗斯的一个历史阶段，并按照地理规律自然终结。20 世纪 80 年代，戈尔巴乔夫企图改革苏联共产主义制度，由此暴露出了系统的实际状态。这毕竟是一个由被臣服民族组成的僵化帝国，许多人仍居住在俄罗斯的森林和平原、草原、平地和山区的边缘。实际上，一旦戈尔巴乔夫本人宣布帝国赖以建立的思想戒律存在严重缺陷，整个系统就开始解体，边缘部分纷纷脱离中心，这与其 13 世纪中期基辅罗斯的失败、17 世纪早期中世纪莫斯科公国的结束、20 世纪初罗曼诺夫帝国的崩溃是一样的。

这就是历史学家菲利普·朗沃思强调俄罗斯历史的主要特征是“地势总体平坦，国家反复膨胀和崩溃”的原因。事实上，正如地理学家丹尼斯·肖解释的那样，开放的边疆以及由此带来的军事负担，“促进了俄罗斯国家集权”。沙皇的权力是传奇式的，但俄罗斯毕竟曾是弱国，沙皇无法在遥远的省份巩固行政机构，这使得俄罗斯更加容易遭受入侵。1991 年苏联正式解体，俄罗斯国土面积锐减，成为自叶卡捷琳娜女皇统治以来面积最小的时期。它甚至失去了乌克兰，那可是基辅罗斯最初的心脏腹地。但尽管失去了乌克兰和波罗的海国家，损失了高加索和中亚，尽管车臣、达吉斯坦和鞑靼斯坦在军事上具有不确定性，尽管蒙古成为独立的国家，摆脱了莫斯科的把控，俄罗斯的领土仍然是地球上最大的，超过任何其他国家，占据亚洲大陆 1/3 强，陆地边界仍然绵延横跨近一半的世界时区，从芬兰湾直到白令海。这个广阔而裸露的疆域，再也没有山脉和草原的屏障，不得不靠只有苏联一半多一点的人口去守卫。事实上，俄罗斯人口比孟加拉还要少，在整个西伯利亚和远东地区只有 2 700 万人。

和平时期的俄罗斯，在地理上从未如此脆弱，但俄罗斯领导人没有时间评估严峻的形势。苏联解体后不到一个月，俄罗斯外长科济列夫在俄罗斯政府公报（*Rossiyskaya Gazeta*）中说，“我们果断地认为，地缘政治正在取代意识形态”。爱丁堡大学名誉教授约翰·埃里克森（John Erickson）写道：“地缘政治在苏联时期一直被妖魔化了……现在它又带着复仇回来了，困扰苏联解体后的俄罗斯。”

地缘政治作为一门学科在俄罗斯获得平反，不再有人谴责地缘政治是军国主义的工具，麦金德和马汉等人都恢复了名誉。俄罗斯共产党领导人久加诺夫以“不折不扣的新麦金德风格”，宣布俄罗斯不得不恢复对“心脏地带的控制”。历史上的起伏跌宕和新的地理薄弱环节，迫使俄罗斯别无选择，只能成为一个修正主义的强权，以一些微妙或不那么微妙的形式收复附近的地盘，如白俄罗斯、乌克兰、摩尔多瓦、高加索和中亚地区，那里生活着 2 600 万俄裔人。20 世纪 90 年代失去的 10 年期间，俄罗斯经济在崩溃的边缘摇摇欲坠，国力虚弱并备受侮辱，但新一轮扩张正在孕育。

俄罗斯极端民族主义者弗拉基米尔·日里诺夫斯基（Vladimir Zhirinovsky）建议，南高加索以及土耳其、伊朗、阿富汗都必须置于俄罗斯的统治之下。日里诺夫斯基的极端主义并不为大多数俄罗斯人所认同，但他仍是俄罗斯思想的一个重要暗流。俄罗斯目前在欧亚大陆的弱势地位，使地理学成为 21 世纪之交俄罗斯的心病。

当然，苏联将永远不会重组，但某种松散的联盟形式仍然可以实现，并延伸到中东和印度次大陆的边界。重要的是，让它振臂一呼、应者云集的背后动力是什么呢？俄罗斯还能拿什么在道义上为下一波扩张辩护呢？布热津斯基在《大棋局》（*The Grand Chessboard*）一书中写道，20 世纪 90 年代，俄罗斯开始重提 19 世纪的欧亚主义学说，以此作为共产主义的替代物，把非俄罗斯民族的苏联人民吸引回来。

欧亚主义非常适合俄罗斯的历史和地理个性。俄罗斯从欧洲一路漫无边际地扩展到远东，两端都不稳固，它以任何国家都没用过的方式，集中体现了它的欧亚大陆国家特点。此外，**封闭的地理形势体现了 21 世纪的“空间危机”，消解了冷战地区问题专家之间的分歧，使其一致认同欧亚大陆是一个有机的整体大陆块，“欧亚大陆”这个概念在未来几年内对地理学家和地缘政治学家将更显重要**。但是，这并不意味着格鲁吉亚人、亚美尼亚人或乌兹别克人将立即把自己视为“欧亚人”，毕竟他们的民族身份承载着所有的历史和情感记忆，而且随着冷战权力集团的崩溃，这种身份有可能得到更丰富的发展。

中亚在很大程度上也是如此。比如说，俄罗斯人以及哈萨克人，即使能通过各种“欧亚联盟”(Eurasian Union)抑制他们的民族对手，欧亚主义也不会成为让他们视死如归的原因；似乎也不会出现某种让人毛骨悚然的东西，使乌克兰、摩尔多瓦、格鲁吉亚和其他民族迫不及待地争当欧亚人。但是，如果欧亚主义能够抑制差异，哪怕在苏联的一些地区能稍微求同存异，因此有助于稳定，那么又岂能因善小而不为呢?

但地理不能解释一切，也不能解决所有问题。它仅仅是一个不变的背景幕布，思想的交战可以在上面任意投射。即使地理是一种能够形成团结的力量，就像美国、英国，或印度、以色列那样，民主、自由和精神元素（如犹太复国主义的理想），才是这些国家普遍认同的基础。如果一个民族除了地理就再也没有别的可以团结的力量，正如前独裁者穆巴拉克统治下的埃及，或前执政党自民党统治下的日本，那么国家对于强权的不适将非常强烈。

得益于地理，这些国家也可能是稳定的，但若地理就是全部，那就只能听天由命。因此，厌倦了沙皇统治和共产主义的俄罗斯需要一个超越地理、提振民心的统一理想，这样才能成功地把苏联人民吸引回来。特别是在当今原本就略显稀薄的人口正在迅速减少的时候更应如此。

事实上，由于低出生率、高死亡率、高堕胎率和低移民率，到2050 年俄罗斯的 1.41 亿人口可能会下降到 1.11 亿。受到普遍环境恶化影响的水质和土壤污染，也正加速这一进程。与此同时，俄罗斯国内公开的伊斯兰社区正在增加，并可能在 10 年内达到该国人口 20%以上。即使他们主要集中在北高加索和伏尔加河沿岸的乌拉尔地区，以及莫斯科和圣彼得堡，但鉴于车臣妇女生育的孩子比她们的俄罗斯姐妹们要多 1/3，长此以往，毕竟会有地区分裂主义和城市恐怖主义的隐忧。所谓的欧亚主义和由此催生的独立国家联合体（CIS）赖以维系的是地理纽带，但可以肯定的是，如果仅仅以地理为出发点，俄罗斯帝国难获新生，甚至很难与基辅罗斯、中世纪莫斯科大公国、罗曼诺夫王朝以及苏联相提并论。

卡内基莫斯科中心主任迪米特里·特里宁（Dimitri Trenin）认为，在21世纪“吸引力胜过强制力”，因此“软实力应该成为俄罗斯外交政策的核心”。换句话说，一个真正脱胎换骨的俄罗斯将更有利于向整个欧亚大陆边缘投射其影响力。俄语是从波罗的海到中亚国家的通用语言，俄罗斯文化“从普希金到流行音乐”，仍然需求旺盛。在用知识振兴俄罗斯的过程中，俄语电视台应“成为俄语世界的‘半岛电视台’”。按照这种思维方式，自由民主将是可以让俄罗斯再次实现其心中“地理命运”的唯一道路。

这种理念与索尔仁尼琴1991年的言论不谋而合，他说：“现在到了该作出毫不妥协的抉择的时候了，要么谋求帝国统治，让自己继续成为受害者，要么实现人民的精神和身体救赎。”事实上，特里宁的分析也有地理方面的因素。他认为，俄罗斯应该更加重视远在欧洲和太平洋边缘的边疆，而不是仅仅重视欧亚心脏地带。一味强调与欧洲合作，将从心态上把俄罗斯往西推移。俄罗斯的人口地图显示，尽管境内地跨11个时区，但绝大多数俄罗斯人居住在毗邻欧洲的最西端。因此，将政治和经济改革与人口结构相结合，可以使俄罗斯成为一个地道的欧洲国家。

特里宁写道，就太平洋地区而言，“俄罗斯如果把符拉迪沃斯托克视为其21世纪的首都，那将再好不过了”。符拉迪沃斯托克是国际大都会海港，靠近北京、香港、首尔、上海、东京，这些大都市都云集在这个世界经济最有活力的地区。因为苏联把远东地区视为原料基地，而不是通往太平洋沿岸地区的门户，从20世纪70年代持续至今的东亚经济崛起与俄罗斯擦肩而过。特里宁说，俄罗斯正承受这种结果带来的痛苦，要弥补这种过失则需要时间。

如今，中国已越过俄罗斯，紧随着环太平洋边缘地区国家日本和韩国采用市场经济，现已成为欧亚大陆的巨大力量。北京给中亚提供了 100 亿美元贷款，帮助白俄罗斯进行货币互换，又给大陆另一端的摩尔多瓦 10 亿美元的援助，在俄罗斯远东地区开发一片有影响力的区域。对于俄罗斯来说，相应的策略将是在政治上向欧洲靠拢，在经济上向东亚靠拢。如此，俄罗斯或可解决高加索和中亚的问题，那里的人民渴望自由和较高的生活标准，就像欧亚大陆的西部和东部边缘人民业已获得的那样。

其实，俄罗斯在一个世纪前就有过迎接类似命运的机会。1917 年的脆弱时期，如果不是布尔什维克夺取政权，俄罗斯完全有可能演变成为 20 世纪的法国和德国，哪怕是个贫穷一点、腐败一点和更不稳定的版本，至少停泊在欧洲的范畴里，而不是成为后来斯大林式的庞然大物。毕竟旧制度下浓重的日耳曼式沙皇统治、说法语的贵族、资产阶级议会和以欧洲的圣彼得堡作为首都，总体上是面向西方的，虽然俄罗斯农民并非如此。**俄罗斯的地图在亚洲蔓延，而俄罗斯的人口地图，却心向欧洲。**

布尔什维克革命完全拒绝了这个准西化方向。同样，自 2000 年以来普京实行低限度的独裁统治，先当总统后当总理，并拒绝用西方民主和资本主义市场做“冷冻火鸡”试验[①]，主要是鉴于 20 世纪 90 年代苏联帝国崩溃之后，休克疗法带来的混乱差点吞噬了俄罗斯。普京和时任总统的梅德韦杰夫在最近几年都没有将俄罗斯推向欧洲和太平洋，也并未实施对苏联人民更有吸引力的改革，事实上，在贸易、投资、技术、基础设施、教育程度等诸多方面，普京治下的俄罗斯反而更显“乌云压顶”。

尽管普京严格说来是帝国主义者，但俄罗斯最新帝国毕竟建立

① cold turkey，意为突然放弃以前的习惯做法。——译者注

在巨大自然资源财富的基础之上，那正是欧洲外围和中国急切需要的东西，因此俄罗斯尚可借此获得利润并对其他地区施加影响。随着俄罗斯的恢复，普京和梅德韦杰夫并没有令人振奋的思想和任何形式的意识形态可以提供。实际上，他们所拥有的，上帝施与他们的，就是地理。

俄罗斯拥有世界上最大的天然气储量，第二大煤炭储量和第八大石油储量，其中大部分在西伯利亚西部，介于乌拉尔山脉和中西伯利亚高原之间。除此之外，西伯利亚东部的山脉、河流、湖泊蕴藏着庞大的水电储备，在许多国家（尤其是中国）面临水资源短缺困境时显得格外突出。在普京第一任总统任期的 7 年间，能源收入主要用于扩军，军事预算特别是空军翻了两番，自此俄罗斯军事预算一直水涨船高。如前所述，俄罗斯除了北冰洋和太平洋以外没有明确的地形边界，因此俄罗斯社会“深层次军事化”，并通过建立大陆帝国“无休止地谋求安全感”，这一切普京已通过他的能源哈里发提供了保障。普京没有选择开放俄罗斯、发挥其在整个苏联地区和欧亚大陆边缘相邻地区的软实力潜能，而是走上了新沙皇的扩张之路，幸好其国家拥有的丰富天然资源使他有资本这样做。

然而，普京没有完全放弃俄罗斯在地理上属于欧洲的维度。他对乌克兰的关注，背后还有更大的企图，那就是在海外周边重新打开势力范围，这进一步印证了他想把俄罗斯以非民主的条件锚定于欧洲的野心。乌克兰作为支点国，南部毗邻黑海，西部接前东欧卫星国，它若独立将使俄罗斯在很大程度上与欧洲绝缘。然而，乌克兰西部地区奉行希腊和罗马天主教，东部则为东正教；西乌克兰是乌克兰民族主义的温床，东部地区则主张与俄罗斯保持更加密切的关系。换句话说，乌克兰自身的宗教地理特点使该国具有中东欧之间的边疆作用。

布热津斯基写道，没有了乌克兰，俄罗斯虽仍然是一个帝国，但只能是一个“以亚洲型为主”的帝国，并将进一步卷入与高加索和中亚国家的冲突。一旦乌克兰重归俄罗斯统治，俄罗斯面向西方的人口结构就会再增加 4 600 万人，并同时对欧洲形成挑战和融合之势。根据布热津斯基的观点，下一步俄罗斯所觊觎的波兰将成为“地缘政治的新支点”，决定中欧、东欧和欧盟本身的命运。

俄罗斯和欧洲之间的斗争，尤其是和德、法之间的斗争，自拿破仑战争以来一直持续着，今后还将继续如此，波兰和罗马尼亚等国随时命悬一线。苏联帝国虽已解体，欧洲人仍然需要以乌克兰为主要通路进口俄罗斯的天然气。冷战的胜利在相关国内引起了巨大变化，但它无法改变地理事实。澳大利亚情报分析师保罗·迪布（Paul Dibb）认为，一个复兴的俄罗斯可能宁愿“考虑中断复兴，也要创造战略空间”。2008 年对格鲁吉亚的入侵，正表明俄罗斯不是一个维持现状的力量。

在俄罗斯的沉重压力下，乌克兰已同意延长俄罗斯黑海舰队基地租约，以此交换较低的天然气价格，克里姆林宫还试图将乌克兰的天然气管道网络置于其控制之下（毕竟，乌克兰还依赖俄罗斯的贸易）。然而，并非欧亚大陆的所有管道地理都对俄罗斯有利。中亚的管道向中国提供油气资源，阿塞拜疆的里海石油，通过管道横跨格鲁吉亚通往黑海，并通过土耳其进入地中海，完全避开了俄罗斯。此外，一个以里海为起点的天然气管道计划，打算横穿整个南高加索和土耳其，通过巴尔干半岛到达中欧，也避开了俄罗斯。不过与此同时，俄罗斯正在筹建从黑海到土耳其的海底天然气管道，以及向西输往保加利亚的黑海海底管道。土库曼斯坦远在里海之滨，通过俄罗斯出口天然气，因此即使有多元化的能源供应，欧洲特别是东欧和巴尔干地区仍将在很大程度上依赖俄罗斯。欧洲的未来，正如过去一样很大程度上依赖东方的发展。

俄罗斯手里还有其他筹码：位于立陶宛和波兰之间的波罗的海海

域的强大海军基地；高加索和中亚地区大量讲俄语的少数民族；亲俄罗斯的亚美尼亚人。此外，格鲁吉亚受到亲俄罗斯的分离省份阿布哈兹和南奥塞梯的威胁；在哈萨克斯坦的空军基地和导弹试验基地，在吉尔吉斯斯坦的空军基地，覆盖范围可达中国、阿富汗和印度次大陆；塔吉克斯坦也允许俄罗斯军队巡逻其与阿富汗的边界。2010年，正是俄罗斯精心策划的媒体宣传和经济压力，帮助驱逐吉尔吉斯斯坦总统巴基耶夫下台，并指控其引入美国的空军基地等罪行。

此外，俄罗斯必须在辽阔的南部边境，即从北高加索地区的车臣到紧邻中国的塔吉克斯坦的区域内应对伊斯兰教复兴，那里历史上曾是大波斯文化和语言势力范围的一部分。俄罗斯为了恢复失去的共和国和建立势力范围，肯定需要与伊朗交好，以使对方不与俄罗斯展开地域性竞争，不输出伊斯兰激进主义。由于根深蒂固的地理原因，俄罗斯只能为美国对伊朗政权的干涉活动提供微薄的帮助。

“北极熊”的中亚棋局

但拥有以上优势并不意味着历史会自我重复，在21世纪初扶起另一个新兴俄罗斯帝国。这一切都是中亚特殊的历史和地理情况在作梗。俄罗斯自19世纪初开始逐渐巩固在中亚地区的控制权，在该地区的贸易甚至扩展到了哈萨克草原上，当地无政府状态的统治地位始终高于部族长老。20世纪初，苏联把中亚广阔的草原和台地分拆成单独的国家，但与其自然民族边界并不相符。由于当时任何试图脱离苏联的举措都无法施行，使得种族间冲突不断。

苏联对泛波斯主义、泛土耳其主义、泛伊斯兰主义心存畏惧，族群的割裂因而成了一种灵丹妙药，这造成大量的非正常现象：锡尔河山谷起始于吉尔吉斯斯坦的乌兹别克人居住区，流经塔吉克斯坦，然后折回乌兹别克斯坦，注入哈萨克斯坦；连接乌兹别克斯坦首都塔什干与费尔干纳省的道路必须经过塔吉克斯坦；从塔吉克斯坦首都杜尚别到塔吉克民族地区苦盏和霍罗格必须穿过乌兹别克斯坦和吉尔吉斯斯坦；希姆肯特市靠近乌兹别克斯坦，居民主要是乌兹别克人，但被“附加”到哈萨克斯坦；以塔吉克人为主的城市撒马尔罕属于乌兹别克斯坦等。

在当时的中亚，苏维埃主义取代民族主义，成为一种控制和强权的技术。苏联解体后，该地区的俄罗斯族人已被边缘化，但一些地方仍对他们心存敌意；而泛土耳其主义和泛波斯主义则比较薄弱。伊朗自 16 世纪以来，一直是什叶派占主导地位，而塔吉克人和其他中亚波斯化穆斯林主要是逊尼派。至于土耳其人，则直到最近才以现代土耳其的形态寻求成为穆斯林世界的焦点。

听起来有点讽刺，虽然苏联加盟共和国各单一族群间缺乏完整的身份识别，居然也曾一度保持了中亚的适度稳定，只是偶尔在费尔干纳河谷等地出现动荡。中亚极端丰富、充满活力的天然资源，给其中一些国家提供了与莫斯科和北京讨价还价的底气（中亚天然气需要通过俄罗斯输送到欧洲市场，这是俄罗斯对欧洲的筹码，但俄罗斯的立场正因中国自己购买中亚油气而受到威胁。——作者注）。中亚的自然资源的确得天独厚。哈萨克斯坦的田吉兹油田储量，据探为阿拉斯加北坡的两倍；土库曼斯坦每年的天然气产量居世界第三位；吉尔吉斯斯坦是苏联最大的汞和锑生产基地，另有巨大的金、铂、钯、银储量。

丰富的自然资源以及对苏联占领的强烈不满，导致乌兹别克斯坦开放其通往阿富汗的铁路桥作为北约的通路，而没有征得俄罗斯同意；此外还面向土库曼斯坦提供多元化的能源路线，而非完全依靠俄罗斯；在工程建设方面，他们宁可寻求哈萨克斯坦或欧洲的帮助，以开发利用里海大陆架的石油储量，也不求助俄罗斯的工程师。

以上种种因素，使俄罗斯的势力范围难以维持，并在某种程度受制于全球能源价格波动，因为俄罗斯经济就像中亚一样，本质上是建立在自然资源基础上的。**如果俄罗斯新帝国成功建立，将可能只是昔日帝国的一个薄弱轮回，不仅受制于翅膀渐硬的中亚各国，也受制于中国在中亚影响的上升，印度和伊朗的限制也会给它造成一定影响。**中国在中亚投资超过250亿美元，并为横跨哈萨克斯坦的2 000英里高速公路买单。哈萨克斯坦的阿拉木图市和中国西部的乌鲁木齐市之间每日有航班往来，中国商品极大地填补了中亚市场的空缺。

哈萨克斯坦可能是俄罗斯在欧亚大陆财富的最终寄存器。作为一个欣欣向荣的中等收入国家，哈萨克斯坦地理面积相当于整个西欧，国内生产总值比所有其他中亚国家加起来都大。新首都阿斯塔纳位于由俄罗斯民族主导的北部地区，苏联解体后，头脑发热的俄罗斯民族主义者想吞并它。沿哈萨克斯坦北部有3 000英里范围与俄罗斯边境接壤，属于苏联的9个州8个在北部地区，人口近90%属非哈萨克人。阿斯塔纳的象征性建筑“生命之树”，由诺曼·福斯特爵士设计，象征着哈萨克斯坦保卫国家免受俄罗斯侵犯的决心。阿斯塔纳再造计划耗资100亿美元，它与南部地区以高速列车相连。

目前，哈萨克斯坦正在向真正的独立国家迈进，并充分行使自己的权利。它正在开发3个超巨型的“大象项目”，即石油、天然气和炼油业。里海海域有两大油田，主要由西方跨国公司投资，从里海到中国西部的新石油管道也将很快完成。此外，哈萨克斯坦即将成为世界上最大的铀生产国；它还拥有世界上第二大的铬、铅、锌储量，锰矿储量全球第三，铜储量全球第五，并拥有占世界前十位的煤、铁和金储量。

哈萨克斯坦，是麦金德真正的心脏地带！这里集中了世界上所有的自然战略资源，欧亚大陆中部的咽喉要道在这里相互重叠：地处西西伯利亚和中亚，向西 1 800 英里外有里海，东部伸展到蒙古；乌拉尔山在哈萨克斯坦的西北部，天山山麓则始于东南部。哈萨克斯坦属极端大陆性气候，阿斯塔纳冬季拂晓前的气温可至零下 40 摄氏度。麦金德认为，一些大国或超级大国必须控制心脏地带，但在我们这个时代，心脏地带在其原住民手中，俄罗斯和中国等大国争夺的只能是能源资源。俄罗斯若想影响哈萨克斯坦并以某种方式施压，哈萨克斯坦必然无法抵御，但若被逼到极致，他们可以随时转向中国；俄罗斯将会受到国际反对和外交孤立，等于自吞苦果。

2008 年，在格鲁吉亚这个只占哈萨克斯坦 1/40、人口只相当于对方 1/3、自然资源贫乏的国家，已经暴露了俄罗斯在大陆进行军事冒险的局限性。事实上，当吉尔吉斯斯坦在 2010 年向俄罗斯发出暗示性请求，希望俄罗斯军队干预制止其种族骚乱时，俄罗斯拒绝了。它害怕陷入一个多山的中亚国家，尤其是在哈萨克斯坦的边远地区。

俄罗斯在中亚军事行动中面临的另一个制约因素就是中国，他们在远东共享漫长的边界。俄罗斯与中国的交好将为上海合作组织注入活力，目的是联合欧亚国家（主要是权威体制国家），以抗衡美国的影响。俄罗斯和中国之间若心存敌意，对美国和欧洲在欧亚大陆的影响更大。因此，俄罗斯将约束别国在中亚的行为，坚决阻止任何国家企图以武力收回部分麦金德的心脏地带。

迪米特里·特里宁很可能是正确的，他认为俄罗斯唯一真正长远的希望，就在于其经济和政治开放，增强俄罗斯对哈萨克和其他苏联人民的吸引力。心脏地带已经随着苏联共产主义的崩溃和全球化的发展成为一个独立自主的力量，哈萨克斯坦比其他中亚国家的土地面积加起来还大一倍以上，就可作为明证。麦金德虽然担心世界横向分离出各种不同的阶级和意识形态，但我们相信，随着权力平衡和地方主义的发展，世界将垂直分裂为各种小团体和小国家，这才有助于保证自由。

（中世纪的莫斯科公国）

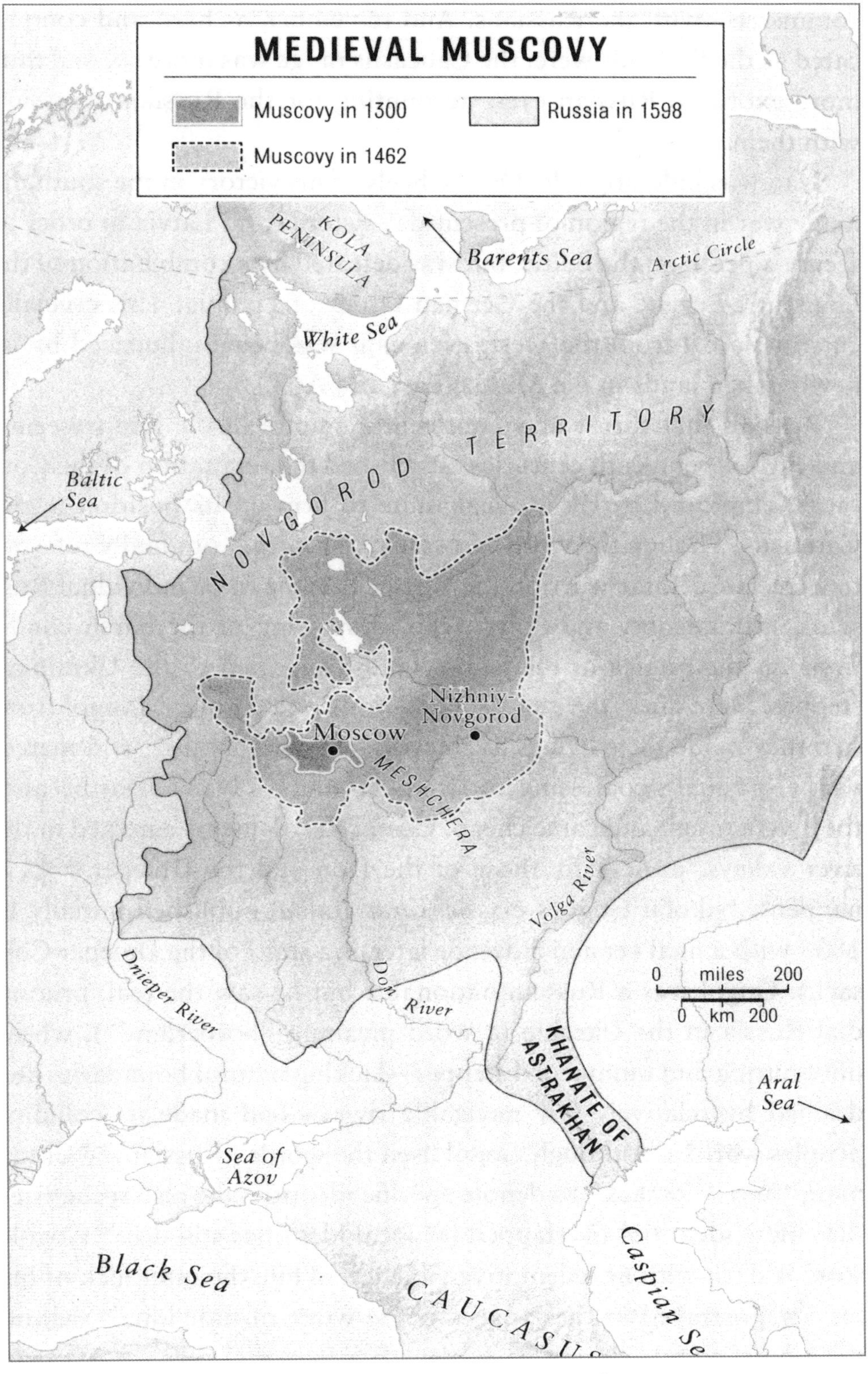

（上图地名中文对照见第 199 页）

图名：MEDIEVAL MUSCOVY　中世纪的莫斯科公国
Muscovy in 1300　1300 年的莫斯科公国
Russia in 1598　1598 年的俄罗斯
Muscovy in 1462　1462 年的莫斯科公国

① CAUCASUS 高加索
② Barents Sea 巴伦支海
Baltic Sea 波罗的海
White Sea 白海
Sea of Azov 亚速海
Black Sea 黑海
Aral Sea 阿拉伯海
Caspian Sea 里海
③ Arctic Circle 北极圈
④ Volga River 伏尔加河
Don River 顿河
Dnieper River 第聂伯河
⑤ Moscow 莫斯科
Nizhniy-Novgorod　下诺夫哥罗德
⑥ NOVGOROD TERRITORY　诺夫哥罗德地区
KOLA PENINSULA 科拉半岛
MESHCHERA 梅晓拉低地
KHANATE OF ASTRAKHAN　阿斯特拉罕汗国

THE REVENGE
OF GEOGRAPHY

第 11 章
巨龙崛起
中国实力的地理优势

中国作为一个辽阔的大陆国家，凭借其与亚洲内陆拉锯式交融，向着麦金德所说的心脏地带延伸，这是当今中国版图与成就的政治现实。

长城除了起到强化生态地理区别的作用之外，为何还能转化为政治上的分野？为何中国历史上没有形成东西罗马帝国分而自治的局面？

从远东到蒙古再到中亚，从东南亚到南海到东海和朝鲜半岛，作为传统大陆强国的中国，其地缘政治将面临哪些挑战？

中国在向中亚心脏地带施加影响，对大陆边缘地带的东南亚和东北亚有很大的发言权，而现在的西太平洋地区，已呈现出中国陆地权力与美国海上力量对阵的局面……

麦金德在著名的《历史的地理枢纽》一文结尾谈到中国时，发表了惊人之语。他先是阐明欧亚大陆内部为什么会形成世界地缘战略强国的支点，随后断言，中国人“可能构成威胁世界自由的黄色危险，原因正是他们能够为其大陆资源再增加海洋前沿据点，这种优势就连占据枢纽地区的俄罗斯人都无缘享有”。这个论断带有鲜明的时代特点，当时种族主义情绪甚嚣尘上，对任何非西方力量的崛起都报以敌视态度。

且抛开这些不管，先来看看麦金德的分析，他认为俄罗斯是一个大陆强国，其唯一的海洋前沿主要被北极冰封锁，而中国虽也是大陆强国，但其阴影区延伸到苏联所属中亚地区的战略中心，那里蕴藏着丰富的矿物和油气资源。中国有 9 000 英里长的海岸线和许多天然良港，其中大部分是不冻港口，此外还与 3 000 英里以外的太平洋主航道相连。麦金德于 1919 年在《民主的理想与现实》一书中写道，如果欧亚大陆与非洲连接，由此形成的“世界岛”相当于北美面积的 4 倍及其人口的 8 倍，中国作为欧亚大陆上最大的陆权国家，海岸线兼跨热带和温带，将因此占据全球最有利的位置。他在该书的结论中预言，中国将与美国和英国并驾齐驱，最终引导世界，为人类 1/4 的人口建设一种“既非纯粹东方的，也不是全盘西化”的新文明。

麦金德自始至终都是狂热的爱国主义分子，同时也是不折不扣的帝国主义分子，自然把大不列颠看得高人一等。然而，如果仅就地理优势和人口规模来说，他对中国的预测至少到目前为止都是精准无比的。

中国得天独厚的地理优势，看似太过明显，以至于我们向来只是大谈其经济活力和民族自信，却往往忽略了这一基本点。现在，到了通过中国历史的透镜来查看其地图的时间了。

虎虎生威的中国

俄罗斯位于北纬 50° 以北，中国位于它的南部，与美国处于大致相同的纬度范围内，四季变化分明，尽享由此带来的好处。东北主要城市哈尔滨位于北纬 45°，与缅因州相同；北京接近北纬 40°，和纽约一致；上海地处长江口，位于北纬 30°，与新奥尔良纬度相同；北回归线贯穿了中国的最南端，略低于佛罗里达群岛。

美国夹在两大洋和加拿大北极地区之间，唯一的威胁是南部墨西哥的非法偷渡幽灵，而中国的威胁几千年来主要来自欧亚草原地带（该地区也曾从相反方向威胁俄罗斯），集中位于北部和西北部。过去中原本土的汉人和满族、蒙古、匈奴等沙漠民族相互交融，已经形成了中国历史的核心主题。这也是中国早期王朝的都城往往建在渭河流域的原因之一，那里有足够的降雨量，适宜农业人口定居，也比较安全，不易受到北方高原游牧民族的侵扰。

美国地理环境的典型特征是排列整齐有序的森林、草原、沙漠、高山和海岸，密西西比河和密苏里河呈南北流向从中间贯穿而过；中国则疆域辽阔，渭水、汉水、黄河和长江从西向东奔流不息，从欧亚内陆严寒干燥的高地流向湿润的农业区域，直达太平洋海岸。这些农田耕地，也可分为华北地区生长季节较短的旱地（小麦和谷子的主产区），以及华南湿润高产的双季水稻秧田。公元 605 – 611 年间修建的大运河把黄河和长江连接起来，相对贫困的中国北方由此得到经济富庶、食有盈余的南方接济。

按照英国历史学家约翰·凯伊（John Keay）的说法，“大运河的作用，与北美第一条横贯大陆的铁路同样巨大”。大运河曾对中国的统一起到至关重要的作用。它缓解了唐宋北方征服南方所引发的矛盾，从此中原地区作为中国这一农业大国的核心地位得到巩固。在这里我们看到，像修建大运河这样的某种人类壮举比简单的地理事实更具历史意义。

中国华北和华南地区之间自古就存在严重分歧，南北朝曾持续两个世纪之久，要不是因为后来修建了大运河，这很可能已成为永久性的现实，就像东西罗马帝国一样。

但正如已故哈佛大学教授费正清所写的那样，“亚洲内陆高原的游牧生活方式与建立在集约式农业基础上的村舍定居之间有本质上的差别，相较而言，中国华南和华北之间的反差是不明显的”。所谓亚洲内陆，费正清是指某种比较全面的概念，包括“一条宽阔的大弧区，从东北通过内蒙古和新疆直达西藏”。

他接着说，中国的自我意识主要以文化差异为基础，也就是产生于沙漠地带和中原产粮区，即牧区与农村之间的差异。中国的民族地理正是这个“核心 - 边缘结构”的反映，核心是可耕种的“中央平原”（中原）或称“内陆中国”（内地），周边则为牧区“前沿”（边疆）或“中国以外”。

这也是中国修建长城的最终目的。政治学家贾库柏·格瑞吉尔写道，长城“起到了强化生态地理区别的作用，并转化成政治上的分野”。事实上，对于早期中国来说，农业就是文明本身，中央王国对周围游牧民族本就无所求；直到公元前 3 世纪东周王朝晚期起，以农业为基础的中国才开始吸纳蛮夷人和半蛮夷人作为成员。

从公元前 2 世纪的汉代起，中国开始接触到罗马、拜占庭、波斯和阿拉伯等其他文化，从而发展出相对区域化的空间感。今天的中国境内既有沙漠又有垦植区，规模不亚于一个大陆，这一事实反映了其长期持续、高潮迭起的历史进程，这也为中国力量的发展提供了地缘政治基础。

这种逐步扩大的过程始于渭水周围的“摇篮”区域，在 3 000 年前的西周时期那里最为繁荣昌盛，中国的经济增长从渭河和黄河下游河道向外扩散，后进一步南移到大米和茶叶的主产区，即现今中国的东南部直到越南北部。即便如此，政治权力仍然掌握在北方，以当今北京地区为中心。战国时代，秦国最终在七雄中胜出，据词源查考，英文里的中国（CHINA）即由此得名。

公元前 2 世纪，汉代取代秦朝。至此，中国疆域包括所有可耕种的腹地，从黄河和长江源头到太平洋海岸，从渤海经由朝鲜半岛直到南中国海。汉朝皇帝将外交和亲与军事突袭双管齐下，得以在匈奴各部之间建立封藩制度,大一统格局基本形成。中国的定居式农业文明，需不断努力建立能够抗衡三面外界力量的缓冲带，范围从满洲直到吐蕃，以抵御高地的游牧民族。这一历史僵局在结构上与俄罗斯类似，但是，俄罗斯人口稀薄，还要地跨 11 个时区，而中国从古代起人口分布相对密集，因此更具凝聚力。**由于对外威胁更少，中国逐渐发展成为不那么好战的社会形态，但历史上的中国朝代仍在世界上具有特别的影响力和威慑力**。

8 世纪的唐朝，军事实力威震八方，文学艺术繁荣昌盛。大唐军队穿过蒙古和青藏高原，在整个中亚建立自己的附属国，最远处到达伊朗东北部的呼罗珊，并进一步扩展丝绸之路。与此同时，唐朝皇帝在西北突厥回纥部帮助下挥师西南，展开与吐蕃的战争。与草原民族的周旋是一个长期的问题，而非毕其功于一役。事实上，军队只是构成唐代国家机器的工具之一。约翰·凯伊认为：“儒家学说形成于春秋战国时代，也是对那个时代的反映，是强大的文官控制军事的思想。”费正清也写道，“古代中国的辉煌，……是理性的和平主义”，正如儒家神话“德政”所代表的意义一样。根据历史学家的说法，正是这种和平主义造成历史的反复，即中国不断征战草原和高原地区，同时草原游牧民族又反过来侵略中国。公元 763 年吐蕃军队包抄了唐代都城长安，正是一个明显的例子。

更重要的是，金、辽、元三个朝代都是北方游牧民族的王朝，这代表中世纪亚洲内陆腹地对中原地区的军事进攻。这与宋、明两个本土朝代的失败有关，尽管他们也通过军事技术革新获得部分草原土地。至此，中原地带在与西藏、西域、蒙古至远东边疆的争斗中多以失败告终，俄罗斯也只是在 17 和 18 世纪被清王朝打退过（正是在此期间，今天由中国控制的多民族领土被“割让”，但也有例外：台湾就是在 1683 年被收复的。——作者注）。

总之，中国作为一个辽阔的大陆国家，凭借其与亚洲内陆前前后后的拉锯式交融，向着麦金德所谓的心脏地带延伸扩展，这是当今中国版图与成就的政治基础。随着情况的发展变化，占中国人口 90% 以上的主导民族汉族逐渐聚居于内地的可耕地上，他们是否能够永久与藏、维、蒙等众多少数民族和睦共处，是中国现在面临的问题。

中国目前正处于大陆强国的鼎盛时期。但是近代蒙受欧洲、俄罗斯和日本等列强侵略的创伤，对中国人来说仍记忆犹新。19 世纪，清朝沦为“东亚病夫”，中国失去了大片领土和藩属，英国将中国南部的尼泊尔和缅甸占为殖民地，法国占领了印度支那，日本将朝鲜占为其殖民地并强占了中国的台湾，俄罗斯侵占了当时中国黑龙江、乌苏里江流域的大片领土。19 世纪末和 20 世纪初，中国被迫签订了一系列治外法权协定，饱受屈辱，日本由此窃取了中国心脏地带的山东半岛和满洲，西方国家也分别控制了中国部分城市。这种支离破碎的局面，最终随着中华人民共和国的建立而宣告结束。

21 世纪第二个十年的中国领导人，虽然未必像毛泽东那样把形势看得极为严峻，但他们永远不会忘记中国的历史。现在的中国领土包括东北、内蒙古、新疆、西藏（也就是其核心地带周边所有高原和草原），中国领导人在经济和外交战略中展示的“中国”观念，其范围甚至超越了 8 世纪的大唐和 18 世纪的大清盛世。中国拥有世界上最有活力的经济与巨大的人口规模，与俄罗斯不同的是，它通过商务而非强权来扩大其影响。

中国的大陆强国之路

根据地图所示，中国走向全球性强国的道路并非一帆风顺，虽然过去 30 年中国年国内生产总值保持在 10% 以上的增长率，这一增长率肯定不可能永远维持下去。但是，中国即使在混乱时期，仍将屹立在地缘政治的中心。中国以西式现代性与东方水利文明相结合的方式对麦金德的预言作出了回应，也就是充分利用中央控制的政权，动辄用数以百万计的劳动力建设伟大的水利工程。中国历来政令如山，雷厉风行，而西式民主国家总是欲行又止，在这一点上是不能与之匹敌的。

然而，强国的建立往往不是刻意追求的结果。以美国经验为例，从内战结束至 1898 年美西战争之间的那几位总统现在已经很少被提起了（如拉瑟福德·B. 海斯、詹姆斯·加菲尔德、切斯特·艾伦·阿瑟、本杰明·哈里森等)，但在他们领导下，美国经济一直悄无声息地保持很高的年增长率；其后，随着美国与外界贸易交往增多，它开始动用海军和海军陆战队在南美洲和太平洋地区海域登陆，从而第一次在美国本土之外获得经济和战略利益。尽管当时美国存在各种社会弊病，但这些弊病都是这种活力的副产品。此外，自 1890 年对印第安人的战争之后，美国已巩固了内部大陆，这也使得美国有精力集中对外。

中国也正在巩固其陆地边界，并开始将目光转向国外。与美国处理国际事务的方法不同，中国不搞武装传教士那一套。它没有要传播的意识形态，也不想把自己的政治系统扩展到其他地方；在国际政治中推动道德进步是美国打出的目标，中国人不玩这个。但它也的确有非打破现状不可的理由：养活占世界总人口大约 1/5 的国民，并保持生活水平不断提高，这需要大量能源、金属和战略矿产资源。事实上，正如费正清指出的那样，中国要以 7% 的耕地养活占 23% 的世界人口，“相当于每平方英里的可耕地养活约 2 000 人”。而且，它还要实现其“小康社会”的目标，也就是让大多数人口过上富足的生活。

为了完成这个任务，中国与邻近地区和资源丰富的遥远地区建立政治关系，以获取其经济发展和增长所需的优势。从这一点来说，中国算得上是一个超级现实主义的大国。它在整个非洲撒哈拉以南地区悄然无息地发展势力，那里盛产石油和矿产；还将整个南中国海到毗邻的印度洋打通，确保港口准入，把油气能源丰富的阿拉伯和波斯世界与中国沿海地区连接起来。由于在此问题上别无选择，因此北京较少关心与其接触国家的政权类型；它需要稳定，而不是西方设定的判定标准。

与中国有经贸关系的一些政权，如缅甸、哈萨克斯坦、伊朗、苏丹和津巴布韦，要么被人为抹黑，要么被视为专制，或兼而有之。而且，中国在全球寻找资源，与美国的传教士角色发生冲突，也与印度和俄罗斯等国家发生冲突：中国正在渐渐误入其他大国的势力范围。然而，我们经常忽视一个事实：这些国家，以及东南亚、中亚、中东的其他国家，本来就在中国过去某个王朝的势力范围内；就连苏丹，也离 15 世纪初明朝将军郑和访问过的红海地区不远。

中国并未构成现实存在的问题，它和美国之间发生战争的可能性微乎其微。来自中国的军事威胁，即使有也是间接的。中国提出的最基本层面的挑战是地理，其他如债务、贸易和气候变化问题也很关键。它在欧亚大陆和非洲地区，即麦金德所谓“世界岛”的新影响在增长，但其性质远不是 19 世纪的帝国主义，而是以更微妙的方式更好地适应全球化时代。

中国只需确保其经济发展的需要，就可以改变东半球的力量平衡，这将引起美国的极大关注。北京凭借在地图上的有利位置以及在地缘政治上的优势，其影响力正从中亚向俄罗斯远东地区，从南中国海到印度洋逐渐发展。正如拿破仑的名言所说，“某些国家的政策扎根于地理”，中国正是这样一个迅速崛起的大陆力量。

中国面临的地缘政治挑战

尽管中国在中亚、东亚地图上的位置有巨大优势，但在其他方面，21 世纪的中国是不完整的，而且充满潜在危险。北有蒙古（地理上的“蒙古”）的例子：这个巨大领土板块的南、西、东部与中国接壤，看起来就像把中国咬掉一口一样。

蒙古是世界上人口密度最低的国家之一，面临欧亚大陆最新历史大迁移和中国城市文明北移的威胁。在中国内蒙古地区已经由汉族居民占主导的情况下，蒙古担心他们未来也会面临同样的情况。蒙古有着丰富的石油、煤炭、铀和其他战略性矿物，以及空旷肥美的草场，那里还曾为清朝所拥有。因此，与蒙古的关系于中国而言具备战略性意义，从其积极打通到蒙古的道路，可以看出端倪。

中国作为最大的发展中国家，正积极地推进工业化和城市化，不可避免地成为了世界领先的铝消费国，对铜、煤、铅、镍、锌、锡、铁等矿物的需求也在日益增加。20 世纪 90 年代后期以来，中国在世界金属消费量中所占的份额已经从 10% 上升到 25%。

蒙古以北和中国东北三省以北是俄罗斯远东地区，在贝加尔湖和符拉迪沃斯托克之间是绵延无边的桦树林。这片浩瀚沉寂的土地相当于欧洲的两倍大小，却只有 670 万的稀薄人口，还在进一步下降到 450 万人。俄罗斯是在 19 世纪末 20 世纪初扩展到这一地区的，当时帝国主义盛极一时，而大清正处于羸弱时期；但俄罗斯对任何地区的统治，都不像对东部的三个地区那么力不从心，尤其是它接近中国的这一部分。

在俄罗斯边境另一边的中国东北，生活着 1 亿中国人，人口密度是西伯利亚东部的 62 倍还多，因此已有许多中国移民跨越了这条边界。西伯利亚城市赤塔（Chita）的华裔人口规模就已十分庞大，并且还在不断增长。获取资源是中国外交政策的主要目标之一，俄罗斯远东人烟稀少，天然气、石油、木材、钻石和黄金储量巨大。

《每日电讯报》（*Daily Telegraph*）记者戴维·布莱尔写道："俄罗斯和中国有可能结成战术联盟，但它们之间在远东地区仍很紧张……莫斯科担心中国移民大量迁入这一地区，随即在此地兴建木材和矿业公司。"这个问题已在别的毗邻国家出现过。例如在蒙古，虽然并不存在军事侵略或吞并的问题，但中国的人口和企业显然已悄然控制了大部分曾在明、清两朝属于中国的地区。

冷战期间，苏联和中国之间的边界纠纷曾引发军事冲突，1969 年，苏联军队第 53 师部署在漠河和乌苏里江俄方占领一侧，中国则在毛泽东领导下作出强硬回应，在中国边境一侧部署百万大军，并在各大城市建设防空洞。为了减轻苏联西侧压力以集中对付远东，时任苏联领导人的勃列日涅夫提出与美国缓和政策。中国四面受敌，除了与苏联直接对垒外，还受到苏联的卫星国蒙古及亲苏的越南、老挝和印度的威胁。紧张的局势导致中苏分裂，尼克松政府因此抓住时机，在 1971 – 1972 年采取向中国开放的政策。

现在，俄罗斯和中国可能因地缘政治分歧再次陷入冲突吗？他们目前的联盟，主要是一种战术。美国可以像过去那样坐收渔人之利吗？这一次，因为中国拥有更强大的力量，美国可能会与俄罗斯结成战略联盟，对其形成牵制，迫使其注意力从目前的太平洋第一岛链转向陆地边界安全。事实上，为了阻碍中国海军的发展，美国必须从中亚基地向其施加压力,特别是与俄罗斯保持友好关系。从陆地上施压，可以帮助美国阻挠中国在海上的力量。

其实本可以有另一种更为乐观的情况，也更有利于中国东北三省以及俄罗斯远东地区。这个版本可回溯到 1917 年前，中国贸易和人口在阿穆尔和乌苏里江流域融合发展，促进俄罗斯远东地区的经济复兴，如果莫斯科当时有更开明的政府接受这一情况，就会借此促进符拉迪沃斯托克港口发展成为东北亚地区的全球枢纽。进一步推动该方案，我几乎可以断定，朝鲜也会出现更温和的政府，有利于以日本海为中心，形成一个开放边界、充满活力的东北亚地区。

中国与中亚地区苏联加盟共和国的边界，不像任意划定的那么不完整，因此在一定程度上是一种“非历史”边界。中国虽已延伸到欧亚大陆的心脏地带，但延伸得还远远不够。

中国最西部的省份新疆，直译为“新的疆域”，为多个民族共同的居住地，由于戈壁沙漠的阻隔，离中国的人口腹地更显偏远。18

世纪中叶，大清乾隆皇帝征服了叛乱，统一了巨大的西部领土，与俄罗斯划定了“稳定的西部边境”，因此中国疆域规模翻了一番。英国外交官和游记作家菲茨罗伊·麦克伦爵士（Fitzroy Maclean）写道，此后，这个地区的历史充满曲折。到 20 世纪 40 年代为止，不断有反叛和短暂的地方割据；1949 年，毛泽东的共产主义力量进疆，它与中国其他地区才强有力地结合起来。维吾尔族人约有 800 万人，不到中国人口的 1%，但他们占新疆的 45%，这是中国面积最大的省区，相当于得克萨斯州面积的两倍。

事实上，中国的人口大量集中于靠近太平洋沿岸的河流低地以及中心冲积河谷，广大西部和西南部干燥的高原则普遍比较空旷。远古时代，中国作为文明的概念一出现，就有意识地沿大江大河发展，河流对于中国的作用正如道路对于古罗马一样重要。在这个中国文明的壁画上，阡陌纵横交错，“无数的河流、运河和灌溉水渠，繁华的市场，花园和稻田，季节性洪水……带回耕作需要的肥沃土壤”。中国可能是世界上最巨大的淡水库，但到 2030 年预计供水量相对于水需求而言将会短缺 25%。由于西部和西南部的土壤下面还储藏着数十亿吨的石油、天然气、铜，为了确保这些地区的安全，中国几十年来从全国人口中心地带迁移了为数众多的汉族居民来作为填充。

中国与俄罗斯在西伯利亚东部有分歧，同样也会在中亚展开激烈竞争。中国和苏联统治区内中亚各国的贸易额已经从 1992 年的 5.27 亿美元上升到 2009 年的 25.9 亿美元。主要的贸易方式是通过两大油气管道进行的，一条从里海海域横跨哈萨克斯坦运送石油到新疆，另一条运送天然气，从土库曼斯坦穿过乌兹别克斯坦边境和哈萨克斯坦到达新疆。这再次证明，随着中国向麦金德的欧亚大陆腹地延伸，能源的需求将永不满足。

在所有这一切活动中，中国并不避讳风险，它想尽办法开采世界上最后一部分未开发的铜、铁、金、铀和宝石矿藏。现在，中国已经在喀布尔以南进行铜的开采，其目的是把阿富汗和巴基斯坦作为安全通路和能源管道，把天然资源通过印度洋港口转运过来。中国一直是“异常活跃”的道路建设者，目前正计划连接新疆与吉尔吉斯斯坦、塔吉克斯坦和阿富汗。在阿富汗，一家名为“中铁十四局集团”的国营铁路公司在瓦尔达克省承揽公路建设工程。中国正从几个方向改善通往阿富汗的铁路基础设施，在美国出兵击败基地组织和塔利班时，中国正忙着提高其地缘政治地位。确实，军事部署是暂时的，公路、铁路干线、管线则几乎是永久性的。

正像新疆塔克拉玛干沙漠一样，青藏高原山区的铜和铁矿石含量占中国境内的很大一部分，因此中国对这些自治区分外重视。如果没有西藏，将大大减少中国的面积，同时也相当于扩大印度次大陆面积，这是中国加快青藏道路和铁路项目步伐的一大原因。

如果说巴基斯坦境内有中国修建的道路和印度洋港口项目，因此可能作为未来大中国区的一员，而缅甸等相对弱小的东南亚国家也是如此的话，那么拥有十多亿人口的印度，将是插入中国势力范围的一根生硬的地理楔刺。布热津斯基《大棋局》中的大中国地图，生动地说明了这一点。事实上，印度和中国都拥有巨大的人口数量，文化传统丰富多彩，广受尊重又各有特点；尽管贸易关系可以互补，但地理上的接近和一触即发的边界争端，仍使两国注定要在一定程度上成为竞争对手。

当然，有人可能会争辩说，这些动荡的边界会制约中国力量，因此地理自身就可以成为阻碍中国发展的一大因素。但是，鉴于中国近几十年来经济的高速发展，以及持续经济增长的合理前景预期，即使有少数严重的颠簸，在可预见的将来，中国的许多陆地边界仍将发挥巨大的作用。中国用它自己的方式开发了这些人口较少地区的活力。

也有人认为，中国边境上有一些不稳定国家存在，比如阿富汗和巴基斯坦，对北京来说是危险因素。那些国家的边境线我去过，他们处在海拔极高的偏远地区，人迹罕至；中国边境一侧几乎没有任何人活动，因此巴基斯坦可以完全放开。

过去，中国在东南亚地区有着重要影响，东南亚国家是相对较弱的国家，这里的地理版图历来是不完整的。公元后第一个千年内，中国统治过越南；到 13 世纪末期，中国元朝也曾将缅甸、泰国和越南收归麾下。

中国移民到泰国的历史可以追溯到许多世纪以前。正如美国著名汉学家欧文·拉铁摩尔（Owen Lattimore，1900 – 1989）所说，中国西南地区没有长城，不仅因为那里山峰崎岖，森林茂密，中缅之间山壑陡峭，还因为中国在这个地区扩大边境比北方更容易。没有什么自然屏障能把中国与缅甸、泰国、老挝和越南交界处分离开来。中国云南的省会昆明完全可以成为湄公河繁荣圈的中心，通过公路和河流连接印度支那半岛的所有国家，那里的水坝将提供电力供圈内所有国家消费。这里好比世界人口的驾驶舱，因为东南亚地区有 5.68 亿人，中国 13 亿人，印度次大陆 1.5 亿人，都扎堆聚集在这里。

缅甸是东南亚首屈一指的国家，也处于大国争夺的最前沿，它在该地区规模最大，土地面积最广阔。和蒙古、俄罗斯远东地区以及中国边界上其他领土一样，缅甸是一个弱国，但蕴藏着丰富的金属、石油、天然气和其他自然资源，这些都是中国迫切需要的。从缅甸的印度洋海岸到中国云南省，距离不足 500 英里，中国和印度竞相争取在此地发展的机会。

泰国以前本是个强大的国家，然而现在它越来越无法发挥其地区锚的作用了。泰国政治面临深刻的结构性问题，体弱多病的国王与王室难以成为一支稳定的力量，泰国军方忙于派系斗争，公民从思想上分裂成城市中产阶级和崭露头角的农村阶级两部分。中国利用其洪水般的资金优势发展与泰国等东南亚国家的双边军事关系，而美国的精力已转移到中东战争，因此对这一区域不甚重视。在东南亚更远的地方，马来西亚和新加坡正经历民主过渡的自我挑战，他们的两位老牌强势领导人马哈蒂尔·穆罕默德和李光耀相继从舞台上退去。由于马来族人均是穆斯林，伊斯兰教在马来西亚种族化，导致马来人、华人、印度人社区之间分化明显。伊斯兰化的蔓延也在过去 20 年间导致 7 万华人离开马来西亚，国家经济严重下滑，不得不大量依靠中国进口。

新加坡则用行动清楚地表明了对中国无声的担心。这个城邦国家的战略地位极为重要，位置接近于马六甲海峡的最窄处。新加坡的主体民族是华人，与马来族分占 77% 和 14%。最近退休的部长内阁资政李光耀，曾公开敦促美国在该地区保持军事和外交存在。新加坡能在多大程度上保持其独立地位，就像蒙古的发展一样，将对北京的区域影响力起到一定的平衡作用。

而印度尼西亚则是在夹缝中求生存，既需要美国的海军力量存在以对抗中国，又担心看起来太像美国的盟友，会在伊斯兰世界激起愤怒。

最近中国与东南亚国家联盟即东盟（ASEAN）正式成立自由贸易区，这表明中国与南部邻国之间正在发展一种新型贸易关系。中国采取分而治之的策略，每个东盟国家分别与中国谈判，而不是作为整体交往。中国城市劳动力相对便宜，东盟国家成为其生产的工业产品的销售地，这导致中国的贸易顺差。事实上，在 21 世纪第一个 10 年，中国与东盟之间的贸易差距扩大了 5 倍。

看看最近的历史记录：1998 年至 2001 年，马来西亚和印度尼西亚出口到中国的商品“增长近 1 倍”，2003 年至 2004 年，菲律宾对中国的出口也是这样。从 2002 年至 2003 年，东盟国家对中国的出口总共增长 51.7%，到了 2004 年，“中国已经成为该地区领先的贸易伙伴，超过了美国”。然而，中国也在东南亚的发展过程中起到了现代化发动机的作用，对于这些国家来说也是有益的。

在这种情况下最复杂的因素是越南的立场。这个国家历史上曾与中国为敌，拥有一支庞大的军队和海军基地，战略地理位置优越，与印度和日本都是中国潜在的缓冲国。不过，即使越南对于这个巨大的北方邻居心存恐惧，也只能别无选择地与其朝夕相处。中国仍然处于扩大影响力的早期阶段，因为它只是刚刚掌握周边部分区域，未来几十年形势发展的脉络，将决定中国实现这一目标的方式。

即使政治边界不变，蒙古、俄罗斯远东地区、中亚以及东南亚都一直是中国的影响力扩张范围，这是由自然条件决定的。朝鲜对东亚局势有着重要影响，它的开放，可能会影响到整个地区几十年后的命运。朝鲜半岛是东北三省的天然地理附属物，控制着中国东北地区所有的海上交通线，更特别的是，渤海紧裹在其腋下，那里有中国最大的海上石油储备。

朝鲜接近俄罗斯并有通向太平洋的额外出海口。在那里，中国、朝鲜和俄罗斯远东利益交汇，有很多太平洋沿岸良港面向日本。中国的目标，必然是将朝鲜建成一个更现代、权威、戈尔巴乔夫式的缓冲带，以隔开更活跃的、中产阶级民主的韩国。

但是，就连中国也不能完全预计朝鲜的事态发展。在过去几十年里，其他分裂国家如越南、德国、也门，统一的力量最终都取得了胜利。但是，没有一次统一是在深思熟虑下取得的。相反，它往往一蹴而就，并不尊重所有主权的利益。一个统一的朝鲜半岛，最有可能是在首尔的控制之下复兴的，而中国则是韩国最大的贸易伙伴。这个民族主义国家对于比其更强大的邻国一直抱有敌对情绪的暗流，特别是中国和日本这两个历史上曾试图控制或占领它的强国。

当然，韩国对日本抱有很大的戒心，日本从 1910 年到 1945 年间占领了朝鲜半岛。首尔和东京之间围绕独岛问题纠纷不断，韩国称那片海域为东海，日本则称之为日本海。同时，中国经济的拉动作用比日本强。统一的朝鲜半岛将略向中国倾斜而与日本疏离，美军将在此无用武之地，并转而增加在日本的军事基地建设。换句话说，韩国的未来很可能属于大中华圈，这甚至会影响并减少美国在东北亚地区的地面驻军存在。综上所述，**中国在向麦金德所谓的中亚心脏地带进取的同时，也可能对斯皮克曼所谓的大陆边缘地带施加重要影响**。其中包括东南亚和朝鲜半岛。

中国的陆地边界，蕴含的机遇肯定大于危险。这使我想起美国著名国际关系学者约翰·J. 米尔斯海默（John J. Mearsheimer）在《大国政治的悲剧》（*The Tragedy of Great Power Politics*）一书中的评论，“在国际体系中，最危险的国家是拥有大规模军队的大陆强国”。然而，中国只是部分符合这样的描述。

诚然，中国是一个以自己的方式扩大影响力的陆权大国，人民解放军陆军人数约 160 万人，是世界上最多的；不过，如前所述，除了印度次大陆和朝鲜半岛之外，中国只不过是在填补真空，而非加剧竞争状态。2008 年和 2009 年的情况也表明，中国陆军未来几年还不具备远征能力。当时，解放军不得不参与四川地震应急响应、应对某些边境地区的安全，以及北京奥运会的安保挑战。据海军分析中心的亚伯拉罕·丹麦（Abraham Denmark）称，中国所谓“跨区机动演习”，体现的是中国解放军将部队从大陆一端移动到另一端的能力，而不是运输所需物资和重型设备的能力。

当然，中国拥有优越的条件，可以填补其广阔的前沿权力真空，不需动用真正的远征地面力量作后备，这表明中国在陆地上的安全感，可能是过去几十年甚至几个世纪以来从未有过的。

中国外交官们近年来一直忙于解决与中亚各共和国和其他邻国

遗留的边界争端（印度是一个引人注目的例外）。虽然这些协定对中国来说未必有利，北京这种全面性的做法却是一个强有力的战略风向标。中国已与俄罗斯、哈萨克斯坦、吉尔吉斯斯坦和塔吉克斯坦签署军事合作协议。

学者贾库柏·格瑞吉尔写道：“中国的陆地边界稳定，可能是过去几十年来亚洲最重要的地缘政治变化之一。”冷战期间因有苏联大军压境，毛泽东将国防预算集中用于陆军，并有针对性地忽略了海军，这其中蕴含的意义不言自明。自古以来，中国一直专注于各种陆地的入侵。中国长城始建于公元前 3 世纪，本意是为了防卫匈奴人的侵犯；15 世纪北方的蒙古人大举入侵，迫使明朝中断其在印度洋的远航。与此相关的是，当前中国陆地边界的有利形势使中国可以腾出手来，建设强大的海军，重新把太平洋乃至印度洋纳入其地缘政治的一部分。

其实，大大小小的沿海国家和岛屿国家都追求扩大海上力量，并视其为理所当然，而像中国这样大陆性的和历史上孤立的国家这样做，却不失为一种奢侈。过去，中国人在肥沃的河谷中生活得很安全，不像古代斯堪的纳维亚人那样，不堪忍受寒冷和贫瘠的土地带来的贫困，被迫走向大海。太平洋对中国人几无所予，在许多方面甚至可以说是一条无处可走之路，相比之下，地中海和爱琴海海域的人口集中居住在一些封闭海域的岛屿上，对于海洋的依赖则要大得多。

19 世纪初，德国哲学家弗里德里希·黑格尔说过：“中国人不像欧洲人，他们缺乏海上探险的胆量，将自己绑定在平原的农耕地上，年复一年地安然劳作。”直到 13 世纪，他们才知道自己的台湾岛有个洋名叫 Formosa，直到 17 世纪后才大规模迁居，此时葡萄牙和荷兰商人已在岛上建立了贸易客栈。因此，中国人以固有的方式，不慌不忙地走向海洋，他们更喜欢在亚洲的心脏地带赢得有利地位。

台湾——永不沉没的航空母舰

目前在东亚地区，以中国为代表的陆权与以美国为代表的海权相互对峙。几十年来，中国专注于在陆地上发展，而美国由于在越南的错误冒险的教训，没有余力对亚洲陆权予以关注，经历伊拉克和阿富汗的考验之后更是如此。中国正处于陆权和海权并重的早期阶段，这是该地区的最大变化。

在地理方面，中国享有沿海的条件，也享受着内陆淡水资源的福祉。中国控制着地跨东太平洋温带和热带地区的亚洲海岸线，其南部边境接近印度洋，并在未来几年考虑铺设道路和能源管道与之连接。中国在陆地边界总体上处于比较有利的位置，但却面临着一个充满敌意的海上环境。在所谓的第一岛链（First Island Chain）放眼望去，到处是麻烦和挫折，从北向南，包括朝鲜半岛、日本、琉球群岛、台湾群岛、菲律宾、印度尼西亚和澳大利亚。所有这些地方，除澳大利亚以外，均是潜在的热点。

未来的战争可能出现在哪些地方呢？有可能是朝鲜半岛变局或南北方之间的战争，或是美国卷入台海对抗，甚至还有海盗或恐怖主义，可以想象，这些都会阻碍中国舰队访问马六甲海峡和印度尼西亚其他海峡；也有可能是在东部和南部中国海域，围绕海底丰富的能源与其他国家陷入领土领海争端。

从太平洋以外查看这条第一岛链，俨然是一条“反向的长城”。用海军战争学院教授詹姆斯·福尔摩斯和吉原俊井的话说，这是美国及其盟国精心组织的一条围堵线，从日本伸展到澳大利亚，相当于阻挠中国获得更大海洋空间的监视塔。在这条线中，中国海军犹如笼中困鸟，这简直让人心惊胆寒。

然而，中国对于海上事务的解决方案一直特别积极，这可能有点令人吃惊。因为在许多情况下，海权都会比陆权显得更为和善，因此它被认为对所谓自由没有威胁。海军除了打仗以外，还有贸易保护等多种用途，因此国际社会普遍认为海权适合那些对陆上战争的伤亡不可容忍的国家。

中国如果计划在21世纪主要通过海军体现硬实力，也应该以和平的方式，正如意大利、英国、美国以及其他海洋国家和帝国在历史上所做的那样，也就是说，应将贸易的自由流动和维护和平的海洋体系作为关注重点。

北京对海上事务的处理仍然本着领土的角度，像一个不安全的大陆国家那样，试图以斯皮克曼提出的同心圆方式扩大势力。它所用的术语，如“第一岛链”和“第二岛链”，本来也是大陆领土概念，由此可见，海洋被视为中国陆地面积以群岛形式的延伸。

中国正在发展不对称技术，以及反侵入的防守能力，旨在不让美国海军轻易进入东海和其他海域。分析家们在这件事上有分歧。波士顿学院的罗伯特·S. 罗斯（Robert S. Ross）认为，“中国在具备态势感知能力和能与美国相抗衡的反侦察技术之前，在反介入操作方面能力有限”。

战略与预算评估中心的安德鲁·克雷皮内维奇（Andrew F. Krepinevich）则认为，虽然中国可能会暂时遇到技术上的困难，但它无疑正在朝着使东亚“芬兰化”[①] 的方向发展。因此，虽然它拥有现代化的驱逐舰编队，并有计划造一两艘航母，但并不会把全部力量用于购买一个海上平台。目前，中国已建造了四艘装载弹道导弹的核潜艇，全部配有新型核武器和常规动力的打击能力。

据原美国海军副部长塞思·克罗普西（Seth Cropsey）称，在可

① Finlandization，指的是一个弱小的国家近乎无底线地听命于强大的邻国的政策决定，基本上属贬意词汇。类似冷战时芬兰和苏联两国之间的关系，第二次世界大战之前丹麦对纳粹德国也是如此。——译者注

预见的未来，中国将能派出超过美国海军的潜艇部队。据他推算，中国海军计划使用超视距雷达、卫星、海床声纳网络，并将网络战应用于带有机动再入运载工具的反舰弹道导弹，这一新型武器将随着潜艇舰队的蓬勃发展，成为阻止美国海军进入西太平洋大部分海域的有力手段。至于中国正改善扫雷战能力，收购俄罗斯苏 27 和苏 30 第四代喷气式战斗机以及 1 500 枚俄罗斯地对空导弹，并将其部署在中国沿海，都可暂且不提。此外中国还将地下光纤系统引入中国西部纵深超出海军导弹射程之外的地区，一方面加强那里的防御能力，一方面全力以赴地发展进攻性战略，旨在打击美国财富和权力至高无上的标志：航空母舰。尽管美国已停止生产 F-22，中国却仍将在 2018 年至 2020 年间装备第五代战斗机。

中国的武器装备计划大大改变了西太平洋地区的地缘战略格局。当然，它可能无意攻击美国航母，也无法通过远程打击直接挑战美国的军事实力。它的目的旨在劝阻：沿着其海岸线部署大量进攻和防卫力量，未来美国海军就不得不花两三倍的心思，才能打入第一岛链和中国沿海之间。权力的本质就是转变对手的行为，中国人通过其海军、空军、导弹采购，显示出明确的领土观，海洋意义上的大中国因此得以实现。**由此我相信，美中关系将不仅取决于双边和全球贸易、债务、气候变化和人权等问题，更取决于中国在亚洲潜在势力范围的特定地理环境。**

陆军上将道格拉斯·麦克阿瑟曾说过，台湾是“一艘永不沉没的航空母舰”。在第一岛链这个海上“反向长城”的所有守卫塔中，台湾处于最高和最核心的位置。一旦台湾回到中国大陆怀抱，它所扮演的海上长城和要塞的作用就戛然而止，而中国海军就会立刻处于更有利的战略地位，其国家的能量，特别是军事方面的能量，将急剧地向外投射，达到现在不可想象的程度。虽然“多极化”这个词经常被宽泛地用来形容全球的形势，但中国台湾与中国大陆在军事意义上的虚拟融合，将标志着多极化世界的真正出现。

根据2009年兰德公司[①]的研究报告，到2020年，美国将不再有与中国争夺台湾的能力。根据该报告，不管美国有没有F-22，用不用日本的嘉手纳空军基地，或者动不动两个航母战斗群，都必然会被中国打败。兰德公司的报告强调的是空战。中国仍然不得不从海上强渡数以万计的军队，尽管容易受到美国潜艇攻击。这份报告除了所有常规分析以外，还突出强调了一个令人不安的趋势：中国距离台湾岛仅百里之遥，而美国必须绕道半个地球才能投放军力，在冷战后的环境里，又无法过多依赖外国基地。中国大陆的反介入海军战略，不仅在整体上拒斥美军，还以一个特定的方式缓解了美国对台湾的征服。中国大陆军方可以无限度关注台湾，而美国却不得不腾出精力应付全球责任；之前美国深陷伊拉克和阿富汗的泥潭，之所以会令台湾舆论界大惊失色，原因就在于此。

中国大陆不仅在军事上可以覆盖台湾，在经济和社会上也发挥日益重要的影响。中国台湾与中国大陆的贸易占其贸易总量的30%，对大陆出口则占40%。两地之间的商业航班每周有270架次，上万家台湾企业，占总企业数的2/3，已在过去5年赴中国大陆投资。

两岸有直接通邮和共同打击犯罪的机制，每年有50多万内地游客来岛，还有75万台湾人在大陆居留半年以上。此外，每年往返两岸参观者已达500万人次。直接占领台湾变得越来越没有必要，更微妙的经济战将达到同样的效果。从这一点来看，“台湾独立运动”必将自取灭亡。未来将会有更高程度的一体化出现，它的发展将是大国政治的关键。

① RAND，美国最重要的以军事为主的综合性战略研究机构。研究政治、军事、经济科技、社会等各方面的综合性思想库，被誉为现代智囊的“大脑集中营”、“超级军事学院”，以及世界智囊团的开创者和代言人。它可以说是当今美国乃至世界最负盛名的决策咨询机构。——译者注

从地图上可以看出，台湾下方是南中国海，它夹在东南亚大陆、菲律宾和印尼之间，更远端直达澳大利亚。全球 1/3 的商业海运货物和东北亚能源需求的一半，都从这里经过。在这个通向印度洋的门户和世界油气运输的洲际公路，中国参与了多个港口发展项目，如果大中国得以实现，未来终有一天南中国海将由中国海军主导。然而这个地区的问题也不少。海盗的挑战，激进伊斯兰和印度海军的崛起，印度尼西亚海峡两岸的地理瓶颈，都给必须通过这里的大部分中国油轮和船队造成了困扰。海军战争学院教授安德鲁·埃里克森（Andrew Erickson）和莱尔·戈尔茨坦（Lyle Goldstein）写道，中国还希望利用这里的大量石油和天然气储藏，使南中国海成为“第二个波斯湾”。

斯皮克曼指出，在整个历史进程中，国家经常通过“周边和跨海扩张”获得对邻近海域的控制。比如，希腊试图控制爱琴海，罗马控制地中海，美国控制加勒比海。按照这个逻辑依此类推，中国现在正试图控制南中国海。

事实上，南中国海和马六甲海峡扼住了中国通往印度洋的咽喉，而加勒比海正是以相同方式控制了美国通往太平洋之路，因此当时修筑巴拿马运河极为必要。**就像斯皮克曼把加勒比称为“美国的地中海”以示其重要性，我们也可把南中国海称为“亚洲的地中海”，在未来几十年，这里将是政治地理的核心。**就像美国人当年主导加勒比地区一样，中国也将以类似的方式寻求对南中国海的控制，与此同时，美国已开始改换玩法，宣称保证越南和菲律宾等盟国享有完全自由的国际航道。正是对中国的恐惧而不是对美国的爱，才驱使河内投入华盛顿的怀抱。有越南战争的前车之鉴，这两个昔日宿敌的冰释前嫌，一时间会让人摸不着头脑，但试想一下，由于越南相信在这场战争中打败了美国，其自信倍增，才能在心理上毫无包袱地与美国结成心照不宣的联盟。

中美世纪博弈的必然性

中国正在利用所有的国家权力形式，包括政治、外交、经济、商业、军事、文化和人口等，来实现其历史上最大的、几乎超出其法律上的陆地和海上边界的国家范围。然而这里出现了一对矛盾，让我解释一下。

我前面说过，中国在其沿海海域有意采取了非介入（access denial）战略。著名学者安德鲁·埃里克森和杨大卫（David Yang）认为，中国目前可能已经具备更多打击海上移动目标的能力，并可能计划在将来某个时候进行"公开战略测试"。美国海军仍将有能力切断中国的能源供给，并在太平洋和印度洋阻截中国船只，若光有拒绝进入的战略而没有能力保护自己的海上交通线，是无力抵挡美国海军水面舰艇攻击的，更不用说与美国的海军正面作战。

当然，现在中国的意图是影响美国的行为，而不是公然与美国打一仗。但是，既然从来没有打算实施，搞什么非介入战略又有何用呢？杰奎琳·纽迈耶在马萨诸塞州经营一家国防咨询公司，她解释说，北京的目标是"使权力配置达到有利于中华人民共和国的目的，它不会，实际上也没有必要使用武力保护其利益"。

因此，台湾声称建立防御能力的目的并非与中国大陆发生冲突，同样，中国也并非注定要与美国发生冲突。各方都希望改变对方的行为，避免战争。如果埃里克森和杨是正确的，那么所有新的武器系统演示都是旨在显示力量，本质上没有秘密可言，更不用说港口设施建设、在太平洋和印度洋设监听站、向位于中国领土和印度洋之间的沿岸国提供大量军事援助等行为。尽管如此，仍有一些强硬的擦边球需要引起注意。例如，中国正在海南岛南端建设一个重要的地下海军基地，可容纳多达 20 艘核潜艇和柴电混合动力潜艇，这一设施直击南中国海的心脏，以其独特的风格宣示着对周围海域的主权。

也就是说，未来大中华的核心有可能是南中国海和东南亚（他们还有一个更长远的蓝水力量建设计划），随之而来的是全力保护其海上交通线，通达中东，横跨印度洋。若从这条线考虑开去，中国与美国的军事冲突看起来就师出有因了。目前中国没有与美国开战的动因，但经过几年或几十年，动因是可以改变的。因此，细心观察中国能力的变化，不失为一个审慎的方法。

与此同时，随着台湾越来越与大陆融合，中国军方将注意力更多地转移到印度洋和遥远的海上通道。在印度洋对岸的撒哈拉以南非洲，中国有越来越多的原材料需要保护：苏丹、安哥拉和尼日利亚的石油市场，赞比亚和加蓬的铁矿石场，刚果民主共和国的铜矿和钴矿山，都由中国建造的公路和铁路相连，进而连接大西洋和印度洋港口。现在，对海上交通线的控制和介入肯定要比马汉时代更重要，美国在这些航线上的优势，未必将永远继续下去。

从本质上讲，目前亚洲的安全形势比二战结束后初期更复杂，更不稳定。随着美国的单极统治跌入低谷，美国海军规模相对下降，中国经济和军事上崛起（虽然速度比以前有所放慢），二者同时发生，多极化日益成为亚洲权力关系的一个特点。目前，中国人在海南岛建设地下潜艇，发展反舰导弹；美国向中国台湾提供了 114 枚爱国者防空导弹，几十套先进的军事通信系统等；日本和韩国正在进行全面的甲板舰队现代化，对潜艇特别重视；印度正在建设一个庞大的海军。一场军备竞赛正在亚洲举行，各国都加紧调整权力平衡，使其朝有利于自己的方向发展。

与此同时，整个世界都在观望等待，等待美国有朝一日从伊拉克和阿富汗撤军。没有任何一个亚洲国家有打仗的动因，但海上的突发失误事件和对权力平衡致命误判的风险，有可能随着军事对峙的日渐复杂而呈现出与日俱增的趋势；同时陆上的紧张局势也会影响海上。

我们已经看到，中国正在迅速填补其地图上的真空。随着各国人口日益增多，战略通道和管线错综复杂，船舰密集分布，导弹射程相互重叠，未来某一天中国很有可能与俄罗斯和印度擦出火花。亚洲的封闭性和即将到来的“空间危机”一直在持续，这意味着将出现越来越多的地缘政治摩擦。

那么，军事上严重透支的美国，又将如何维护亚洲的稳定呢？要如何保护其盟国，限制大中国的边界，同时避免与中国发生冲突呢？如果中国经济持续增长，它终有一天将超过美国在20世纪的任何对手。有人认为，美国不应再扮演“离岸平衡木”的角色，其主要盟国，如日本、印度、韩国、新加坡等都要求美国海军和空军与他们本国的力量组成“合唱团”，正如一位印度高级将领告诉我的：大陆地形与海洋形势是不可分割的，矛盾不会总是在遥远的地平线潜伏下去。

这个公海和心脏地带的“合唱团”到底应该是什么样的呢？美国五角大楼在2010年绘制了一幅21世纪的美国海军地图，旨在“抵制中国的战略力量，而不与其发生正面冲突”。他们计划将海军舰艇数量从目前的280艘减为250艘，同时将军备预算降低15个百分点。已退休的海军上校派特·加勒特（Pat Garrett）认为，这一计划值得实施，通过此举，美国有可能在加强对关岛地区控制的同时，将欧亚大陆心脏地带的战略重要性提升到与大洋洲等同的地位。

关岛、帕劳、北马里亚纳、所罗门群岛、马绍尔群岛以及加罗林岛群，或为美国领土，或与美国订有防御协定联盟，或虽为独立国家却因贫穷而欢迎此类协定。美国在大洋洲的地位是1898年美西战争的战利品，第二次世界大战中海军陆战队员用鲜血把这些岛屿从日本占领下解放出来。大洋洲的重要性日益增长，因为它足够接近东亚，在中国扩展DF21导弹和更先进的反舰导弹应用的过程中，又处于反介入战略的范围之外。美军未来建于大洋洲的基地很低调，不像在日本、韩国和（20 世纪 90 年代前）菲律宾的“岗楼”基地那么扎眼。关岛离朝鲜只有 4 小时的飞行时间，到台湾只需坐两天客船，最重要的是，它完全为美国所有，并在经济功能上依赖于美国，美国可以在此进行一些巨大的国防投资，而不必担心被驱逐。

目前，关岛安德森（Andersen）空军基地是美军在世界上最大的指挥平台，美国硬实力可以由此任意投射。这里任何时候都保持 10 万枚炸弹和导弹的储备量以及 6 600 万加仑喷气燃料，是空军最大的战略油气库，可即加即走。跑道上排满大型运输机、C-17 环球霸王远程重型运输机（Globemasters）和 F/A18 大黄蜂战斗机（Hornets）等。关岛也是美国潜艇中队驻地和扩大中的海军基地，它与附近的北马里亚纳群岛均为美国所有，几乎处于日本和马六甲海峡之间的对等点上。

还有大洋洲西南端的澳属阿什莫尔和卡地亚群岛，这里是极好的离岸锚地；澳大利亚西部海岸的连接点，从达尔文到珀斯，战略潜力也相当巨大。这些地方从印度尼西亚群岛下方守护着印度洋，后者是新兴世界经济的大动脉，也是石油和天然气从中东输往东亚新兴中产阶级国家的必经之地。根据加勒特计划，美国海军和空军将利用大洋洲的地理优势，构筑“区域存在待命系统”，以“地平线之上”为基地，监控从虚拟的大中国边界到欧亚大陆的主要航道。“区域存在待命系统”是英国海军战略家朱利安·科贝特（Julian Corbett）100 多年前的“舰队存在待命系统”的一个变种，意味着分散驻扎的船舶在必要时可以迅速集结成统一的舰队；而“地平线之上”则反映了离岸平衡与参与力量重组的结合。

美国正加强在大洋洲的空中和海上军事存在，这反映了一种妥协的态度，既没有必要不惜一切代价抵御大中国，又不同意由中国海军充当第一岛链巡逻官的角色。毋庸多言，这一计划也考虑到未来有可能出现这样一种情况，即在美国的船舶和飞机继续出入中国反介入战略影响区域的同时，其“遗产”基地却缩回到第一岛链区域。

该计划还设想美国的海军活动将在印度洋急剧扩张，为实现这一目标，美国将不会再建立基地实体，而改由严格意义上的“作业位置”和防御协定来保证其在相关国家的军事利益，包括新加坡、文莱、马来西亚以及印度洋的岛国如科摩罗、塞舌尔、毛里求斯、留尼汪岛、马尔代夫、安达曼群岛，其中许多由法国和印度直接或间接管理，幸而两国都是美国的盟国。这将保证美国在欧亚大陆航行自由，能源运输畅通无阻。该计划还将降低日本和韩国现有美军基地的重要性，并用美国散见于大洋洲各地的军事存在缓解关岛不堪重负的压力。对于那些容易遭受打击的“主导”基地来说，此举可以起到转移视线的作用。

在主权问题异常敏感的时代，随着大众传媒的煽动，定点驻扎的海外基地越来越难以为当地居民所接受。2003 年伊拉克战争前，美国对土耳其基地的启用就遇到了困难，2010 年短期使用日本基地也遇到麻烦；美军在韩国的军队作战能力也有所削弱，驻扎在那里的部队人数近年来已从 3 800 人降到 2 500 人，首尔市中心已经在很大程度上被美军放弃。

在此种情况下，美国对第一岛链的掌控已经开始松动。当地居民对外国基地的抵制日益加剧，崛起的中国对他们来说既恐怖又迷人，美国与其太平洋盟国的双边关系更趋复杂化。

当然，这也是迟早的事。以 2009 年至 2010 年的美日关系危机为例，没有经验的日本民主党新政府希望改写双边关系的规则，同时大谈与中国发展更深层次的关系，这本应该在几年前就发生了。美国在太平洋地区主导地位难以为继，是第二次世界大战后过时的遗产，这次大战给中国、日本和菲律宾带来了巨大的破坏；而美军在朝鲜半岛上的主导地位，则是 60 年前南北战争的副产品，不可能永久不变。

在东亚中心和西太平洋地区，一个大中华正在政治和经济上兴起，并在东海和南中国海域表现出显著的海军实力，与此同时，北京还参与了印度洋沿岸港口建设项目和军备转让事宜。我们只能指望中国国内政治和经济因为某种突发原因变得糟糕，才有可能扭转这一趋势。在这一新的权力王国外围，集结着成群的美国军舰和来自印度、日本和其他所谓民主国家的联合舰队，尽管可能抵制不了中国的虎威，至少在某段时间内会对其形成制衡；随着中国自信心的增长，其蓝水力量可能更少地着眼于领土之争，而被这个联盟结构同化。

政治学家罗伯特·S. 罗斯在 1999 年的一篇文章说得很有道理，他说，冷战时期苏联和美国之间的力量对比悬殊，但因为东亚特殊的地理条件，中美力量对比相对而言会更加均衡，因而更加稳定。在冷战期间，美国海上力量尚不足以遏制苏联，还需要欧洲陆军的支持；但现在即使整个朝鲜半岛都倾向中国，也不需要陆军部署在欧亚大陆边缘地带，美国海军相对于现在的中国仍处于优势。当然，美国在日本的陆军规模正在减少，但其目标对象在任何情况下都不是中国，而是朝鲜。

尽管如此，中国的经济实力和与之相伴的越来越大的军事实力，在未来几年仍将导致紧张局势达到极致。按我的理解，米尔斯海默在《大国政治的悲剧》中的观点即是美国作为西半球的地区霸主，将设法阻止中国成为大半个东半球的地区霸主。这可能会成为划时代的大戏，麦金德对此也应该不会感到惊讶吧。

THE REVENGE
OF GEOGRAPHY

第 12 章
“阿育王”的困惑
印度的地理困境

印度历经哈拉帕、孔雀贵霜、笈多到莫卧儿等王朝相互交叉，宗教在这个次大陆国家产生了不可磨灭的影响。同为文明古国，为何印度在历史上没有形成中国式的政治统一？

21 世纪的印度在谋求大国地位时，地理的逻辑在这个过程中起到了怎样的支撑作用？英国殖民者对印度和巴基斯坦的分而治之是弄巧成拙还是历史的必然？阿富汗在印度的地缘政治中扮演了怎样的角色？

为何说北京和新德里的新型竞争是战争技术和财富发展的共同表现？恒河边上的文明古国将会如何突破它的极限来与东方巨龙进行世纪大博弈？

对于美国和中国这两个竞争对手来说，印度向哪一边倾斜，可以决定21世纪欧亚大陆的地缘政治进程。换句话说，印度正成为最终的枢纽国家。按照斯皮克曼的理论，印度是一个典型的大陆边缘地带国家。马汉也指出，印度位于印度洋沿岸中心，是中东和中国向海洋渗透的关键。

印度政治精英阶层对于美国自身历史和地理情况的了解达到一个非常深入的水平，而美国的政治精英阶层对于印度的理解却并没有达到同种程度。然而，鉴于印度高度不稳定的地缘政治特点，特别是因其涉及巴基斯坦、阿富汗和中国，如果美国人不掌握这些情况，就会在处理对外关系时出现严重的失误。印度自古以来的历史和地理特点，形成了新德里看待世界的遗传密码。因此，需要从一开始就把印度次大陆置于欧亚大陆的整体背景下来考察。

“德里”的历史变迁

虽然欧亚大陆地广人稀，但在其边缘地带却密布着四大人口中心：欧洲、印度、东南亚和中国。1917年，地理学家詹姆士·费格里夫写道，中国和欧洲的文明分别从渭河流域和地中海孕育成长，并以多样形态向外发展；东南亚文明的发展更为复杂一些，骠人、孟邦人以及后来的缅甸人、高棉人、暹罗人、越南人和马来人等，依次受到向南洋迁移的华人圈影响，沿伊洛瓦底江和湄公河河谷混杂居住，有的分布于爪哇和苏门答腊等岛屿。而印度则完全是另一种情况。

与中国一样，印度拥有自成一体的地理条件，西部和西南部有阿拉伯海环绕，东部和东南部面临孟加拉湾，东部有缅甸的崇山峻岭丛林，北部和西北部有喜马拉雅山、喀喇昆仑山脉和兴都库什山脉的主峰。还有一点与中国相似，那就是印度有广阔的内陆腹地。区别之处则在于，印度不是由单一人口组织和文明发源地生成，缺乏渭河流域和黄河下游那样的政治体制中心，可以向外多方辐射扩展。

恒河流域没有为印度形成单一民族国家提供足够的扩展平台，供其向次大陆深处的半岛南部拓展；印度境内的其他河流系统，如布拉马普特拉河、讷尔默达河、栋格珀德拉河、卡佛里河、哥达瓦里河等，则使次大陆进一步分化。例如卡佛里河三角洲是德拉威人的聚居地，而说印地语的居民则在恒河边聚居。

此外，印度作为欧亚大陆的人口中心，也有像东南亚一样炎热的气候，以及丰富多彩、生机盎然的自然人文景观。因此，费格里夫告诉我们，印度人缺乏建立政治结构的动力，因为他们没有必要组织配置资源，至少没有必要动用处于温带的中国人和欧洲人那样大的规模。当然，这个说法可能过于绝对，也许带有简单化的种族主义倾向，那是费格里夫时代的共同特征；正如麦金德在中国问题上担心所谓的“黄祸”，费格里夫对印度的深入广泛分析在本质上也是切实有效的，并且颇有见地。

印度次大陆有着自己独特的文明，同时由于上述原因，印度在整个历史上始终缺乏中国式的政治统一；中国的西北边界最不确定也最无保障，而印度则受到邻近的中亚草原和波斯、阿富汗高原的威胁，那里有“更野性、更阳刚”的温带文明。

印度历史上吸引入侵者的最大因素，是其广受欢迎的肥沃农耕地。旁遮普平原的特点在于降雨量恰到好处，而且正好处于波斯—阿富汗高原下降到次大陆平地的落脚点上，得到印度河及其支流的灌溉滋润。事实上，这些呼啸而至的入侵者和来自西亚、中亚的渗透，破坏了次大陆演变到现代的进程以及对稳定的追求。正如麦金德在他的一次演讲中说的那样：“在大英帝国，只有一个陆地边防必须随时作好战争准备，这就是印度西北边境。”

21 世纪初印度谋求大国地位时，其优缺点仍然源于地理。已故历史学家伯顿·斯坦（Burton Stein）指出，中世纪时代的印度版图已经扩展到中亚和伊朗的部分地区，但在同一时期，与印度河流域西北部和恒河流域南部的印度半岛的联系却是相对薄弱的环节。今天的中国正处于成功的鼎盛时期，标志着亚洲内陆高原腹地与中国内地洪水冲积平原之间的相互关系达到顶点；而印度代表的则是千年的沉重，受到更高海拔阴影区的严重影响，最不同的是，它尚未在一定区域内占据主导地位，因此仍然是较次一级的力量。

印度次大陆与阿富汗东南部之间的联系是显而易见的，但印度与中亚大草原地带、与伊朗高原之间的联系同样深刻。印度和伊朗分享着有利的地理屏障，蒙古从中亚一路打打杀杀，至此已达强弩之末，不得不就此打住；伊朗阿契美尼德王朝（Achaemenids，公元前 6 世纪－公元前 4 世纪）的入侵带来了充满活力的伊朗文化，波斯语一度甚至成为印度官方语言，这种情况一直持续到 1835 年。

已故历史学家 K.M. 潘尼卡（K. M. Panikkar）指出，16 至 17 世纪，印度莫卧儿帝国甚至“成为波斯文化的体现”，如“将诺鲁兹（Nauroz，波斯新年）作为传统节日来过，并普及波斯艺术工艺”。与此同时，乌尔都语也成了印度次大陆西北部的巴基斯坦的官方语言，它在很大程度上借鉴了波斯语以及阿拉伯语，并以改进后的阿拉伯文作为书写文字。

因此，印度既具次大陆特征，又是大中东的重要延伸。从这个角度来说，麦克尼尔关于文明混合和融合的观点，也显得更好理解了。

理解印度的关键，是要认识到印度作为次大陆具有重要的地理意义，但其自然边界在许多地方却相当薄弱。整个历史上，这里曾形成各种国家，相当一部分并不符合我们对印度的空间观念，有的甚至产生横跨或偏离。

事实上，印度目前的状态仍然与次大陆的边界不相符合，这是其困境的核心所在：巴基斯坦、孟加拉以及较小的国家尼泊尔都位于次大陆上，在给印度带来重大安全威胁的同时消耗着印度重要的政治能量，使其无法把大部分力量投放到整个欧亚大陆。

当然，并不是说远古人类居住区没有遵守次大陆的地理规律。确切地说，印度地理本身相当微妙，特别是西北部地区，与地图给人的第一印象明显不同。

乍一看，地图上棕色的山脉台地分布整齐，沿着目前阿富汗和巴基斯坦之间的边界和次大陆的热带绿色板块，界线分明；但是，从阿富汗到纵向流淌、穿过巴基斯坦的印度河，其下降趋势却显得相对舒缓，使得千百年来高原、低地和沿江平原大致上分享同一种文化，哈拉帕、贵霜、突厥、莫卧儿王朝、波斯的印度和伊斯兰化的印度，以及普什图人，虽然名字各异，但其实都属于仅有的几大类。还有玛克兰和俾路支的碱性沙漠，将伊朗与印度次大陆连为一体；更不用说中世纪的海上交通，凭借可预见的季风将阿拉伯与印度连接起来。南亚学者安德烈·温克（Andre Wink）将伊朗东部到印度西部的整个地区称为"印度边疆"（The frontier of Al-Hind），是说这个地区在整个历史阶段一直是流动性很强的文化有机体，试图确定其国家边界本质上是有问题的。

哈拉帕文明是由各个集中控制的酋长国构成的复杂网络，兴盛于公元前 4 世纪后期到公元前 2 世纪中期，其地图颇耐人寻味。据考古遗迹发现，哈拉帕文明的两大城市分别为摩亨佐 - 达罗和哈拉帕，它们都位于印度河上游沿岸的信德省；其自有文明的核心来源不是亚洲腹地次大陆边界的差异性，而是印度河。哈拉帕人眼中的世界，从俾路支省东北部延伸至克什米尔，然后再向东南延伸，几乎抵达新德里和孟买，直逼塔尔沙漠的边缘。也就是说，它几乎触及现今伊朗和阿富汗，覆盖巴基斯坦很大一部分，并扩展到印度西北和西部。这个复杂的人居地理环境与自然景观相配套，并有能力提供灌溉支持，由此可见，辽阔的次大陆有许多自然细节可以进一步区分。

在公元前 1000 年左右，雅利安人可能已从伊朗高原渗入，并同次大陆的土著居民一起参与了印度北部恒河平原政治组织的建设进程。于是，公元前 8 世纪至公元前 6 世纪的 200 多年里，数个君主国家建立起来，公元前 4 世纪的难陀帝国（Nanda Empire）已初具规模，领土横跨印度北部，从旁遮普延伸到孟加拉的恒河平原。公元前 321 年，旃陀罗笈多·孔雀（Chandragupta Maurya）废黜达纳难陀，建立孔雀帝国，占有次大陆除最南部以外的绝大部分，印度历史上第一个政治实体建成，其范围与南亚地理基本相符。

伯顿·斯坦认为，这么多城邦国家和酋长国之所以合并成一个单一连贯的系统，除了它们之间“庞大的商务往来”，更大的原因在于亚历山大大帝构成的威胁。公元前 326 年，就在他几乎征服恒河流域之际，士兵发生哗变，印度才得以幸免。斯坦写道，促成统一的另一个因素是新出现的泛次大陆意识形态，如佛教和耆那教，它们“赢得了商业人士的忠心”。

孔雀国王笃信佛教，却用希腊和罗马帝国的方法管理帝国，这套行为准则从爱琴海盆地和西亚穿越温带地区，经过山脊河谷迁徙路线渗入印度。然而，要想把庞大的孔雀帝国维持下去，更需要人类的聪明才智。旃陀罗笈多·孔雀的顾问可能是一位叫考底利耶（Kautilya）的人，他撰写了治国经典之作《政事论》（*Arthashastra*）或称“国家之书”，讲述一个征服者如何利用各城邦国家之间的关系创建了一个帝国。他说，任何与自己为邻的城邦国家，都应被视为敌人，因为它会在建立帝国过程中被征服，但与敌人接壤的遥远城邦国家则应被视为朋友。

考虑到团结如此巨大的次大陆帝国必将困难重重，考底利耶重视联盟网络的建立，并对被征服者实行仁政，认为他们的生活方式应该继续保留不变。孔雀是一个分散的帝国，其心脏腹地位于东部恒河平原，到了旃陀罗笈多的孙子阿育王（Ashoka）时期，已有四个区域中心：西北的塔克西拉，在巴基斯坦首都伊斯兰堡外围；印度西部和中部马尔瓦高原上的乌贾因；印度南部卡纳塔克邦的苏伐刺城，还有加尔各答南部孟加拉湾的卡林加。

在只有原始交通工具和通信方式的古代，一个帝国覆盖了如此广阔的印度次大陆，这是一个了不起的成就。孔雀王国作为一个单一国家，利用地理逻辑统治一个广大的地区，并且维持了相当长一段时间，可惜最终因其国力的下降招致了来自西北部的进犯。公元前 2 世纪和公元前 1 世纪，希腊人和斯基泰人相继通过开伯尔山口侵入，这也进一步刺激了巽加、潘德延、古宁陀等区域王朝重新瓜分次大陆。

公元 1 世纪，贵霜帝国在阿富汗北部与塔吉克斯坦和乌兹别克斯坦交汇处的巴克特里亚兴起，标志着印欧语系的统治者对大片领土的征服，范围从中亚人口心脏地带费尔干纳河谷到东北部的比哈尔邦。从现代意义上看，贵霜王国的地图令人难以置信地与苏联中亚地区、阿富汗和巴基斯坦、印度北部恒河平原重叠。贵霜帝国沿河谷而建，又穿山越岭，所以有着相互矛盾的地理地形。这也提醒我们，在中亚和南亚的政治组织里，边界不一定拥有最终话语权。

笈多王朝（Gupta Empire，公元 320 – 公元 550）的建立，在印度次大陆营造了恢复统一的假象，其统治范围很广，从西部的印度河到东部孟加拉湾，从北部的喜马拉雅山到中部的德干高原，只有南方大部分地区在其控制之外。这个帝国连年遭受中亚马兵的入侵，他们从西北到拉贾斯坦邦和西部恒河平原，一路长驱直入。此外，跟孔雀王国的发展道路一样，笈多王朝不是单一制国家，而是由贸易和贡税组织起来的商人国家，是以恒河为核心的不稳固的联盟系统。正是从笈多王朝统治范围之外的南方，虔诚的印度教教义向北部的恒河传播开来。

印度南方半岛的主要标志是说德拉威语，与北方所说的梵语相对立，分水岭就是德干高原，此地深受中东和印度支那的海上影响。由于来自中亚的突厥人涌入，笈多王朝渐趋衰落，此后 600 多年里，一些小国家分分合合，这再次表明，印度不像中国那样倾向于稳固的中央集权和政治统一。事实上，用斯坦的话说，笈多时代后的诸多王国，“与其说是靠政府来界定，还不如说是靠语言、宗教派别和寺庙来区分”。

费格里夫写道，从公元 7 世纪到 16 世纪，穆斯林人相继进入印度。“阿拉伯人由沿岸的陆地和海上自然而然地来了，但他们没有留下什么永久的影响。接着突厥人也来了。……大约公元 1000 年之后，他们越过伊朗高原，穿过阿富汗，到达印度。”因为印度教统治者之间的纷争，整个北部平原在一个多世纪里由伊斯兰教统治着。在南部，俾路支省和信德省是同一条“沙漠腰带”的一部分，直接延伸到美索不达米亚，将印度次大陆在实际意义上嫁接到了大中东。这期间的大事件包括：伊拉克的阿拉伯人于公元 8 世纪初占领了信德省、旁遮普邦、拉贾斯坦邦、古吉拉特邦；来自阿富汗东部的突厥战将马哈茂德，于公元 11 世纪初建立王国，统一现今的伊拉克库尔德斯坦、伊朗、阿富汗、巴基斯坦、印度西北部直达德里，并从阿拉伯海上进攻南部的古吉拉特邦；13 世纪到 16 世纪初，所谓的德里苏丹国统治印度北部，南方部分则由突厥部图格鲁克王朝、阿富汗洛迪王朝，以及来自中亚的其他王朝轮流统治着。

这些侵略者选择德里作为印度的首都，主要是因为其地理功能。费格里夫写道：“信德省和印度河流域，与旁遮普一起形成了印度的前厅，这是一个相对狭窄的通道，有 150 英里宽，位于印度沙漠和喜马拉雅山之间，德里就屹立在这个通道的出口。”德里背靠伊斯兰世界，前面是印度教世界（佛教这时实际上已经从其诞生地印度转向东和东北方向传播。——作者注）。**地理决定了次大陆西北部并非固定的边境，而是一个无休止的多层次渐变区域，从伊朗和阿富汗开始，并在德里结束。**

莫卧儿帝国是这一事实在文化和政治方面的体现。在艺术和宗教的兼收并蓄方面，很少有帝国能达到莫卧儿的高度。从 16 世纪初至 1720 年，他们强有力地统治着印度和中亚部分地区（此后帝国迅速衰落）。

莫卧儿王朝是蒙古帝国的阿拉伯和波斯变种，统治着印度北部到西北部的所有外国穆斯林。其奠基人札希尔 - 乌德 - 丁 · 穆罕默德 · 巴布尔（Zahir-ud-Din Muhammad Babur）是查阔台突厥人，1483 年出生在今天乌兹别克斯坦的费尔干纳山谷，并在那里度过他的少年时期。巴布尔曾试图夺回帖木儿帝国的旧首都撒马尔罕，被成吉思汗后裔穆罕默德 · 昔班尼汗（Muhammad Shaybani Khan）击败后，巴布尔和他的追随者南下攻占喀布尔。从这里开始，巴布尔与他的军队席卷了从阿富汗到旁遮普的高原，并据此开始了对印度次大陆的征服。在巴布尔的孙子阿克巴大帝（Akbar the Great）带领下，莫卧儿帝国成型，主要由拉其普特人、阿富汗人、阿拉伯人、波斯人、乌兹别克人、查阔台突厥人中的贵族组成，印度的逊尼派、什叶派、印度教徒还有其他教派民族相互重叠组合。这是一个种族和宗教混杂的世界，西北始于俄罗斯南部，向西到地中海。汇合于中东地区的文化和政治形式，在印度这里得到了保存。

喀布尔和坎大哈是这个古老德里王朝的自然延伸，但在印度南部一带势力则小得多，包括今天印度高科技之都班加罗尔周边，此地是印度教势力强大的地区。17 世纪晚期，莫卧儿帝国在“世界抓手”奥朗则布（Aurangzeb）统治下，达到了其扩张的顶峰。他在 80 岁高龄时仍然跃马亲征，平定印度南部和西部马拉他叛军。1707 年他在德干高原的营帐里去世，这是他至死都想征服的地方。用潘尼卡的话说，德干“始终是印度宏大的中坚堡垒”，不会屈服于恒河流域氏族。此外，次大陆地形背北面南，而河流从西向东流，奥朗则布的经验也表明，由于印度南北部之间地理连接相对较少，北方人很难统治南部，这一点直到近代才得以改变。

事实上，正是因为印度南部长期叛乱横行，难以驾驭，削弱了北方莫卧儿精英的凝聚力和士气。奥朗则布疲于应付马拉他的强大叛军和其他地方的问题，这给欧洲殖民者以可乘之机。荷兰、法国和英国东印度公司轻而易举地在海岸上获得了立足之地，最终导致了英国对印度的殖民统治。

要强调的一点是，奥朗则布是以德里为中心的统治者，数百年前次大陆的统治者，甚至再往前追溯到古代也都是如此。也就是说，今天的印度北部、巴基斯坦和阿富汗的大部分，原本共属于同一个的政体，就连印度南部的主权归属也值得怀疑。对于印度的精英而言，不仅巴基斯坦，就连阿富汗也是印度的地盘，这一点不仅自然而然，在历史上也是合理的。巴布尔墓是在喀布尔，而不是在新德里。这并不意味着印度对阿富汗有觊觎之心，但新德里的确对于谁统治阿富汗密切关注，并希望不管谁统治那里，都对印度友好相待。

上帝创造的敌人——巴基斯坦

英国与以前印度的统治者不同，它对海权的掌控远远超过陆地。从它在孟买、马德拉斯和加尔各答设置总督可以看出，沿海是其统治的重点，正是从海上英国才得以征服印度。两千多年来，所有的入侵和迁移都发生在西部和西北部，直到英国入驻，才恢复其地理政治的基本事实：这里的确是一个次大陆。

1901 年的一幅印度地图非常奇妙：英国建造的一系列铁路线，构成整个次大陆的动脉形状，从阿富汗边境深入南部锡兰附近的保克海峡，西部从今天的巴基斯坦卡拉奇，到东部今孟加拉国吉大港。技术的发展使次大陆广阔的内陆空间终于统一在一个政体之下，而不是条块分割或受一些薄弱帝国的联盟系统管理。

诚然，莫卧儿与较小的马拉他联邦是这一成果的前身，它们有自治的能力，并出色地管理着次大陆。莫卧儿王朝虽然显赫一时，但因为它标志着穆斯林又一次从西北入侵，直到今天仍受到印度教民族主义者的诋毁。大英帝国作为海上力量，在印度教徒和穆斯林之间的历史话剧里属于中性角色，这出戏剧的脚本仍然在于地理。大部分穆斯林生活在印度的西北部，入侵几乎总是从那里开始，也有的生活在东孟加拉，那里是农业发达的恒河平原东部终点。

英国可能给印度次大陆引进了现代官僚制度，在 19 世纪末和 20 世纪初建立起铁路系统，但在他们 1947 年匆忙离开时，这个帝国已被大刀阔斧地重新瓜分过，所采用的方法比以往任何统治者更正式，影响更深远。过去，印度的希腊人很容易迁移到笈多帝国，莫卧儿帝国的居民与马拉他联邦居民碰面也非难事，今天的边界到处是铁丝网、倒钩线和雷区，不同的护照和媒体战争让人眼花缭乱，这些都是技术的功劳。现在的鸿沟在于法律的强化和文明的分野，更多属于人为决定，地理的成分较小。

让我们再从历史的角度看一看。巴基斯坦在边境上扼住了印度的咽喉，对其构成莫大威胁，甚至远远超过以核武器武装的对手、支持恐怖主义的国家，或者大型的传统军队。巴基斯坦位于印度西北部，这里山脉趋缓，与平原相接，正是穆斯林入侵者最钟爱的地形，也因此在整个历史上经常扫荡印度。全球战略预测公司创始人乔治·弗里德曼写道 ："巴基斯坦，是穆斯林对中世纪印度统治的现代遗存。"就连位于次大陆的巴基斯坦西南部，最早也是由伊朗和阿富汗南部侵入的阿拉伯穆斯林占领的。

可以肯定的是，印度的决策者并不反对穆斯林。印度有 1.54 亿穆斯林，排名世界第三，仅次于印尼和巴基斯坦，而且已经出现了三位穆斯林总统。但是，印度是一个世俗的民主国家，它设法摆脱宗教政治，以填补在这个印度教绝对主导的国家里印度教徒和穆斯林之间的鸿沟。至于巴基斯坦，且不论其激进分子，单凭其作为伊斯兰共和国，就在某些方面直接冲撞了印度赖以立国的自由主义根基。

印度和巴基斯坦彼此对对方充满恐惧，这一点可谓尽人皆知。印度可以在常规战争中击败巴基斯坦，但在核打击和恐怖战争时代，两国很难分出胜负。然而，给印度带来麻烦的还不止巴基斯坦一个。阿富汗是另一种风格的典型，就我所知，把巴基斯坦与阿富汗隔开的边境，无论在历史上还是在今天基本都形同虚设。巴基斯坦西北边境省〔官方称开伯尔 - 普赫图赫瓦（Khyber Pakhtunkhwa）〕的峭壁和峡谷构成了其边界，但这个边界绝对是漏洞百出。

我自己曾在两国边境往返多次，但却从来没有办理过合法手续。即使在正规的开伯尔边境哨所，每周仍有成千上万的普什图族人不用出示身份证即可大摇大摆地通过，而数以百计的叮当卡车则经常无人检查。这种手续程序的缺乏不仅表明边境两侧属于同一部落，还说明阿富汗和巴基斯坦国家本身缺乏作为印度 - 伊斯兰中心或印度与波斯连续统一体的地理连贯性，因此几乎不可能划出分界线。

阿契美尼德、贵霜、印度 - 希腊、迦兹纳维、莫卧儿以及其他帝国，都诞生于阿富汗和巴基斯坦的领地上，或者给印度以威胁，或者合并其中一部分；还有中亚帖木儿和突厥曼纳德沙王，他在 1398 年和 1739 年两次打败德里，其帝国根基就在当今的伊朗、阿富汗和巴基斯坦。

这是一段丰富的历史，在西方鲜为人知，而印度的精英们则将它们刻在骨子里。当印度人审视次大陆地图时，他们会马上注意到西北部的阿富汗和巴基斯坦，东北部则有尼泊尔、不丹和孟加拉，这些都是印度的直接势力范围，而伊朗、波斯湾、苏联中亚共和国、缅甸等都是其重要的阴影区。如果不从新德里的制高点看待地区局势，就是无视历史和地理的教训。

上千年来，这个帝国更迭往复，因此阿富汗及其战争对印度来说并不是急需处理的新安全问题。在西方看来，阿富汗是中亚的一部分，在印度人看来，它却是次大陆的一部分。阿富汗的地理位置不论对于今天的恐怖分子还是过去的军队都非常关键，它不仅是入侵印度的主要途径，对于印度的主要敌人巴基斯坦来说更是具有重要战略意义的后方基地。

如果说印度的地理逻辑是不完整的，与侵略路线呈直角相对的巴基斯坦则几乎没有地理逻辑，阿富汗就更不必说了。巴基斯坦领土像一张人工拼图，跨越伊朗和阿富汗之间的高原边境以及次大陆的低地，包括旁遮普省的西半部而非东半部，不可思议地连接到北部的喀喇昆仑山脉，和距阿拉伯海千里之遥的莫克兰沙漠相连。印度河本应作为边界存在，巴基斯坦却横跨其两岸。

巴基斯坦有四大族群，彼此对对方充满敌意，每个族群都有固定的地域范围：东北部的旁遮普省人，东南部的信德省人，西南部的俾路支省人，西北边疆则以普什图族为主。伊斯兰教本来应该为国家的统一起到黏合剂作用，但它在这方面已全盘失败，变得更为激进；俾路支和信德省人把巴基斯坦视为旁遮普人霸占的外国实体；西北部的普什图人则进一步卷入阿富汗和巴基斯坦边境地区深受塔利班毒害的政治之中。

其实，若没有旁遮普人为主的军队，巴基斯坦可能不复存在，或缩为“伊斯兰大旁遮普邦”，而半无政府主义性质的俾路支省人和信德人则会被纳入更接近印度的轨道。

巴基斯坦成立于 1947 年，创始人穆罕默德·阿里·真纳（Mohammed Ali Jinnah）是一位博览群书的知识分子，他对巴基斯坦的设想建立在意识形态的前提下，那就是为印度次大陆的穆斯林建立一个家园。建国后，次大陆的广大穆斯林聚居在巴基斯坦西部和东部（这里在 1971 年成为孟加拉国），但仍有数百万穆斯林住在印度本土，这使得巴基斯坦的地域矛盾更显突出。然而，次大陆的入侵和迁移的历史，原本已造就了丰富多彩的种族、宗教和宗派的混合体，巴基斯坦的创立，反而使上千万穆斯林和印度教徒成为难民。

印度是几大宗教的发源地，拜火教徒（Zoroastrians）、犹太人和基督徒在印度也已生活了上千年。印度国家的哲学理念对这个现实坦然接受，巴基斯坦的哲学理念却远没有这么大的包容性。这就是印度稳定而巴基斯坦却动荡不安的原因之一。

阿富汗在印度地缘政治中的角色

阿富汗在历史上一直处于印度地缘政治命运的中央。这个国家人均预期寿命只有 44 岁，识字率 28%（妇女识字率更低），只有 9% 的女性上中学，只有 1/5 的人口有条件享受饮用水。根据联合国人类发展指数排名，全世界 182 个国家中，阿富汗排名倒数第二，而伊拉克在 2003 年美国入侵前夕已位列 130 名，识字率是 74%，尚属一个合理百分比。伊拉克的城市化水平达到 77%，2007 年增兵期间，大巴格达地区暴力行为减少，对整个国家起到安定人心的作用；而阿富汗城市化只有 30%，意味着在一个村或地区的平叛努力，可能对另一个地方完全没有效果。

在美索不达米亚平原，大型城市群集中在一个平面上，有利于军队占领，但阿富汗在地理方面几乎算不上一个国家。阿富汗境内一座座大教堂似的高耸山脉，把大地阻隔得四分五裂，这反倒有利于弥合普什图人、塔吉克族和其他少数民族之间的隔阂；而在阿富汗与巴基斯坦之间几乎没什么自然障碍，伊朗与阿富汗的分界也很模糊。从地图上可以看出，全球 4 200 万普什图人，一半以上住在巴基斯坦境内，倒是可以据此在印度兴都库什山脉和印度河之间建设一个名为普什图斯坦（Pushtunistan）的国家，其大致疆域可与阿富汗和巴基斯坦重叠。

阿富汗直到 18 世纪中叶才以某种国家的形态出现，起初是波斯和莫卧儿帝国之间的一个缓冲地带，后来演变成沙俄和英属印度之间的缓冲地带。我们也可以预见，随着苏联帝国在中亚慢慢解散，巴基斯坦国家也逐步弱化，某个历史性的调整可以使阿富汗在政治地图上消失。比如，兴都库什山脉有可能成为未来次大陆真正的西北边疆，在普什图斯坦和更大的塔吉克斯坦之间形成边界。

塔利班作为普什图民族主义的怪胎，集伊斯兰热情、毒品洗钱、腐败军阀，以及对美国占领的仇恨于一身。用亚洲问题专家塞利格·哈里森（Selig Harrison）的话说，它可能仅仅是一种过渡时期的工具，由华盛顿那批急功近利的技术军官操盘的海外军事行动，无论以何种方式都难以阻挡这一广泛而宏大的历史转变。

但有另一种现实会对此形成反制。阿富汗虽然比伊拉克更大，但人口较为分散，因此其大小基本上毫无意义。占全国65%的居民都住在主要道路系统的35英里以内，接近中世纪的大篷车路线，342个区中只有80个对于中央控制来说起关键作用。阿富汗或多或少是从中心实施管控的。自艾哈迈德汗以来，喀布尔要么是权威中心，要么也至少是一个仲裁点。尤其是20世纪30年代初到20世纪70年代初，阿富汗经历了查希尔的君主立宪制政府，他是艾哈迈德汗的后裔，温和并具有建设性。各大城市由公路系统连接起来，道路旅行安全畅通，还通过健康和发展计划大体上消除了疟疾。在这段时期结束之前，我背包走遍阿富汗全境，无论搭便车还是乘巴士，从来没有感觉到威胁，也能够到正常营业的邮局发送书籍和衣服回国。与伊朗、巴基斯坦或苏联地区不同，阿富汗的国家认同感也很强，因此，虽然部落网络可能已经很脆弱，但它未来可能不仅仅作为一个缓冲国家存在。

20世纪70年代，喀布尔发生了三起政变，从此这个国家陷入似乎永无止境的暴力冲突之中。若追究起来，苏联的责任应该比阿富汗本身还要大。为了把阿富汗牢牢地固定在势力范围内，苏联不知不觉地动摇了其政治基础，这也直接导致了1979年12月对阿富汗的入侵。阿富汗作为伊朗高原、中亚平原、印度次大陆的地理缓冲区，具有令人屏息的战略重要性，觊觎这里的不仅仅是俄罗斯，还有伊朗人和巴基斯坦人，就连印度决策者也对其动心不已。

塔利班曾威胁要创建从印巴边境到中亚的激进伊斯兰社会，这实际上将促使一个大巴基斯坦形成，使巴基斯坦三军情报局（ISI）有能力创造一个秘密帝国，将塔利班头目贾拉勒丁·哈卡尼（Jallaluddin Haqqani）、阿富汗前总理古勒卜丁·希克马蒂亚尔（Gulbuddin Hekmatyar）以及伊斯兰恐怖组织虔诚军（Lashkar-e-Taiba）等统统收于麾下。他们对抗印度的方式，与真主党和哈马斯对抗以色列的方式如出一辙。相反，如果和平的阿富汗和多少有点自由化的喀布尔政府继续存在，新德里的西北边疆就少了一个克星，可以腾出手来在西部和东部边界挑战巴基斯坦。

这就是 20 世纪 80 年代印度支持穆罕默德·纳吉布拉（Mohammed Najibullah）的原因，他当时是苏联的傀儡政权，与试图推翻它的亲巴基斯坦伊斯兰“圣战者”（mujahidin）相比，他的世俗统治更宽松一些。印度现在支持哈米德·卡尔扎伊（Hamid Karzai）领导的喀布尔政府，也是出于同样的原因。

一个稳定且适度温和的阿富汗，将成为中亚南部乃至整个欧亚大陆的枢纽，因为它处于俄罗斯、中国、印度和伊朗的利益交汇处，可以直达中亚运输走廊。欧亚贸易航线的最强驱动力是中国和印度经济。通过中亚地区，印度与欧洲和中东市场的贸易量预计每年可增长超过 1 000 亿美元，只是因为阿富汗仍然处于战争状态，新德里尚未修通到伊斯坦布尔和第比利斯的铁路、船运，或到阿拉木图和塔什干的公路和铁路。然而，印度与伊朗和沙特阿拉伯等国一起参与了阿富汗的道路网络建设，贡献极大。印度援建的扎兰季至迪拉腊姆公路，连接阿富汗西部到伊朗的阿拉伯海港口查巴哈尔（Chah Bahar）。

和平的阿富汗能够为印度带来不少好处。公路、铁路、管道建设将在阿富汗全境开工，而且也会贯穿巴基斯坦全境，当然，是在巴基斯坦解决自身的不稳定局面的前提下。此外，和平的地区局势对印度最有好处，因为它的经济发展，已远远超过除中国以外的其他国家。

中印的全方位博弈

但是，这些目前还无法变成现实。印度次大陆是当今世界地缘政治中最不稳定的地区，帝国和入侵的历史尚未褪色，与之相关的是根深蒂固的不安全感以及错综复杂的政治问题，而拥有核武器使这个地区的局势更加严重。

在许多方面，大印度有点像早期的现代欧洲，种族和民族群体相互竞争，官僚国家形成过程中力量权衡加剧，伴随着频繁的摩擦和随后的判断失误，偶尔爆发公开的战争。但不同于早期欧洲的多极化，南亚表现为印度和巴基斯坦之间的两极斗争，以阿富汗为主战场，有争议的克什米尔邦为次要战场。

不同于超级大国的两极斗争，这种冲突不讲究什么冷静、公平或规矩。意识形态冲突的对立双方没有宗教或历史仇恨，半个地球和北极冰宽阔的港湾将其隔离开来；而这里的冲突双方一边是印度教占多数的世俗国家，一边是穆斯林国家，双方都处于现代民族主义血气方刚的阶段，由一条拥挤的共同边界分开，附近就是首都和主要城市。巴基斯坦的印度河中心地带，与印度北部的恒河流域中心地带，相距不到 200 英里。

印度迫不及待地希望逃离这个地理环境和这段历史。它与中国的竞争和僵持，形成了这种逃避的主要因素。与印巴之间的斗争完全不同，印度与中国的竞争更抽象、更缺少情感，更重要的是波动较小。这种竞争背后，并没有真实的历史渊源存在。 近半个世纪前，印度与中国为争夺有争议的喜马拉雅边界，在西北部克什米尔附近海拔 14 000 英尺的阿克赛钦地区和东北部不丹附近的阿鲁纳恰尔（Arunachal Pradesh，即中国藏南地区）打了一场有限度的战争。这场战争最终以中国的胜利告终。

由于对西藏的紧张局势极为关注，中国发现，印度在有争议的边界线以北建立哨所，将其视为宣战，并在当年秋季的一个月战斗中打败了印度军队。任何一方都没有部署海军或空军，所以战斗仅限于没有人居住的偏远地区。目前，印度和中国边界仍有一些地区存在争议。中国已建立了遍布西藏的公路和机场。印度现已落入中国战斗机的操作半径以内，与此同时，印度空军名列世界第四，拥有 1 300 余架飞机和 60 多个基地，印度卫星和侦察机也随时关注着有关中国调兵的情报。

此外就是两国海军的崛起。关于中国海军，在前面的章节已有讲述。因为印度没有地中海那样的封闭海域和吸引水手的岛屿群，即使土地温暖而富有生机，印度直到最近都或多或少属于陆地国家，在架构上较少考虑海洋因素。但军事技术的进步压缩了海洋地理，加上印度经济的发展，使其有能力建造船舶和并购融资。

驱使印度走向海洋的另一个因素是中国威胁论，中国目前正在加紧建设海军。中国参与建设或升级的港口大多在印度洋周边，如缅甸的皎漂、孟加拉的吉大港、斯里兰卡汉班托塔和巴基斯坦的瓜达尔港，中国为上述国家提供大量军事、经济援助以及政治支持。如前所述，中国已经拥有一个宏大的蓝水舰队以捍卫自己的利益，保护连接中东与中国太平洋海岸之间的贸易航道；而印度则以门罗主义的方式，宣示其在整个印度洋的存在。双方海军的势力范围和利益大大重叠，使原本就很突出的喜马拉雅山脉北部边界问题加剧。

当然，中国只是在试图保护自己的海上交通线，保证沿途顺利享有友好的优良港口，而印度却有被包围的感觉。在瓜达尔港的波斯湾入口附近，未来有可能建立一个巴基斯坦与中国海军联合行动中心，印度深受刺激，加大在阿拉伯海卡瓦尔军港的扩张；中国承建缅甸皎漂港口和能源管道项目，印度也不甘示弱，在北部 50 英里建设缅甸实兑港口和能源综合体；在印度支那西部，印度和中国也加快了管线和资源的竞争步伐。

我们仍然认为，印度与中国之间是一种新型斗争，背后没有历史力量的推动。在遥远的过去，印度和中国的交互往来通常是富有成果的，最有名的是中古和近古时代佛教从印度到中国的传播，后来成为了唐朝的立国宗教。仅在最近的几十年里，由于东方各国军队的海上、空中和导弹力量大涨，欧亚范围内新的地理冲突才成为焦点。距离的消亡，比文明的分化给印度和中国关系造成的伤害更大。在印度，只有政策精英们对中国心存忌惮，而巴基斯坦问题则给整个国家造成消耗，尤其是印度北部。此外，印度和中国也构成了世界上最有活力的贸易关系，二者可以优势互补。

中国和印度之间的紧张关系，从某种意义上说明了成功也会带来问题。新德里和北京两地的经济大发展被广泛应用于军事目的，尤其是投入昂贵的空中和海上平台；两国之间的新型竞争，也充分证实了保罗·布拉肯的观点，**即战争技术和财富的创造互为表里，土地的有限规模越来越成为不稳定的力量，而军事硬件和软件的开发大大压缩了地缘政治地图的面积里程**。也就是说，冷战后的最初几十年，印度和中国的地面部队技术能力有限，只能看好自己的边界、巩固国家的壁垒，因此彼此没有感到对方的威胁；但随着飞机、导弹和军舰进入其军事库存，他们忽然看到眼前出现了彼此对阵的新战场。不仅中国和印度有这种感觉，横跨欧亚大陆广阔地带的其他国家也是如此，以色列、叙利亚、伊朗、巴基斯坦、朝鲜等都因处于导弹射程的重叠范围内，而不得不投入一个新的、致命的地理怀抱。

那么，再来看看印度次大陆。这片广阔的土地夹在海洋和山脉之间，早期缺乏政治统一的弊端，至今仍然给印度带来重大影响。

中国对国家的组织和治理比印度好得多。中国每年增加的公路里程数，比印度的总和还要多；与中国相比，印度的政府机构犹如不堪重负的脆弱芦苇丛。中国的麻烦可能来自怠工和抗议，但印度却会遭到暴力袭击和破坏，特别是在毛派纳萨尔分子（Naxalites）盛行的中部和东部地区。正如费格里夫所说，这里与外部世界相比，仍属某种“欠发达”的文明，这一说法至今仍能立得住。

其实，不管谁背靠穆斯林的中亚统治新德里，都必然担心仍然动荡的西北高原。美国仍将调动其在阿富汗的驻军，印度将不得不承受由此带来的后果，并被迫保持密切参与。其实，印度在新世纪的大国地位之所以增强，是因为它与中国的政治和军事竞争。这对印度来说，也是一个不得不面对的难题。

还要说一下印度与次大陆内部一些弱国或准弱国的关系，他们因边界问题搞得焦头烂额。我们已经讨论了阿富汗和巴基斯坦，但尼泊尔和孟加拉国，也需带上一笔。

尼泊尔君主制垮台以后，毛派叛军力量上台，并勉强控制住了占人口 85% 的农村地区。由于从未被殖民统治过，尼泊尔没有继承西方的强大官僚传统，大部分人口生活在阴冷潮湿的低地，与印度相接的边境几乎没有警力把守。我已经走遍这一地区，它在许多方面与恒河平原无异。如果尼泊尔毛派不能增强国力，这个国家可能会逐渐消解。在这方面，孟加拉国比尼泊尔更甚。这个国家没有地域防御力量，平直的农耕地和绿油油的水稻田，与印度边界鸡犬相闻，其边防哨所更是破败混乱，摇摇欲坠。这块人为划分的领土原来是孟加拉地区，先后被称为东孟加拉、东巴基斯坦和孟加拉国，并有可能在下一次区域政治大博弈中再上演一次“变形记”，穆斯林宗教极端主义和气候变化都可能对它造成影响。同巴基斯坦一样，孟加拉国实行军事和文职人员制度，而且向来运作不畅。上千万孟加拉难民非法进入印度边境，截至本书付梓之时，孟加拉国政府还在为改善其政府职能效率奋力挣扎。将来，孟加拉可以作为陆上贸易和管道路线中转站连接印度、中国以及未来自由和民主化的缅甸。

次大陆的政治分歧从远古时开始，至今仍病灶缠身。在次大陆极北端，喀喇昆仑山脉与喜马拉雅山会合，山下是克什米尔的领土，挤在巴基斯坦、阿富汗、印度和中国之间；喀喇昆仑山脉的北部地区有个吉尔吉特镇，由巴基斯坦占领，印度则声称属于自己，并称其为克什米尔西部阿扎德“自由”区（Azad Kashmir）；克什米尔中心的拉达克岭，有两个镇叫斯利那加和查谟镇，由印度管辖，巴基斯坦亦宣示其主权；北面的锡亚琴冰川也是同样情况。

在更遥远的北部和东北部，沙克思干谷地和阿克塞钦由中国管控，印度提出声索；此外，印度占据的查谟和克什米尔邦，穆斯林人口占 75%，多年来这一事实已成为刺激圣战起义的燃料，本·拉登生前就曾声明反对印度教主导的印统克什米尔。

尽管克什米尔是不适宜居住的高海拔荒地，但争夺它的战斗却屡屡发生，而且还会继续。同巴勒斯坦一样，网络空间和新媒体也对克什米尔地区的局势有重大影响，随时可以在千百万人中间触发仇恨，使问题越发错综复杂，其解决更是遥不可及。

技术可以超越地理，但技术同样可以增强地理的重要性。印度次大陆是模糊不清的地理现实，但其边境的勘界工作仍将无限期地进行下去。

中国旧时的历代王朝，几乎全部在其目前边界以内进行治理，而印度却历来没有明确的边界。因此，印度在看待阿富汗和其他势力的阴影区时常常显得心情不宁，而中国则更加平心静气一些。从地理局限的程度上讲，印度是一个地区大国，但同时又是一个潜在的全球性大国，势必将冲击它所能超越的所有极限。

THE REVENGE OF GEOGRAPHY

第 13 章 搅动世界的波斯
伊朗的地理枢纽

地理决定伊朗神权至上政教合一的体制。作为两河流域历经沧桑的文明古国，伊朗为何最终会由什叶派来主政？它与伊拉克之间又有着怎样剪不断的历史纠葛？在伊斯兰革命风暴下为何其神权统治反而愈发变得牢固？

作为伊朗高原的唯一国家，伊朗不仅位于麦金德心脏地带的南部，也属于斯皮克曼所说的大陆边缘地带，加之其扼守霍尔木兹海峡及横跨两大产油区的独特区位优势，使得伊朗在历史上的枢纽位置更为显著。

在“绿色革命”的冲击下，伊朗的神权统治日益不为西方人所容忍，伊朗的核问题犹如中东的一颗定时炸弹，随时可能在西方国家的挑唆下引爆，曾经盛极一时的波斯帝国如何才能恢复大中东强国的昔日风采？地理的报复又将在这个国家如何上演……

麦克尼尔曾经讲过，印度、中国和希腊分别处于“古代文明世界的末梢”，他们受到高山、沙漠以及遥远距离的保护。当然，这种保护只是部分的，就我们所知，希腊曾被波斯人蹂躏过，中国受到蒙古和突厥等草原民族入侵者的困扰，印度则遭受穆斯林的入侵。

不过这三个伟大而独特的文明之所以能够扎根，都有地理提供足够的屏障。在这些文明之间的巨大空间，正如前面章节中指出的，正是麦克尼尔的同事马歇尔·霍奇森所提出的“一世界”(Oikoumene)，即古代希腊语的“世界居住地”之意。这是希罗多德的世界，是从北非延伸至中国西部边缘的亚非大陆的温带旱地，也是霍奇森称之为“从尼罗河到阿姆河一带”(Nile to Oxus) 之处。

霍奇森敏锐地捕捉到几个关键而矛盾的事实 :“一世界”即“大中东”，是一个很容易定义的区域，处于希腊、中国、印度之间，又明显与这三个地方区分开来，对他们有举足轻重的影响，这样的关系是非常有机的整体。

但大中东又统一于伊斯兰教义之下，以马和骆驼作为游牧遗产，这与中国和印度的农业文明有本质的区别，同时其内部又细分为河流、绿洲、高地等不同地貌，给今天的政治组织带来了许多衍生物。

大中东和中国之间的差距，尤其能说明问题。已故中国问题专家费正清写道：

> 古代中国文化同宗同祖的特点已为考古记录所证实。而与之形成鲜明对比的是，古代中东地区的人口、国家和文化却表现出多重性和多样性。
>
> 从大约公元前 3000 年开始，埃及人、苏美尔人、闪米特人、阿卡德人、亚摩利人……亚述人、腓尼基人、希提人、玛代人、波斯人以及其他族人，在扑朔迷离的……战争和政治洪流之中相互混杂，他们的历史是一种充满复仇色彩的多元化记录。在尼罗河、底格里斯 - 幼发拉底河、印度河河谷……几个中心地区，农业靠灌溉发展起来，语言、书写系统和宗教向外传播。

这种地域分割的古代遗产，跨越了千年鸿沟，对我们产生深刻的影响，对今日动荡的大中东政治也是至关重要的因素。阿拉伯语已统一本地区的大部分，波斯语和土耳其语主要统领北部高原地区，更不用提中亚和高加索地区的许多种语言。

正如霍奇森所说，某些中东国家的建立虽然是西方殖民地时代地图任意裁定的结果，但在古代也有其地理基础。这些国家的多样性，加上宗教、意识形态、民主化的力量，竞相操纵其发展进程，并进一步为阿尔弗雷德·塞耶·马汉的理论提供部分具体论据。处于地球干旱地带最核心的地区，也是地球上最不稳定的地区，这是 21 世纪世界政治最关键的事实。

用学者杰弗里·肯普（Geoffrey Kemp）和罗伯特·E. 哈卡维（Robert E.Harkavy）的话说，中东是一个“巨大的四边形”，连接着欧洲、俄罗斯、亚洲和非洲：西部与地中海和撒哈拉沙漠结合，北部有黑海、高加索、里海和中亚草原大地，东部是兴都库什山脉和印度次大陆，南部临印度洋。这个四边形与中国或俄罗斯不同，它并不构成一个庞大的国家；它也不像印度次大陆，甚至没有一个占绝对优势的主导大国，否则至少会提供一些连贯性的假象；此外，它也和欧洲不同，并没有形成统一制度下的联盟结构（如北约和欧盟）。

中东看起来非常无序，令人眼花缭乱。王国、苏丹、神权、民主、军事独裁，其共同边界像是由一把没有握稳的剪刀任意裁出。整个区域包括非洲之角、北非、中亚，在一定程度上还包括印度次大陆，构成一个压缩版的“不稳定轴心”（axis of instability）。在这里，各大洲、历史道路网、海上通道相互交错衔接，更重要的是，这一地区蕴藏丰富的石油和天然气，各占世界已探明储量的 70% 和 40%。

耶鲁大学教授保罗·布拉肯提到的所有病症，本地区都容易发生：极端主义意识形态、从众心理、重叠覆盖的导弹射程范围，还有唯利是图的传媒，其观点的偏执程度丝毫不亚于福克斯新闻台（Fox News）。事实上，中东是除朝鲜半岛以外核扩散问题最严重的地区。

中东也是青年增长聚集区，其中 65% 的人口不到 30 岁。1995 年至 2025 年间，伊拉克、约旦、科威特、阿曼、叙利亚、约旦河西岸、加沙地带和也门的人口将增加一倍。年轻的群体是最有可能导致动荡和变化的力量。伊朗和阿拉伯国家下一代的统治者，都不会再像其前辈那样享有独裁统治的奢侈，该地区进行的民主实验也证明，虽然选举很容易实现，但稳定和自由民主的秩序却需要漫长的过程和几代人的努力才能完善。

在中东，青年群体性膨胀和通信革命已引发一连串墨西哥式的混乱变革场景，更乱更多的派别和多党制次第出现，取代了一党决定制度，但又没有达到墨西哥的制度化水平，后者虽然仍属初级阶段，比起大多数中东国家还是进步得多（对美国而言，与一个真正民主的墨西哥打交道，比与有效的一党统治的墨西哥交往要难得多。——作者注）。先进武器装备和大规模杀伤性武器，预示着未来几十年中东的战争有可能比阿拉伯和以色列的冲突更为惨烈。回头再看阿以冲突，不管是冷战时期还是后冷战时代的，还是带有几分浪漫和怀旧的情调，道德上的考虑和战略优势的计算权衡，也都比较鲜明突出。

阿拉伯半岛的核心——内志

霍奇森的“从尼罗河到阿姆河一带”，基本上是指从埃及到中亚的部分，其中埃及可作为北非的简括。“北非”这一说法，包括属于阿拉伯地区的南部中东沙漠和平原，以及非阿拉伯区的北部山区台地，该地区始于黑海，终于印度次大陆。北部高原地区呈不规则伸展，也可被称为“博斯普鲁斯海峡到印度河”（Bosphorus-to-Indus）。这个地区受到中亚迁移的严重影响，并相应地影响了尼罗河到奥克苏斯，以及地中海、红海、印度洋的海上交通。事实上，中东是几大洲的交汇点，其内部地理比欧洲以外的任何地区更复杂、更广阔，跨越的时区则是欧洲的两倍多。因此，我们有必要把中东地区分解成不同部分进行具体分析。

近些年来，电子通信和航空旅行已经克服了地理的限制，因此危机的解决受到整个地区政治互动程度的限制。例如，以色列拦截了向加沙运送救灾物资的船队，土耳其、伊朗和整个阿拉伯世界群情激昂；突尼斯中南部的一个果蔬小摊贩自杀，不仅突尼斯内部爆发示威，大半个阿拉伯世界也群起响应。研究一下地图和其先天的分歧，个中原因即见分晓。从中东地图上我们可以发现，阿拉伯半岛、伊朗高原、安纳托利亚大陆桥，这三个地域特征分外明显。

阿拉伯半岛由沙特阿拉伯王国主导，也包括其他重要的国家。沙特阿拉伯人口只有 2 870 万，占半岛居民人口不到一半；但其年增长率近2%，如果高出生率继续下去，其人口将在几十年里增加一倍，鉴于该国主要由高原草地和水资源贫乏的沙漠组成，大量的人口会给资源带来巨大压力。接近40%的沙特人在15岁以下，年轻男子40%失业。这样一个年轻群体的就业和教育问题给该国带来的政治压力也将是巨大的。沙特阿拉伯的力量并非来自其人口规模（这其实是一项负担），而是来自其石油储量的全球领先地位，沙特现有原油2 620亿桶，天然气储量居世界第四，有240万亿立方英尺。

沙特的地理摇篮是内志，这里也是与极端逊尼派宗教运动相关的瓦哈比教派的中心。这个干旱地区位于阿拉伯半岛的中心，夹在北部的大内夫得沙漠和南方的鲁卜哈利沙漠之间，东部是波斯湾沿岸地带，西部是汉志山。“内志”一词是指高地，此地西部海拔5 000英尺，东部则有2 500英尺。19世纪后期，英国探险家和阿拉伯学者查尔斯·M. 道蒂（Charles M. Doughty）对内志有如下描述：

> 溪水有气无力地尖叫着，和着沙砾的噪音，它是内志各个村庄干旱少雨的土地发出的哀鸣。牛再有劲也派不上用场，这里连超过三或四英寻[①] 深的井都凿不出来。他们说，如果上帝没有创造骆驼，内志早已没了人烟。

内志正是霍奇森所谓“骆驼游牧”的心脏地带，以此为堡垒，瓦哈比派狂热分子近几个世纪以来向各方发起袭击；而汉志省则毗邻红海，拥有圣城麦加和麦地那。内志的瓦哈比派分子视那些到各种圣地朝圣者为异端，唯独到麦加天房（Kaaba）的朝觐者除外。在西方人头脑里，圣城麦加和麦地那代表着穆斯林的宗教性，事实却恰恰相反：朝圣的穆斯林从伊斯兰世界各地辗转而来，给圣城和汉志周

① fathoms，相当于6英尺或1.8288米。——译者注

围增添了一抹世界主义色彩。中央情报局官员布鲁斯·里德尔（Bruce Riedel）写道，汉志"人口年轻，温文尔雅，宗教多样，从未完全遵守过沙特瓦哈比的清规戒律"。

汉志人面向红海，从埃及、叙利亚寻找文化寄托，而不是求助于内志严峻的沙漠及其瓦哈比教义。其实，瓦哈比派在历史上就无法保住阿拉伯半岛边缘，其对手甚至发现他们同样难以保住内志腹地。当代沙特阿拉伯的存在，归功于 20 世纪上半叶一个人的眼光和能力，它就是阿卜杜勒·阿齐兹·伊本·沙特（Abdul Aziz ibn Saud）。这位内志人于 1925 年征服了汉志，他对国家的设计充分考虑到其地理优势。这个国家专注于内志和首都利雅得，不包括波斯湾沿岸的酋长国，也不包括阿曼和也门。

沙特阿拉伯面临的最大威胁是也门。也门只有沙特阿拉伯国土面积的 1/4，人口则几乎一样多，这使阿拉伯半岛的人口核心密集于其多山的西南角落，那里广阔的玄武岩高原连接着沙堡构造带，火山爆发留下的凹凸起伏环抱着自古以来人口稠密的绿洲。

像尼泊尔和阿富汗一样，也门从来就没有真正经历过殖民统治，因此没有发展起强大的官僚机构。几年前我前往沙特，路过也门边境地区，只见一辆辆皮卡车满载着全副武装的青年男子呼啸而过，他们忠于这个或那个酋长，也门政府的存在简直微不足道。也门境内的枪支数量估计高达 800 万，几乎每个也门人有 3 支枪。我永远也不会忘记，在也门首都萨那，美国军事专家曾告诉我："在也门，你至少能发现两千万咄咄逼人、富有商业头脑且全副武装的人。与邻国沙特相比，他们更加勤劳，积极努力。它的未来让利雅得政府害怕到极点。"

沙特阿拉伯是阿拉伯半岛的同义词，就像印度是次大陆的代名词一样。但是，与印度人口稠密的状况不同，沙特阿拉伯在地理上由模糊不清的绿洲网和广阔干旱的大片土地构成。公路和国内航空联系，对其凝聚力显得至关重要。印度立足于民主和宗教多元化的思想，而沙特阿拉伯是建立在大家庭式的忠诚上；然而，印度几乎被非常态化的国家包围着，沙特阿拉伯的边界却向北消失在无边的沙漠里，东部和东南部有很好的屏蔽（朝向巴林的部分除外），邻近的酋长国看起来治理有方，自给自足，它们也是历史和地理的产物。今天的科威特、巴林、卡塔尔和阿拉伯联合酋长国的领土，沿途都是19世纪最大的海上力量英国的贸易路线，特别是印度沿线。英国与这些国家的统治者谈判达成交易，使他们在第二次世界大战后纷纷独立。大规模的石油储量构成这些国家故事的其余部分，用英国的阿拉伯学者彼得·曼斯菲尔德（Peter Mansfield）的话说，他们都是“埃尔拉多”（Eldorado），即传说中的“黄金国”。总之，阿拉伯半岛西南地区人口最多，那里正是沙特阿拉伯最脆弱的地方。武器、爆炸物、麻醉品咖特叶（QAT）从那里大量流入，大多来自也门边界。未来拥挤的部落化也门将有很长的路要走，它确定了沙特阿拉伯的未来，在这两个国家之间，地理或许比思想有更多的联系。

地理将怎样报复伊朗？

中东另一端的伊朗高原只是一个国家的代名词，那就是伊朗。伊朗有 7 300 万人口，是沙特阿拉伯的两倍半，与土耳其和埃及并列中东人口最多的国家。伊朗的管理者已有意识地将其人口增长率降到 1% 以下，15 岁以下的人口只占 22%。因此，伊朗的人口不是负担，而是一种资产。

当然，也有人会举例说，土耳其有更大的人口基数，低人口增长率与伊朗相似，但识字率更高；它的农业经济非常稳定，工业化也超过伊朗。土耳其位于伊朗西北部，接近欧洲，离逊尼派阿拉伯人口中心更远。在油气生产大国的行列里，土耳其处于垫底的地位，而伊朗石油储备量世界第三，有 1 330 亿桶，天然气储量排名第二，达到 970 万亿立方英尺。然而，伊朗的区位优势尤其得天独厚，处于麦金德心脏地带的南部，斯皮克曼大陆边缘地带的里面。这才是伊朗真正值得一看的东西。大中东地区的石油和天然气，集中在波斯湾或里海地区。正如航线一样，油气管道已经从里海地区辐射开来，延伸到地中海、黑海、中国和印度洋。横跨两大能源产区的唯一国家就是伊朗，因为它的领土从里海延伸到波斯湾。波斯湾拥有世界原油储量的 55%，伊朗占据整个海湾，从伊拉克边境的阿拉伯河到霍尔木兹海峡，全长 615 英里。

这些海湾，包括入海口、港湾、海峡、岛屿，是自杀性攻击最好的隐蔽处，油轮有时会在这里撞到快艇。霍尔木兹海峡的海岸线长度是 1 356 海里，第二长的是阿拉伯联合酋长国，只有 733 海里。伊朗还有 300 英里海岸线正对阿拉伯海，包括邻近巴基斯坦边境的查巴哈尔港，伊朗因此成了苏联中亚内陆国家重要的温带淡水供给源。伊朗北面的里海沿岸，山地密林环绕，从西部的阿斯塔拉绵延近 400 英里，与苏联的阿塞拜疆边界接壤；东部的托尔卡曼港海岸则邻近土库曼斯坦边界。

看看欧亚大陆的地图，我们能看到更多东西。扎格罗斯山脉宽广的背部，从西北的安纳托利亚经伊朗一路落至东南部的俾路支省，山岭西部的道路对美索不达米亚完全开放。1934 年，英国地区专家和旅游作家芙蕾雅·斯达克到扎格罗斯山脉的卢里斯坦山区探险，她的出发点自然是巴格达而不是德黑兰。东部和东北部的道路通往呼罗珊、卡拉库姆沙漠和克孜库姆沙漠，这两个沙漠分别属于土库曼斯坦和乌兹别克斯坦。伊朗既横跨波斯湾和里海丰富的能源产区，也横跨中东和中亚。除了伊朗，没有任何一个阿拉伯国家敢这么说。

蒙古人对伊朗（波斯）的入侵，造成了极为严重的影响。成千上万的人被杀害，坎儿井（qanat）灌溉系统被摧毁，最重要的是，它影响了波斯在中亚的前景。伊朗对苏联高加索和中亚加盟共和国的潜在影响是巨大的，这些苏联共和国在伊朗北部有大量民族同胞，因此在理论上也可以破坏这个国家。在伊朗西北部的邻国阿塞拜疆有大约800万阿塞拜疆土耳其人，而在伊朗的阿塞拜疆省和德黑兰省，这些人口的数量却有两倍多。

阿塞拜疆人是伊朗政体的共同创始人。1501年伊朗迎来第一位什叶派国王伊斯梅尔，他就是一位阿塞拜疆土耳其人；阿塞拜疆商人和阿亚图拉[①]，在伊朗也非常重要。在西部土耳其和阿拉伯世界附近，伊朗的影响是行之有效的，在北部和东部地区的影响同样深刻。如果未来伊朗和曾属于苏联伊斯兰缓冲带的南部建立不那么专制的制度，伊朗在文化和政治方面的影响力还可以进一步加深。

此外，我们从新闻头条可以知道，伊朗直到最近都在邻近的地中海地区享有令人羡慕的政治地位，在哈马斯控制的加沙、真主党控制的黎巴嫩南部和复兴党的叙利亚都是如此。历史和地理表明，伊朗在所有方向都有突破。公元6世纪波斯萨珊王朝的帝王宫殿在现代巴格达南部的泰西封，当时的国王宝座下面还为罗马和中国皇帝留了空座，以示虚位以待，此外还有座位留给中亚游牧民族的领袖，当他们来拜访时，可以作为候补进入万王之王的宫庭。此外，伊朗不是20世纪某个家族或某种宗教思想的发明创造，不像沙特阿拉伯任意裁定边界，它几乎与伊朗高原完全吻合，用普林斯顿大学历史学家彼得·布朗（Peter Brown）的话说，是“近东的卡斯蒂利亚”，其文明的活力则远超后者。伊朗是古代世界上第一个超级大国。布朗写道，

① 阿拉伯语ayatollah的音译，意为“安拉的迹象”，伊斯兰教什叶派十二伊玛目支派高级教职人员的职衔和荣誉称号。——译者注

波斯帝国甚至围攻过希腊，“像一条巨龙的尾巴……远远地横扫奥克苏斯、阿富汗和印度河谷”。20 世纪之交的俄罗斯伟大地理学者 W. 巴托尔德（W. Barthold）同样认为，大伊朗在幼发拉底河和印度河之间，库尔德人和阿富汗人在本质上其实正是伊朗人。

语言学家尼古拉斯·奥斯特勒（Nicholas Ostler）写道，近东人中只有希伯来和伊朗的古老民族有自己的“文字和文化传统，一直延续到近代”。波斯的法尔西语，没有被阿拉伯语所替换，它在 11 世纪和今天是相同的形式，尽管它采用阿拉伯文的写法。伊朗作为一个民族国家、一种彬彬有礼的文明，比阿拉伯世界的大多数地方和肥沃新月的所有地方都古老，甚至包括美索不达米亚和巴勒斯坦。

伊朗共国近乎浑然天成。其神职政权内部的激烈竞争，倒也体现一种更高的制度化水平，比该地区除以色列和土耳其以外的任何地方都要高。正如中东对于非洲和欧亚大陆来说是一个四边形，对于世界岛而言,伊朗就是中东的万向节。麦金德的枢纽不应在中亚土地上，而应向南转移到伊朗高原。这样，伊朗正日益受到中国和印度的青睐也就毫不奇怪了，其海军甚至可以在 21 世纪的某个时间与美国海军分享欧亚海上通道的优势。**虽然伊朗在面积和人口上远不及以上两个大国以及俄罗斯或欧洲，但因为它处于关键的地理位置，在人口、资源和能源方面也十分重要，因此是地缘政治的根本。**

“伊朗的理念”，是英国历史学家迈克尔·阿克斯沃西（Michael Axworthy）提出的说法。他解释说，这种说法关乎文化和语言，也与种族和领土密切相关，意为伊朗具有古希腊和中国那样的文明吸引力，把其他民族和语言纳入其语言的轨道。这是软实力的本质，在麦克尼尔的概念里，象征着一种文明和文化对其他文明的影响。达里语、塔吉克语、乌尔都语、印地语、孟加拉语、伊拉克阿拉伯语都是波斯语的变种，或受到其影响。也就是说，人们可以从巴格达一直走到加尔各答，却没有跳出波斯文化圈。用旧时地图对伊朗历史来个简短的扫描，可以进一步说明这种活力。

大伊朗起始于公元前700年，玛代人在古老的斯基泰人帮助下，在以拦（古伊朗）西北部建立独立国家。公元前600年，其范围已从中央的安纳托利亚到兴都库什，即从土耳其到阿富汗，南部达波斯湾。公元前549年，来自波斯阿契美尼德王室的王子居鲁士大帝（Cyrus）夺取了伊朗西部的米底亚都城埃克巴塔，即今天的哈马丹，随后继续征服。从公元前6世纪到公元前4世纪，阿契美尼德帝国（Achaemenid，公元前539－公元前312）处于极盛时期，首府位于伊朗南部的波斯波利斯，并从那里不断发出扩张的命令，西北攻取色雷斯和马其顿，西南直指利比亚和埃及，一路向东收服旁遮普省，往北横跨高加索、里海和咸海，往南到达波斯湾和阿拉伯海。至此，帝国疆域横跨博斯普鲁斯海峡到达印度河地区，尼罗河也被囊括在内，在当时的世界历史上没有任何一个帝国能与之匹敌。公元前5世纪的波希之战决定了西方对古伊朗的态度，我们普遍同情希腊人，反对波斯人。但也要看到，"一世界"相对平和、宽容的波斯阿契美尼德王朝及其后继帝国的统治，为伟大的忏悔派宗教的出现和繁荣打下了坚固的基础。

阿克斯沃西写道："帕提亚人……体现了伊朗最高的品德，即认同、接受和包容文化的复杂性……这是他们统治的基础。"帕提亚人的都城设在伊朗东北部的呼罗珊和相邻的卡拉库姆地区，以伊朗语为通用语言，统治区间从公元前3世纪到公元3世纪，疆域从叙利亚、伊拉克到阿富汗中部和巴基斯坦，以及亚美尼亚和土库曼斯坦。与阿契美尼德的疆域划分法不同，帕提亚帝国为大伊朗的现实打下了基础。这不见得是坏事。帕提亚帝国的统治极为分散，与其说是直接把控，不如说是一个强大的势力范围，并充分借鉴了从希腊人那里继承的艺术、建筑、行政惯例。今天的伊朗，神职政权固然威严，但人口、经济和政治力量同样充满活力，人口中最关键的阶层是不受管束的。

中世纪的历史纪录在地图和语言上都遵从古制，只不过方式可能更微妙。公元 8 世纪，阿拉伯世界的政治轨迹从叙利亚向东转移至美索不达米亚，即从倭马亚哈里发王朝过渡到阿巴斯哈里发王朝，在 9 世纪中叶达到顶峰，统治范围从突尼斯向东至巴基斯坦，从高加索和中亚向南到波斯湾，首都位于巴格达的新城，紧挨着古波斯萨珊首都泰西封。这个新帝国继承了波斯帝国的官僚体制，给金字塔形的政府结构又做了整体加层，进一步加固了统治基础。与其说是一个酋长国，阿巴斯哈里发更像伊朗专制的象征。一些历史学家称它是波斯人对中东的“文化复辟”，只不过打着阿拉伯统治者的幌子。

阿巴斯王朝承袭了许多波斯传统，正如倭马亚王朝因更靠近小亚细亚而承袭了拜占庭的惯制。历史学家菲利普·K. 希提（Philip K. Hitti）写道：“波斯的官爵高位，波斯的美酒和美人，波斯的主妇，波斯的情歌，以及波斯的理念和思想，在当时引领风骚。”此外，波斯人还帮助巴格达确定了其巨砖结构和环形圈地的设计。

“在西方人的想象里，”普林斯顿大学教授彼得·布朗写道，“伊斯兰（阿巴斯）帝国代表东方力量的精髓神祇。伊斯兰教的这一关键性取向既非源于穆罕默德，也不应归功于公元 7 世纪宽容的征服者，而应归结于公元 8 世纪至 9 世纪东方波斯传统的大规模回归。”西方人惯常认为，是法兰克王查尔·马特（Charles Martel）率军在公元 732 年的图尔战役（Tours）中击退了穆斯林军，“从而逼停了阿拉伯帝国的战争机器”，但事实与之恰恰相反：是巴格达的建立取代了贝都因骑兵的流动帐篷，代之以波斯帝国的建制和奢华的行政机关。

公元 13 世纪，蒙古骑兵的铁蹄践踏了巴格达，给伊拉克留下一片废墟，特别是摧毁了它的灌溉系统（正如在伊朗一样）。这次浩劫使伊拉克自始自终没有完全恢复元气。即便如此，蒙古人也未能阻止波斯艺术和文学的生命力。鲁米、伊拉基、萨迪以及哈菲兹等大诗人[①] 都在旭烈兀汗（Hulagu Khan）占领波斯之后进入创作高峰期。当时美索不达米亚一片荒芜，沼泽遍地，疟疾丛生。波斯的文人墨客触景伤情，在作品中凭吊他们的祖先萨珊王朝，它曾一度统治一个比其帕提亚还要大的帝国，几乎相当于阿契美尼德时期的版图。

波斯艺术家和学者的学术成就和语法特色，对许多非波斯地区都有影响，如阿巴斯、迦兹纳维、塞尔柱、蒙古和莫卧儿。波斯语是莫卧儿的宫廷语言，也是奥斯曼帝国的官方外交语种。中世纪的波斯人虽无法像古波斯那样直接统治从博斯普鲁斯海峡到印度的一大片区域，但他们对文化生活的主导却达到相同的程度。正如阿克斯沃西所说的那样，“伊朗的理念”，有利于扩展伊朗的地理位置，使“大伊朗”成为一种自然的历史现象。汤因比曾提出一个诱人的假设，如果 1381 年帖木儿没有挥军南下征服伊朗，中亚河中地（Transoxiana）与俄罗斯之间的关系可能已经“逆转”，或许伊朗会成为苏联那么大的国家，不是由俄国人从莫斯科统治，而是由伊朗人从今天乌兹别克斯坦的撒马尔罕执政。这也是什叶派思想的一个组成部分，尽管什叶派神职人员的统治使德黑兰文化黯淡，思想压抑。虽然马赫迪[②] 以隐遁的第十二伊玛目（Imam）的名义到来，使什叶派人士感到不公正时代即将终结，因而引发了激进主义行动，

① 梅夫拉那·贾拉丁·鲁米，1207—1273，伊斯兰教苏菲派神秘主义诗人，出生于今阿富汗境内，著有《玛斯纳维》。伊拉基，约1211—1289，著有《光照集》。萨迪代表作《蔷薇园》及《果园》。鲁米、伊拉基、萨迪、哈菲兹，有波斯“诗坛四柱”之称。——译者注

② Mahdi，意为“蒙受引导者”或“被引上正道的人”。根据伊斯兰教的经典《圣训》预言：他是世界末日来临前的一个有宗教领袖性质的人物，是穆斯林的领袖，出自先知穆罕默德的女儿发图买的后代中。什叶派对马赫迪的看法与逊尼派有分歧，什叶派认为隐遁的伊玛目（领拜人）就是必将再降世的马赫迪。——译者注

什叶派倒不太倾向于扮演其他公开的政治角色。什叶派神职人员有“静”的传统，讲究安静应变，默许既成的权力，常靠苏菲派提出智力支持。

今天伊拉克领导教士阿亚图拉·阿里·西斯塔尼（Ayatollah Ali Sistani）只在关键时刻才从幕后呼吁政治和解，即是一大见证。因为伊拉克和伊朗之间在整个历史阶段的共生关系，伊朗革命后伊朗人完全可能将目光投向伊拉克什叶派圣城纳杰夫和卡尔巴拉等城市，而不是到自己的圣城库姆寻求精神支持，除非库姆和纳杰夫与卡尔巴拉一样，也采用清静主义。

法国学者奥利维尔·罗伊（Olivier Roy）告诉我们，什叶派历史上本是一种阿拉伯现象，很晚才传来伊朗，最终却导致神职等级体制建立并上台掌权。什叶派的巩固和加强，还得益于伊朗自古建立起来的强大官僚体制国家传统；而伊朗的官僚制度之所以比阿拉伯世界更严格，部分得益于伊朗高原的空间连贯性。

把什叶派带到伊朗的是 16 世纪的萨菲王朝（Safavids,1502 – 1736 年统治伊朗）。他们的名字来源于苏菲派的萨菲军团，原本属逊尼派。萨菲王朝是“马背上的兄弟会”，由土耳其人、阿塞拜疆人、格鲁吉亚人、波斯人的后裔在 15 世纪后期混合而成。他们占领了黑海和里海之间的山区高原地区，在那里，安纳托利亚东部、高加索、伊朗西北部交汇在一起。面对千差万别的语言和地域特点，新的统治者亟须在伊朗高原建立一个稳定的国家，他们把十二伊玛目什叶派（Twelver Shi'ism）确立为国教，宣称等待第十二伊玛目的回归，并称这位穆罕默德的直系后裔没有死，而是在静修。

当然，这种发展不是历史或地理的恩惠钦点，而是在很大程度上依赖于人物和具体形势。例如，在 13 世纪，蒙古可汗尼德（Ilkhanid）时期的统治者完泽笃（Oljaitu，即元成宗）如果不转而皈依十二伊玛目什叶派，什叶派在伊朗西北部的发展可能会有所不同，谁也不知道此后形势可能如何演变。不论如何，什叶派在伊朗西北部的各土耳其军团之间聚集力量，并为萨菲国王沙·伊斯梅尔（Shah Ismail）的崛起奠定了基础，他在完成征服后强行推广什叶派，从现今黎巴嫩南部和巴林带来了阿拉伯神学士，形成了国家神职人员的核心。

萨菲帝国在其全盛时期，从安纳托利亚和叙利亚 - 美索不达米亚，扩展至阿富汗中心和巴基斯坦，这是大伊朗在整个历史阶段的又一变种。什叶派是伊朗作为现代民族国家的凝结剂，16 世纪非波斯什叶派少数民族的伊朗化也对这方面有所帮助。伊朗自古以来可能一直是一个伟大的国家和民族，但萨菲王朝把什叶派安插进伊朗高原，改变了现代伊朗的定位方向。事实上，20 世纪末至 21 世纪初的伊朗革命是这一强大而奇异的传统遗产合乎国情的表达，其暴力感也因阿亚图拉的崛起得以持续压制。并非我有意夸大，伊朗历史传统中的丰功伟业、深思熟虑、才智激情实在让人感叹。“波斯，这片诗人与玫瑰的天堂！”詹姆斯·J. 莫里尔（James J. Morier）在《伊斯法罕的哈只巴巴》（*The Adventures of Hajji Baba of Ispahan*）的前言中发出这样的惊呼。当然，更有名的说法是，比较才是严谨治学的开始。

与冷战早期和中期阶段阿拉伯世界的动荡和革命相比，1978 – 1979 年伊朗革命引出的政权，其锐气和现代性举世震惊。事实上，这可直接回溯到古代的阿契美尼德王朝，有关伊朗过去和现在的一切都具有很高的品质，无论是居鲁士时代以来伊朗帝国的活力、穆罕默德·艾哈迈迪·内贾德（他竟罔顾治理伊朗应具的德才智慧，在黎巴嫩、加沙地带和伊拉克经营起恐怖网络，难道也是帝国统治的一个方面么！）还是什叶派神职人员的政治思想和著作，或者是官僚机构和安全勤务在打击异己上的复杂效率。德黑兰的革命秩序，构成丰富发展的政府结构，其权力中心相对分散；它不是一个粗制滥造的独裁制神权政体，与萨达姆·侯赛因掌控的伊拉克不同。奥利维尔·罗伊告诉我们，伊朗革命的“原创性”在于神职人员和伊斯兰知识分子之间的合二为一。

> 比起（阿拉伯）逊尼派神学士，什叶派神职人员对非伊斯兰社团开放得多。阿亚图拉很喜欢阅读（像马克思和费尔巴哈一样），他们的思想中，甚至也有耶稣会会士或道明会修士的影子。因此，他们集纯粹的哲学大家与令人激动的诡辩法家于一身……什叶派神职人员的文化双重性是惊人的：既是高度因循守旧的传统主义者，又对现代世界非常开放……

用罗伊的话说，正是这种相对先进和现代化的源流，使得“什叶派的想象……更容易适应革命的思想”。反过来，这种思想需要一种历史感和社会正义感，并与殉道相结合。逊尼派的阿拉伯世界虽然不乏改革者和现代化的推动者，像 19 世纪末 20 世纪初的穆罕默德·阿布杜（Muhammad Abduh）和拉希德·里达（Rashid Rida），但在很长一段时间里根本没有机会接触西方政治哲学家如黑格尔和马克思主义，与伊朗应有的文化程度不符；而伊朗的毛拉[1] 已将黑格尔和马克思主义融入血管里，他们的道德优越感建立在对历史目的论的理解基础上。与阿富汗圣战者的保守主义或阿拉伯世界令人窒息的军事政权不同，在 20 世纪 80 年代，伊朗革命自视为博爱兄弟会的一部分，与尼加拉瓜的桑地诺阵线以及南非的非洲人国民大会相互呼应。伊朗的神学统治近年来已蜕变为单纯的残酷压迫，用勃列日涅夫的话说，就是腐朽的政权已暴露疲惫之态；但那些明争暗斗仅仅发生在紧闭

① Mullahs，伊斯兰教职称谓。原意为：“保护者”“主人”“主子”。今为从清真寺经堂大学或经学院“穿衣”毕业，具有较高宗教学识的宗教人员的通称。——译者注

的国门之内，其理论性和抽象性，也从反面证明了伊朗文化的高深莫测。除了土耳其和以色列以外，伊朗比任何大中东国家都强大，组织得也更精心。伊斯兰革命并未摧毁伊朗，而是让自己委身于它。这个国家还保持了普选制度，并有一套总统制系统，虽然神学知识分子和安全服务的滥用使2009年的选举受到了操纵。

此外，使伊朗的神职政权如此热衷于追求自身利益的原因是政权与国家的融合，这本身就是历史和地理的产品。2009年有争议的大选后，发生了大规模的反政府示威“绿色革命”，但它看起来与它想推翻的制度一样：按该地区的标准相当高级复杂，因此算得上伊朗天才的另一场示范。绿派展开了一场世界级的民主运动，他们采用通信技术最新手段，如推特、脸书、短信等来扩大组织影响，并将民族主义和普遍道德价值观有力地结合，以推进自己的诉求。

伊朗政权采取了各种压制手段，含蓄或直接地把绿色革命逼至地下。然而，绿派若有朝一日掌握权力，或敦促神职政权改变理念和外交政策，走向和缓，伊朗将因其强大的国家和有活力的理念，有能力带领整个中东远离激进，为新的资产阶级提供政治表达。一个新的中产阶级价值观已经在整个大中东悄然出现，但因美国与基地组织和极端主义纠缠不清而一时受到掩盖。

将事情归因于命运是危险的，因为它意味着对命运和决定论的屈从，但鉴于伊朗的地理、历史和人口资本从大中东延伸到欧亚大陆，这片地域将非常可能受到伊朗自身政治演变的严重影响，无论好还是坏。对于伊朗来说，这是一个有待履行的使命，其最佳迹象在于中亚还没有真正发生的那些事件。让我解释一下。伊朗的地理位置与中亚正面相对，边界范围与美索不达米亚和中东相同。考虑到大伊朗在该地区的整个历史，苏联解体给伊朗带来的收益有限。“伊斯坦”（Istán）这个后缀，对于中亚国家意味着“地方”，本是波斯语。中亚地区的伊斯兰化和文明的导线，正是波斯语言和文化。

自 20 世纪初以来，中亚的知识分子和其他精英说的语言，都是某种形式的波斯语。然而，根据罗伊等人的观察，1991 年后，西北部什叶派阿塞拜疆人开始采用拉丁字母，并转而师从土耳其；伊朗东北部的共和国逊尼派乌兹别克斯坦，出于对其本土原教旨主义的恐惧而倾向于民族主义，摈弃了伊斯兰基础，这引起伊朗的警惕；塔吉克斯坦也属逊尼派，但讲波斯语，向伊朗寻求保护，但伊朗因担心得罪中亚其他地区讲土耳其语的穆斯林而对其半推半就。其实，中亚人本是游牧或半游牧民族，起初很少有虔诚的穆斯林，70 年的共产主义统治更加强了他们的世俗化倾向。现在他们不得不从头重学伊斯兰教，因此对神职的伊朗敬而远之，甚至有点畏惧他们。

当然，在德黑兰看来，形势发展已经有了积极的信号。伊朗核计划证明它是中东技术最先进的国家之一（在文化和政治方面也是如此），而中亚国家的水电、公路和铁路项目总有一天会与伊朗相连，无论是直接的还是通过阿富汗。此外，天然气管道从土库曼斯坦东南部连接到伊朗东北部，将天然气输送到伊朗的里海地区，从而减轻了伊朗南部的天然气生产和出口压力，这也正好与 20 世纪 90 年代建造的连接两国的铁路线相辅相承。土库曼斯坦拥有世界第四大天然气储量，并承诺将天然气出口到伊朗、中国、俄罗斯。一个由三大关键陆权势力联合起来反对西式民主的欧亚能源轴，可能由此出现。

此外，伊朗和哈萨克斯坦已建成一条石油管道连接两国。哈萨克斯坦将石油输送到伊朗北部，同量的石油则从伊朗南部经波斯湾出口。哈萨克斯坦和伊朗也将通过铁路相连，前者因此有了直通海湾的大动脉。发达的铁路线也可以将塔吉克斯坦山区经阿富汗连接到伊朗。通过伊朗，这些天然资源丰富的国家都拥有了通往国际市场的最短路线。所以，想象一下伊朗那横穿中亚、大中东次国家及恐怖主义国家的管道路线，你会发现我们这里所说的正是麦金德心脏地带枢纽的 21 世纪接班人。但仍有一个问题。除了与黎巴嫩南部什叶派穆斯林和什叶派伊拉克联系紧密之外，什叶派伊朗在一部分逊尼派阿拉伯世界中也享有威信。伊朗政权坚定不移地支持巴勒斯坦事业，其反犹太主义思想根深蒂固。这也告诉人们，伊朗吸引境外民众的能力并不能一路照搬到中亚。而苏联加盟共和国则保持着与以色列的外交关系，从历史本源上也缺乏对犹太国家的仇恨。这种仇恨仍然在阿拉伯世界中无处不在。

但有些更强大、更深刻的东西在产生作用，限制着伊朗的呼声，其范围不仅包括中亚，甚至还有阿拉伯世界。伊朗令人窒息的神职统治持续得太久了，其消极意义的确令人印象深刻。他们利用伊朗的强国传统巧妙地粉碎了民主反对派，实行酷刑和强奸民意，已经降低了其语言文化和国际大都会的吸引力，这种吸引力在历史上一直是大伊朗独具的优势。

在这个政权领导下，伊朗这幅华彩艳丽的风景画的已黯然失色，代之以非白即黑的颗粒感。几年前，我曾去过土库曼斯坦首都阿什哈巴德（Ashgabat），它所处的位置使它成为观察德黑兰和马什哈德的绝佳地点，这两个城市以世界贸易都会和朝圣中心的形象展现在世人面前；而在土库曼斯坦这一侧，人口稀疏的定居点和游牧生活景观则与之形成鲜明对比。然而，随着贸易和管道政治在两国同步推进，伊朗对穆斯林土库曼人却失去了吸引力，他们大多是世俗凡夫，对毛拉敬而远之。

伊朗当下的广泛影响力主要在于对美国和以色列的公开挑战。除此之外，我们看不出它还有什么魅力，其辉煌文化如此浪费着实可惜。除非某一天其政权自由开放，或者产生翻天覆地的变化，诞生一个民主化或准民主化的新伊朗，它才可能凭借地理优势，激发起阿拉伯世界和中亚穆斯林千百万同胞的能量。

在伊朗的崛起过程中，逊尼派阿拉伯自由主义者也可以得到帮助。除了西方的榜样作用和民主但功能失调的伊拉克以外，还有一个原因是什叶派伊朗成为新的自由主义国家，并历史性地转向折衷主义可能提出的挑战。冷战后 20 年来，西方通过倾销其所谓民主都没能做成的事，可能在这样的伊朗变为现实，这将大大地撬动对苏联中亚地区的限制和监管。

有一段时期，伊朗的什叶派政权曾对中东地区那些忠实而受压迫的逊尼派无业游民产生过较大影响，激发他们奋起反抗法老式政府，其中有些已经就此倒台。通过发出不妥协的信号和提供灵活的情报服务，伊朗操纵着一个非常规的、由诸多次国家实体构成的后现代帝国，包括巴勒斯坦的哈马斯、黎巴嫩的真主党和伊拉克南部的马赫迪运动。然而在国内的部分区域，伊朗政权正在悄然受到轻视。伊朗人已经领教过了伊斯兰革命的概念，它意味着拉闸限电、货币崩溃和管理不善。我已解释过，在欧亚大陆的争斗中，许多锋线都渐趋于相互交错；其中最为纠结的是伊朗人的心灵和头脑，他们和土耳其人是穆斯林世界最先进的人种。这正是思想斗争与地理规律相汇合之处；这也是以赛亚·伯林的自由人文主义与哈尔福德·麦金德的准决定论相汇合之处。

地理的力量强大到不可抗拒之时，其实也是它命悬一线之刻。看一下纳迪尔沙（Nader Shah）的辉煌故事，他是 18 世纪继萨菲王朝之后的又一征服者。纳迪尔的波斯帝国发起于伊朗东北部呼罗珊地区的土耳其语族，跨过高加索，延伸到印度河。巴格达、巴士拉、基尔库克、摩苏尔、坎大哈、喀布尔等都在他围攻的名单上，这些在 21 世纪初被美国妖魔化的地方，对伊朗的统治却并不陌生。迈克尔·阿克斯沃西写道，如果纳迪尔沙在他生命最后五年里不发生精神错乱，他很可能把伊朗建成“强大的现代化国家”，足以在 19 世纪抵御来自英国和俄罗斯的殖民干涉。他本可以被尊为波斯的彼得大帝，并从此带领伊朗向更好的方向发展，可惜他不但没有做到，反而使其政权以政治混乱和经济灾难收尾。

再来看 1979 年巴列维的倒台。亨利·基辛格曾经告诉我，20 世纪 70 年代末伊朗发生反对国王巴列维的叛乱，如果当时卡特政府能更好地处理，国王有可能保住，伊朗现在会像韩国一样成为充满活力的准民主体制，尽管偶尔与美国有不痛不痒的摩擦，但基本上算是一个盟友。

在他看来，当时的巴列维政权是能够改革的，尤其是苏联的民主动荡十年后才发生。虽然基辛格对吉米·卡特总统的指责可能过于轻率，但是由此提出伊朗革命不同结果的可能性，仍然耐人寻味。谁说不是呢？ 20 世纪 90 年代我走遍了伊朗，最近又刚从埃及回来，前者反美和反以色列的情绪其实比后者要小得多，对此我心知肚明。其实，伊朗与犹太人的关系从古代一直到巴列维王朝都还是良性的，对于伊朗人来说，仍有许多希望和可能性。

再来看看“9·11”恐怖袭击给美国提供的机会。袭击发生后，阿亚图拉阿里·哈梅内伊和时任总统的穆罕默德·哈塔米毫不含糊地谴责逊尼派基地组织的恐怖主义，伊朗人在德黑兰街头组织为受害者守夜的活动，而其他阿拉伯世界的民众却在为攻击欢呼。当年晚些时候，美国组织联军打击塔利班，伊朗亦为其提供帮助。2003 年春天巴格达陷落后，伊朗提出举行实质性谈判。

这都说明，在现今时段，历史没有必要像以前一样发展。其他结果也是可能的。**根据地理决定论，伊朗将对大中东和欧亚大陆的发展至为关键，但地理虽然可以决定伊朗有多重要，却不能决定它对什么重要。这取决于人的决定。**

波斯帝国的最终出路

无愧于中世纪和古代以来的帝国传统，伊朗现在已经成功地建立起一个后现代军事帝国，其形式可谓空前：没有殖民地，也没有坦克、装甲车和航空母舰之类对大国来说司空见惯的装备。在作家和前中情局校官罗伯特·贝尔（Robert Baer）看来，正统的帝国主义钟情于入侵和占领，而伊朗作为中东的超级大国，是凭借“三管齐下”的策略，即“代理人战争、不对称武器和吸引……受蹂躏者”，特别是大批年轻、失意的男性。贝尔指出，真主党和阿拉伯什叶派在黎巴嫩的代理人，“是事实上的国家”，不仅在军事和组织上更为重要，还拥有更多的公众承诺，比贝鲁特的官方机构所拥有的还要多。

在加沙，什叶派伊朗悄然进行着军事和财政援助，并以其“原始的反殖民主义信息”引诱那些可怜的、被困在索韦托式[①] 生存环境中的巴勒斯坦人，他们被成片的逊尼派阿拉伯国家疏远，这些国家由独裁者统治着。在这些受压迫者看来，远在千里之外的伊朗与他们更亲近，超过与加沙接壤、在穆巴拉克统治下的埃及，这也充分表现出伊朗人的天分。叙利亚和伊拉克政府都与伊朗交好，前者称其为最亲密的盟友，后者的政治体制与伊朗情报机构纠缠不清，是帮助该国维持稳定还是将其破坏,完全取决于他们的愿望。对于波斯湾本身来说，伊朗也凭借断续而漫长的海岸线成为该地区唯一的主要力量，而那些弱小的阿拉伯执政府，德黑兰可以轻易动用军事力量打败他们，或像我们在巴林看到的那样，通过当地的什叶派第五纵队居民搞破坏，或者像在霍尔木兹海峡，通过恐怖主义或从经济上对其进行损害。

---

① Soweto，索韦托位于南非约翰内斯堡西南20多英里处，是南非最大的黑人聚居地，处于白人居住区的包围之中。——译者注

遗憾的是，虽然伊朗强大而令人敬畏，但其与启蒙相关的重要因素一直缺失着。阿契美尼德、萨珊王朝、萨菲王朝和其他昔日的伊朗帝国，多半在道德和文化意义上对臣民施以教化，或以仁慈鼓舞人心，但目前伊朗帝国的统治大多靠自杀炸弹的恐吓，而不是诗人的篇章。这限制了它的权力，也预示着其最终倒下的结局。

伊朗丰富的文化、辽阔的地域、丰富多彩的城市，与中国和印度一样自成一体，其未来必将取决于政治和社会条件，最关键的节点就是伊拉克。伊拉克的历史和地理与伊朗交织在一起，没有任何国家能与其相比。在纳杰夫有什叶派圣人伊玛目阿里（Imam Ali，先知的堂弟和女婿）、在卡尔巴拉有圣人伊玛目·侯赛因（Imam Hussain，先知的孙子），而在伊拉克中南部已经产生了什叶派神学社区，挑战伊朗的库姆。如果伊拉克的民主能确保稳定，哪怕只是一点点，伊拉克圣城更为自由的学术氛围就可能对伊朗的政治产生影响。从更广泛的意义上来说，民主的伊拉克将成为一种吸引力，可以为未来伊朗改革派所用。随着伊朗人更深地卷入伊拉克的政治，加上两国共享漫长的共同边界，都可能会打破两个系统的压迫性。

与一个多元化的、种族上以什叶派为主的穆斯林社会互通，会使伊朗政治变得更加枝节横生。经济危机在继续，政府却花费千万亿美元在伊拉克、黎巴嫩和其他地方收买人心，任何一个普通伊朗人都可能为此拍案而起。而且，伊拉克人现在对伊朗人的憎恶不亚于“丑陋的美国人”。伊朗利用伊拉克什叶派反制逊尼派政党的想法太简单了，其实是完全不可能的，这种做法无异于将代表激进伊斯兰普世主义的泛逊尼派世界缩小为吸引力超不出什叶派社区的宗派主义。

因此，尽管伊朗试图对伊拉克摇摇欲坠的逊尼派和什叶派联盟提供帮助，并保持他们正常运作，但因伊拉克人对其干涉内政日渐不满，这一计划很容易受阻。如果无法合理说明 2003 年入侵伊拉克是如何策划和执行的，或为什么花费了数千万亿美元，却使几十万人在战争中丢了性命，那么萨达姆政权的倒台很可能从客观上促成两个而不是一个国家的解放。**正如地理使伊朗与伊拉克之间的政治关系微妙地殖民化了，地理也可能是促使伊拉克对伊朗施加影响力的重要因素。**

在伊朗，尽管绿色革命暂时失利，未来政权和平更迭或演化的可能性仍然大于苏联。伊朗的解放，加上阿拉伯世界独裁政府的减少，将会使伊朗集中更多精力解决国内问题，并由于其不安全感促使中东出现更加平等、流动性更强的逊尼派和什叶派。这将使伊朗将目光专注于其内部和区域权力动态，比迁怒于美国和以色列效果要好得多。

此外，德黑兰若采用更自由的制度，将激发伊朗文化的连续性，既无愧于老波斯帝国的光彩，又不再受神职人员的约束。一个更自由的伊朗，将拥有为数众多的库尔德人、阿塞拜疆人、土库曼人，以及北部等地的其他少数民族，也有可能随着中央集权的解散，民族的边缘地带将脱离德黑兰的轨道，渐行渐远。伊朗并非一个单纯的国家，而是一个形状不定的跨国家帝国。其真实大小与任何正式指定的版图总不相符。今天的伊朗西北部是库尔德和阿塞拜疆土耳其人居住区，而阿富汗和塔吉克斯坦西边的一部分在文化和语言上与伊朗国家更为兼容。伊朗回归的最终目标，可能正是这种国无定形，正像帕提亚帝国一样，伊斯兰极端主义浪潮和毛拉政权的合法性将日益式微。

（公元前500年波斯帝国）

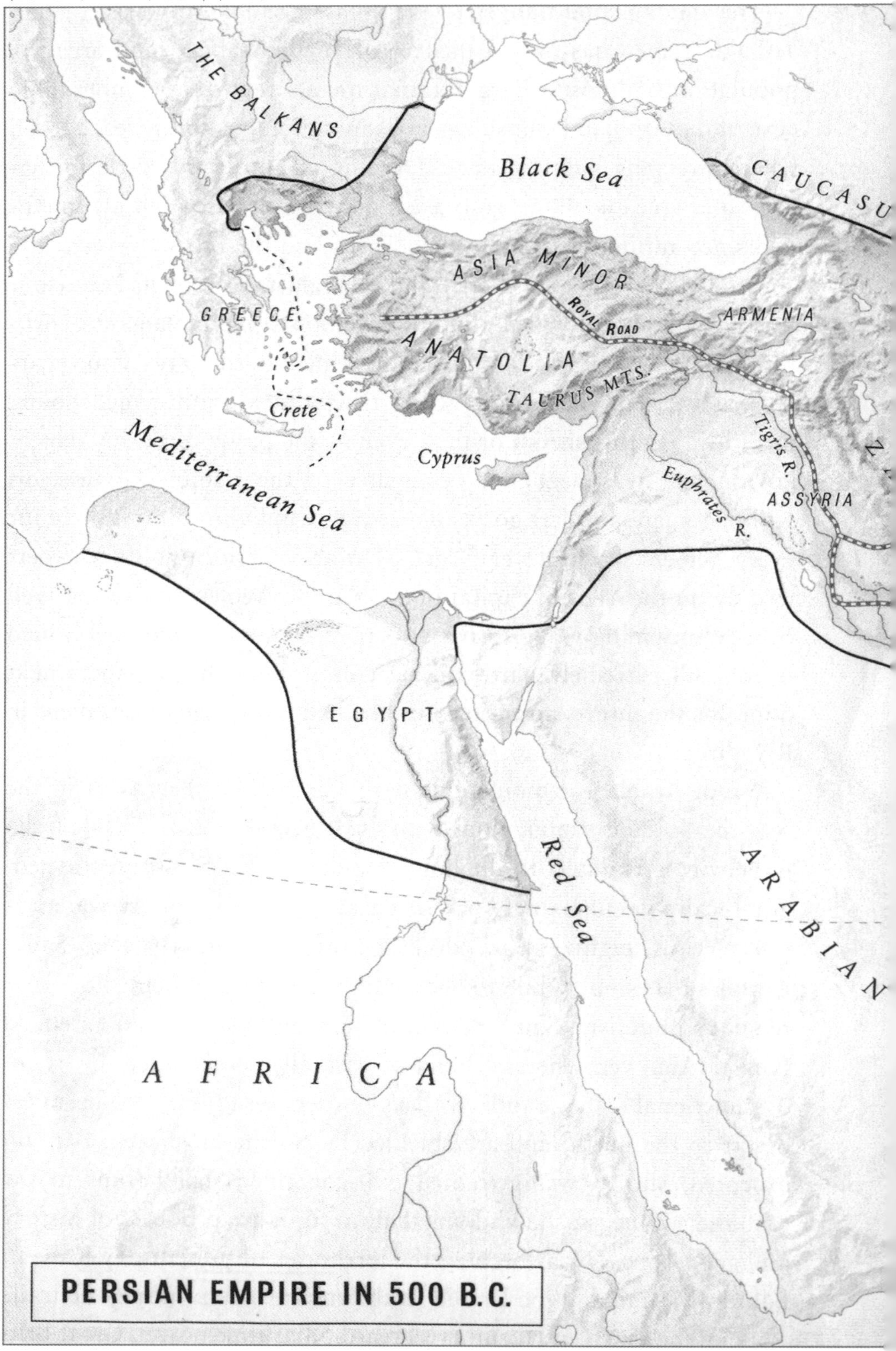

（上图地名中文对照见第 280 页）

图名：PERSIAN EMPIRE IN 500 B.C.
公元前 500 年波斯帝国

① GREECE 希腊　EGYPT 埃及　CAUCASUS 高加索
ASSYRIA 亚述　PARTHIA 帕提亚　PERSIA 波斯
BACTRIA 大夏
② Black Sea 黑海　Mediterranean Sea 地中海
Caspian Sea 里海 Arabian Sea 阿拉伯海
Aral Sea 咸海　Rea Sea 红海
Persian Gulf　波斯湾
③ Tigris R 底格里斯河
Euphrates R. 幼发拉底河
Indus R. 印度河
④ Bactra 巴克特拉
⑤ TAURUS MTS. 托罗斯山脉
ZAG ROS MTS. 扎格罗斯山脉
HINDU KUSH　兴都库什山脉
INDUS VALLEY 印度大峡谷
⑥ ROYAL ROAD 波斯御道
⑦ Cyprus 塞浦路斯岛
Grete 克里特岛
ARABIAN 阿拉伯半岛
PENINSULA　伊比利亚半岛
⑧ AFRICA 非洲　THE BALKANS 巴尔干地区　ASIA MINOR 小亚细亚
ANATOLIA 安纳托利亚
ARMENIA 亚美尼亚　SOGDIANA 索格狄亚那

THE REVENGE OF GEOGRAPHY

第14章 “荒野腰带”的“和事佬” 前奥斯曼帝国

土耳其是其地理条件的现实反映。作为麦金德的“荒野腰带”以及斯皮克曼大陆边缘地带的关键部分，土耳其在控制底格里斯河和幼发拉底河源头的同时，又与阿拉伯国家有着剪不断的历史纠葛。

作为中东亲以色列的北约堡垒，为何当这个国家真正实现所谓民主的时候反而成了相对反美反以色列的势力？土耳其为何能以非常公开和实质性的方式，反对美国遏制伊朗的政策？为何说土耳其民族主义找到了地理逻辑的支撑？

作为北约成员国，土耳其为何要推动以色列和叙利亚的和谈，又为何冲在最前面与阿萨德作对？它为何又要在加沙以巴勒斯坦人的保护者自居？作为一个领导伊斯兰世界长达850年的国家，一百多年过后，在大中东所谓“一世界”的心脏地带，后奥斯曼时代的国家制度能否持久？

如果说伊朗高原处于大中东最关键的地理位置，安纳托利亚（或小亚细亚）大陆桥的重要性自然紧随其后。正如伊朗高原完全由伊朗一国独享，安纳托利亚大陆桥也由土耳其独有。总体来看，这两个国家以大山和高原为特征，从北部俯瞰阿拉伯沙漠，总人口约1.38亿，比南部所有12个阿拉伯国家的总和还要多，其中包括肥沃新月和阿拉伯半岛。阿拉伯世界如果要在人口上压倒土耳其和伊朗，就不得不加上埃及和北非其他地区，一直延伸到大西洋沿岸。

土耳其和伊朗，都是麦金德的“荒野腰带”以及斯皮克曼大陆边缘地带的关键部分，代表中东最富有的农业经济，以及工业化和技术机密的最高水平。伊朗正在发展核计划，土耳其也有能力跟进以保持国家优势，只是看它愿不愿意这样做。与之形成鲜明对比的是，沙特和其他阿拉伯国家缺乏发展核计划的知识能力，因此需要从巴基斯坦这样的有核国家引入核能技术。

像伊朗一样，土耳其自成关键地区，并按顺时针依次影响巴尔干、黑海、乌克兰和俄罗斯南部、高加索和中东阿拉伯国家。战略家乔治·弗里德曼写道，与阿拉伯世界相比，土耳其“是混乱中的稳定平台”。虽然影响周边的所有地方，但土耳其作为大陆桥夹在两个海洋中间，南有地中海，北有黑海，从这一点来讲，它实际上是一个岛国。

无法与干旱陆地连接，使土耳其在地理方面不能像伊朗那样成为影响其邻国的关键。它在西部巴尔干地区的影响力和南部对叙利亚与美索不达米亚的影响，主要是经济上的。在前南斯拉夫，它最近已参与冲突后的调解进程，只有在高加索地区，特别是阿塞拜疆，因其语言非常接近土耳其语，土耳其的外交影响力可以达到极大地影响其日常政治。

土耳其控制着底格里斯河和幼发拉底河的源头，这是一个了不起的地理优势，赋予它控制叙利亚和伊拉克水源命脉的能力。当然，如果土耳其真的切断其水源，就从事实上构成一种战争行为，因此土耳其必须小心使用这一优势。为了满足自身农业发展的需要，土耳其有可能将河流改道或从上游拦截水流，而中下游国家对水流减少的可能性的担心，使土耳其在阿拉伯政治局势中拥有相当大的影响力。

有一个常常被忽视的地缘政治新现实，那就是土耳其东南部的安纳托利亚项目，其核心是阿塔图尔克大坝，在靠近叙利亚边境的桑尼乌法以北 25 英里处。哈兰高原有近 2 000 平方英里的可耕地，正在通过这个大坝的高压提灌改道得到水利灌溉。幼发拉底河大坝系统早在 20 世纪 70 年代就开始规划，20 世纪 80 年代至 90 年代修建，实际抽水变灌能力最远可输往巴勒斯坦水资源匮乏的西岸。因此，21 世纪土耳其将在中东阿拉伯国家中享有更大的权力。土耳其日益提高的政治形象，亦应置于这个新的地理现实背景下来考虑。

欧洲的“弃儿”

据最近的新闻头条报道，土耳其将注意力转向了中东，但实情并非总是如此。自 13 世纪奥斯曼土耳其帝国崛起之后，奥斯曼人主要集中在西北部，面向欧洲，那里有可以带来丰厚利润的贸易路线。这种模式始于中世纪后期，中欧和法兰克加洛林王朝势不可挡的崛起对土耳其部落来说像一块磁铁，吸引他们向西跨越安纳托利亚到巴尔干地区，在小亚细亚的近边最肥沃的可耕地上安居。土耳其几乎已成为安纳托利亚大陆桥的代名词，但它与俄罗斯一样，几个世纪以来人口和工业重心一直集中在西部，毗邻巴尔干，离中东比较远。

而安纳托利亚地势过高，山形崎岖，每个山谷之间分隔较远，阻碍了部落联盟的建立，否则他们就有可能挑战奥斯曼帝国控制的地盘，特别是接近高加索和中东的地区。事实上，因为地理造成安纳托利亚东部社会的“中断”，塞尔柱和奥斯曼等王朝政权才可以从遥远的基地发号施令，在安纳托利亚西部，也就是欧洲的土耳其，维持数百年的统治。

如前所述，西伯利亚东部和俄罗斯远东的地形空旷无垠，难于组织，因此无法向基于欧洲的俄罗斯发起挑战；安纳托利亚和奥斯曼土耳其也是这样，只不过安纳托利亚有漫长的海岸线作为边界，因此君士坦丁堡的统治者面临的挑战要少得多，也不像俄罗斯那样容易患上入侵恐惧症。此外，安纳托利亚很紧凑精致，而俄罗斯则坦荡无边。

土耳其的人口分布，也进一步印证了其地理特征。安纳托利亚人口从中东腹地陆续西移，土耳其西北部近几个世纪的人口布局更加剧了这种倾向。奥斯曼军队对中欧的突袭，多少有点游牧部落流窜的味道，并最终于1683年展开对维也纳的围攻，后来是欧洲自身的政治分裂缓解了战局。当时，法国、英国和西班牙都忙于横跨大西洋，争夺新世界的殖民地；威尼斯与热那亚之间长期争斗不休；教皇陷入其他危机的纠缠；巴尔干半岛的南部斯拉夫分崩离析，这也是多山地形促使社会和政治分裂的又一案例。

赫伯特·亚当斯·吉本斯（H. A. Gibbons）写道：“从欧洲出发，

可以征服小亚细亚或更多的地盘；而从亚洲出发，欧洲的哪一部分也不能被征服。”他的意思是，为了真正巩固安纳托利亚贫瘠的土地，并将疆域范围扩大到中东，奥斯曼土耳其人首先需要积累财富，因此只有征服巴尔干一途。促使这一计划成真的正是奥斯曼帝国首都君士坦丁堡的地理位置，它有条件通往巴尔干地区、地中海和北非的安全港，同时也是大篷车路线的终点站，可来往于波斯、高加索或更远的地方。

这一地理现实，促使一个庞大的跨国帝国出现，在 19 世纪末期趋于没落，第一次世界大战失败之后，奥斯曼苏丹国只好放弃巴尔干这个鬼地方。穆斯塔法·凯末尔·阿塔图尔克（Mustafa Kemal Ataturk，1881 – 1938，土耳其之父）作为唯一一位不服输的奥斯曼将军，在奥斯曼帝国相继于巴尔干和中东失败之后，回到安纳托利亚并塑造了一个现代国家。他是一位真正的革命家，因为他改变了人民的价值体系。他觉察到，欧洲列强击败奥斯曼帝国，不是因为他们有更强大的军队，而是因为他们更强的文明产生了更强的军队。他说，土耳其今后将在文化和政治上迈入欧洲，因此他取消了穆斯林的宗教法庭，禁止男人戴菲斯帽（fez），劝阻妇女戴面纱，用拉丁字母取代阿拉伯文。

但是，这些革命性的行为也将几个世纪以来土耳其对欧洲的痴迷推向高潮。虽然土耳其在第二次世界大战中保持中立，但是凯末尔·阿塔图尔克亲西方的世俗主义学说即凯末尔主义一直指导着土耳其的文化，特别是其外交政策，其影响持续到冷战结束后第一个十年。

事实上，多年以来，土耳其一直希望加入欧洲联盟，20 世纪 80 年代和 90 年代我曾多次访问该国，土耳其官员明确指出这是他们的既定方向。但从 21 世纪第一个十年的现实看来，土耳其可能永远不会成为欧盟的正式成员，理由看起来很牵强，源于充满腐朽气的地理和文化宿命论：尽管土耳其是一个民主国家，是北约的成员，但它也是穆斯林国家，因此人家欧洲不要。入欧盟被拒，对土耳其政体是极大的冲击。更重要的是，它早已与其他社会发展趋势相融合，因此土耳其的历史和地理可能会经历重大调整了。

其实，凯末尔对土耳其施加的欧洲取向，也使一对矛盾凸显出来。凯末尔在希腊北部萨洛尼卡出生长大，周围是希腊人、犹太人和其他少数族裔。

换句话说，19 世纪末期的萨洛尼卡是一个多语种的世界主义前哨，受其影响，凯末尔对国籍的定义也有着惊人的时尚感。他屡次宣布，不管是谁，哪怕是犹太人或基督徒，只要讲土耳其语、生活在土耳其，就都是土耳其人。他将土耳其首都迁至位于安纳托利亚核心的安卡拉，离开欧洲土耳其的伊斯坦布尔（君士坦丁堡），因为伊斯坦布尔与旧制度有关联；他不再试图夺回奥斯曼帝国在巴尔干或中东失去的省份，相反，他的策略是建立一个单一民族的土耳其国家，立足于安纳托利亚的中心地带，坚定地朝着欧洲和西方停锚。

凯末尔火焰的守护者是土耳其的军队，因为在其有生之年，凯末尔主义从来没有和民主搭上过关系。有一个问题可能需要数十年才会被发觉，就是通过将重点转移到安纳托利亚，凯末尔在不知不觉中使伊斯兰文明更深入地扎根于小亚细亚，而不是欧洲土耳其的君士坦丁堡和苏丹国。此外，民主虽然在土耳其符合国情地发展，一开始却伴随着不定期的军事政变，之后才把选举权移交给居住在安纳托利亚腹地的穷苦大众和虔诚的土耳其人。

在土耳其共和国建立后的最初几十年，财富和权力掌握在军方和超世俗的伊斯坦布尔精英手中。在此期间，美国官员毫不吝啬地宣布土耳其的民主地位，即使土耳其的将军们操控着亲西方的外交政策。这一切在 20 世纪 80 年代初开始改变，新当选的总理图尔古特·厄扎尔

(Turgut Ozal) 是一位来自安纳托利亚中部的虔诚穆斯林，具有苏菲主义的倾向，他制定了一系列改革措施，放开了中央集权的经济。

一些大企业实行私有化，放松进口管制。这导致中产阶级暴发户开始出现，他们是虔诚的穆斯林，掌握真正的政治权力。在冷战结束后的几年里，厄扎尔的天分得到了集中展现。他在政治上抱定西方，同时又软化凯末尔主义的高度世俗化倾向，在体制系统中给穆斯林一个较高的地位。土耳其再次成为更伊斯兰化、更加亲美的国家。厄扎尔的伊斯兰主义，也允许他与库尔德人主动交好，他们与土耳其人在宗教上团结，但却因种族而疏离。

土耳其的将军们对厄扎尔的宗教取向极为反感，但厄扎尔并未向他们控制的国家安全政策提出挑战。他和将军们达成一项广泛的默契，即土耳其作为北约的桥头堡，在斯皮克曼的欧亚大陆边缘地带抗衡当时的苏联。

1993 年厄扎尔突然去世，享年 65 岁，此前他当了 10 多年的总理和总统。这对土耳其的未来产生了深刻影响，也又一次证明了人的生死如何像地理一样，影响地缘政治的命运。当然，地理仍是主要的因素，因为它是永久性的。在厄扎尔身上，亲伊斯兰主义和亲美主义这对明显的矛盾和谐共生，他的去世打破了一个脆弱的国家共识，尽管这需几年才能显现。

厄扎尔去世 10 年后，土耳其一直由平庸的世俗领导人管理着，但其经济实力以及对伊斯兰教的虔诚继续在安纳托利亚腹地发展。2002 年年底前的一场选举，使伊斯坦布尔前市长雷杰普·塔伊普·埃尔多安（Recep Tayyip Erdogan）领导的伊斯兰正义与发展党夺得议会绝对多数席位。伊斯坦布尔是世俗精英的家园，也是数百万贫困虔诚的土耳其人赖以栖身之所，他们为了求职谋生，从安纳托利亚腹地农村迁徙至此，陷入中下阶层的生活困境。埃尔多安代表的，正是这数以千百万计的人发出的呼声。

埃尔多安的掌权给新一波伊斯兰主义注入了活力。1945 年土耳其有 2 万座清真寺，1985 年达 7.2 万座，这个数字的持续上升与人口不成比例。据研究，几乎 2/3 的城市工薪阶层以及大多数农村土耳其人每天祈祷，这个百分比直到近几年才开始上涨。

旅居伦敦的作家和记者迪利普·希罗 (Dilip Hiro) 写道，世俗意识形态有两种，右翼如法西斯主义，左翼如马克思主义，一个复兴伊斯兰教非常有力地与它们展开竞争，成为“幻灭的城市青年的救星”，对于他们来说，凯末尔主义并非指导日常生活的“社会道德体系”。一旦民族主义与伊斯兰教捆绑扎根，凯末尔主义就逐渐失去了其存在的理由。

然而，2003 年 3 月土耳其议会投了反对票，不允许入侵伊拉克的美军从土耳其过境。削弱美国地位的势力并不是伊斯兰正义与发展党，而是世俗主义者。在反美主义方面，土耳其加入了欧洲阵营，反对布什政府在“9·11”事件后的失态和粗鲁言辞。美国入侵伊拉克引发灾难性后果，导致伊拉克境内的教派冲突，但最终并没有发现什么大规模杀伤性武器，而此时土耳其刚刚认识到自己将不会被接纳为欧盟成员。这些戏剧性事件接连发生，结果就是土耳其建立了一个新的伊斯兰政府，它根深蒂固、顺应民意，这个国家的政治和文化钟摆因而大幅转向中东、偏离西方，这在几个世纪以来尚属首次。

在一定意义上，美国是搬起石头砸了自己的脚。几十年来，美国领导人一直声称民主的土耳其是中东亲以色列的北约堡垒，前提是他们知道土耳其的外交和安全政策掌控在军人手中。然而，在 21 世纪初土耳其已在政治、经济、文化上实现了真正的民主，土耳其大众的伊斯兰性质得以体现，但结果却是变成了相对反美、反以色列的势力。

1998 年秋天，在安纳托利亚中部的开塞利，我采访了一些土耳其伊斯兰教领导人，包括土耳其现任总统阿卜杜拉·居尔。当时美德党[①] 正在举行集会，我就这些会议发回了报道，并于 2000 年结集出版，其中有一件大事被我料中，即这个党派虽然是少数党，短短几年内竟成为多数党。他们的基本主题是民主，认为土耳其越是民主，就越是强大。听来讽刺，他们竟把西方与土耳其军事独裁的权力结构相提并论，但事实的确如此。

“美国什么时候支持过土耳其的民主？”美德党晚餐上，旁边的人问我。“到现在为止，它只支持军方。”在我回答之前，那人补充说：“我去过以色列，那里的民主比土耳其更发达。”

在这件大事上，我错了。因为温和的土耳其伊斯兰对以色列相对开明，我以为他们会一直这样。事实上，情况是会发生变化的。土耳其的历史演变以及电子通信技术的发展，让他们与泛伊斯兰思想更密切地结合，换句话说，就是技术战胜了地理。在随后几年里，无论是美国还是以色列政府，都在一些具体行动上犯了错误。

在 21 世纪第二个十年之初，土耳其的地理开始反映土耳其的政治现实。土耳其西接希腊，东邻伊朗，西北是保加利亚，东南有伊拉克，阿塞拜疆、叙利亚分列于东北部和南部，安纳托利亚超过一半的边界是黑海和地中海海岸线，介于欧洲、俄罗斯和中东之间，是真正的等距离，其外交和国家安全政策也是这样。土耳其仍然是北约成员，与美国情报部门合作，在以色列设有大使馆，并间接推动以色列和叙利亚之间的和谈；但它在伊拉克北部实施反对库尔德人的军事进犯，帮助伊朗避免因发展核武器而受到制裁，在政治和

① Virtue Party，前身是伊斯兰色彩浓厚的繁荣党。主张民主、世俗主义和法制，坚持实施人权，确保人民享受思想、言论和信教的自由。2001年8月，因为“反世俗罪名”，美德党被宪法法院取缔。7月至8月，被取缔的美德党传统派和新生派分别组建新党——“幸福党”和“正义与发展党”。——译者注

情感上躲在最激进的巴勒斯坦组织的背后。

2010 年 5 月，以色列突击队突袭了有 6 艘船的土耳其船队，当时他们正将人道主义物资运往哈马斯控制的加沙地带。土耳其勃然大怒，作出强硬反应。这件事相当于催化剂，宣告了土耳其处于东西双方的历史性枢纽地位。当然，巴勒斯坦的斗争介于阿拉伯与以色列之间，在这方面土耳其人没有可以发挥作用的余地；但是，如果穆斯林与犹太人发生冲突，土耳其人就可以充当穆斯林事业的领军者。

已故哈佛大学教授塞缪尔·亨廷顿的《文明的冲突与世界秩序的重建》中有一个经常被忽视的关键性见解。他认为，土耳其是全球化过程中最基本的案例。**全球化这个过程，从某个层次上说是团结的力量，而在另一个层次上则是造成文明紧张的力量，因为它把广泛蔓延的文明重新组合在一起。**伊斯兰世界缺乏政治凝聚力，但伊斯兰意识在随着全球化上升，这使土耳其的伊斯兰属性随之增长。在此期间，非西方世界会变得更健康、更温和、更有文化，而中间层次的国家，如土耳其的政治和经济力量将不断崛起。

土耳其人协助领导伊斯兰世界长达 850 年，从 1071 年塞尔柱土耳其在安纳托利亚东部曼兹柯特战役（Manzikert）中打败了拜占庭帝国，直到 1918 年西方协约国打败奥斯曼帝国。仅在过去一个世纪，阿拉伯人才真正成为伊斯兰文明世界的领头羊。事实上，1978－1979 年伊斯兰革命期间伊朗有 5 000 万穆斯林，西方对他们视而不见；现今土耳其的 7 500 万穆斯林也近乎隐身，直到加沙船队危机爆发才为世人所知。同一时间，土耳其与伊朗达成协议，接受伊朗浓缩铀计划，并对联合国制裁伊朗决议案投了反对票。突然间，西方的公众和媒体才被土耳其铁铮铮的地理现实所惊醒。

接着是 2011 年，整个北非和中东爆发了针对寡头统治的示威抗议活动，从历史和地理的意义上说，土耳其应是其中的受益者。奥斯曼土耳其统治了当今的北非和地中海东部黎凡特地区数百年。虽然它是一种专制统治，但是其压迫性不那么强，在今天阿拉伯人心目中没有留下持久的疤痕。土耳其是伊斯兰民主的一个典范，那些新解放的国家可以以此为榜样，最重要的是，它是从混合政权民主演变过来的，就在不久前，将军和政治家还在分享权力。一些阿拉伯国家要实现更自由的体制，这个过程不能省略。直到最近，拥有 7 500 万人口、经济增长率保持近 10% 的土耳其，仍在地区人口和经济上占主导地位，可以向整个地中海地区释放软实力。它所拥有的优势，其他邻近北非的主要地中海国家，如希腊、意大利和西班牙都无缘享有。

事实上，我们应该对贾拉尔·阿德-丁·鲁米（Jalal ed-Din Rumi）有一点了解，他是 13 世纪土耳其灵修“脱勒伽”（Tariqat）的创始人，这是一种与回旋祭礼相关的内心修炼。如果我们了解一点点，就不会太惊讶于伊斯兰教与民主的相容性，就会发现伊斯兰原教旨主义并不显得那么铁板一块，或具有威胁性。鲁米拒斥那些“不成熟的狂热分子”，认为他们蔑视音乐和诗歌。他告诫神职人员，留胡须算不上什么智慧的标志；他喜欢敢于出头的人，并不断发声反对暴政。鲁米的事例证明，土耳其伊斯兰教同土耳其的西方化一样，具有折衷主义性质，其民主制度虽然不够完善，并被强横的军人影响得太久，但却凝聚了几十年的正统伊斯兰元素。

此外，与不少阿拉伯国家和伊朗不同，土耳其的工业基地和中产阶级并没有凭空创造出的石油收入。我们还得感谢地理，它在土耳其展现了人类发展的先进水平，高于中东的大部分地方。土耳其的大陆桥不仅把它连接到欧洲，还用中亚游牧民族的入侵浪潮刺激了充满活力的安纳托利亚文明，而鲁米的诗歌更是其中一朵奇葩。

奥斯曼帝国在历史上发挥了很大作用。它把欧洲政治制度（至少是它的巴尔干变种）引入中东，让二者亲密接触。19 世纪，塞尔维亚、保加利亚、罗马尼亚、希腊的民族独立斗争如火如荼，刺激了阿拉伯民族主义社会在大马士革和贝鲁特的崛起。同样，现代恐怖主义也在20世纪初诞生于马其顿和保加利亚，此后才渗透到大叙利亚。

21世纪初，土耳其值得自豪之处仍然很多：它有充满活力的伊斯兰运动，在政治上占主导地位；其巨大的军事能力，在中东除以色列以外无国能比；多年来经济年增长率保持在8%左右，在全球经济衰退之际仍保持在5%以上；灌溉大坝系统使土耳其成为水力资源大国，与伊朗和沙特阿拉伯等石油大国相比，增速毫不逊色。这些可见或隐形的因素，使土耳其有能力与伊朗一争高低，争夺伊斯兰领导权和合法的发展轨迹。

多年来，土耳其在中东几乎与以色列一样寂寞。奥斯曼帝国时代的苏丹王体系，使其与阿拉伯国家关系复杂，与邻国叙利亚充满敌意，与伊拉克复兴党和原教旨主义的伊朗关系紧张。1998年，土耳其与叙利亚几乎处于战争边缘，大马士革公开支持反土耳其的激进库尔德工人党。在此期间，土耳其与以色列保持了名义上的军事同盟，更强化了其在中东的弃儿地位。但所有这一切，随着埃尔多安和正义与发展党掌权，都发生了改变。在同一时期，西方因土耳其被欧盟拒之门外而在公众舆论中名声扫地，而美国右翼和以色列右翼则日益蛮横。

土耳其没有从北约撤出，也没有断绝与以色列的外交关系。相反，根据埃尔多安政府外交部长阿默特·达武特奥卢（Ahmet Davutoglu）的说法，土耳其对它的近邻采取“没问题”的政策，这意味着与叙利亚、伊拉克和伊朗实行历史性的和解。由于土耳其在经济、技术上比它的邻居要先进得多，经济增长也快得多，因此其影响力从西部巴尔干地区直到东部高加索，而且还在日益强大，这已经是既定的事实。如今，保加利亚、格鲁吉亚、阿塞拜疆随处可见土耳其家用电器和其他消费品。

在加沙，土耳其以巴勒斯坦人的保护者自居，在加沙地带声望日增，并成为阿拉伯世界完整的组成部分，享有自奥斯曼帝国时代以来的最高待遇。新奥斯曼主义（Neo-Ottomanism）是外交部长达武特奥卢制定的特殊战略，同时也促成了天然的政治演变，即土耳其所期望的重要地理和经济地位，随着相关地区伊斯兰化趋势的突然加强而成为了现实。

新奥斯曼主义的吸引力在于其假设在这个全球化时代，土耳其无手段也无意愿在中东复制其旧帝国，除此之外，土耳其与前阿拉伯依赖国的关系也日益正常化，对它们来说，奥斯曼帝国统治很遥远，也很仁慈，至少从几十年、几百年的跨度来看是如此。特别是随着阿拉伯国家对以色列的敌意促升，他们非常欢迎土耳其回归。

达武特奥卢的真正创新是向伊朗伸出橄榄枝。安纳托利亚和伊朗高原分别代表土耳其文明和波斯文明，两者的关系漫长而复杂。我已经说过，波斯语是奥斯曼土耳其帝国的外交语言，但 16 世纪至 17 世纪初，奥斯曼人和萨菲王朝的波斯人在军事上长期对峙。土耳其人和伊朗人是对手，同时他们的语言和文化却深深地相互交织。鲁米以波斯文写作，但他一生中大部分时间却在土耳其度过。

此外，土耳其和伊朗都没有遭受过殖民地统治，也没有落入其他民族手中。从地理上看，其势力范围虽有重叠，又在很大程度上相互分开，伊朗横卧于土耳其东部。巴列维国王统治期间，土耳其和伊朗都亲西方，当伊朗在毛拉控制下转向激进之际，安卡拉仍与德黑兰保持正常关系。其实，历史上安卡拉就曾对阿亚图拉示好，只是在当代的政治背景下，这件事才有相当大的冲击力。

想想看：美国现任总统巴拉克·奥巴马正试图与欧洲盟国一起拼命地阻止伊朗获得核武器，以防止以色列对伊朗发动攻击。因为拥有核武器的伊朗将极大地改变中东的权力平衡，对西方不利，而以色列对伊朗的攻击则可能会破坏该地区的稳定，使局势变得更糟。然而，2010 年 5 月，土耳其与巴西一起采取行动，通过一系列戏剧性的外交举措，帮助伊朗逃避经济制裁，给其赢得了制造核武器的关键时间。通过认可伊朗浓缩铀计划，土耳其在伊斯兰世界中获得更多的筹码，比支持哈马斯在加沙的行动更有利。伊朗有潜力“帮助土耳其成为一个能源转运中心，向西欧市场提供伊朗的天然气和石油，从而实现其核心战略目标”。

随着土耳其成为伊朗能源转移的交汇点，里海海域化石燃料也由此跨越整个高加索地区。土耳其还拥有巨大的水权，把控着幼发拉底河注入伊拉克 90% 的水摄入量，叙利亚的 40%。土耳其的管线四通八达，运送着石油、天然气和水，这是其工业生活的重要基础。土耳其已与伊朗一起，成为中东的超级大国。

在石油时代之前，土耳其曾推进到巴尔干地区和欧洲，以发展经济能力，因此它也一样可以挺进中东。而且，在石油时代还有其他方式供其选择。作为欧洲的导管，土耳其输送着伊朗和里海的石油，这已构成欧洲不可忽视的经济因素；它是地球上最大的大陆桥，然而又不仅仅是大陆桥。土耳其作为二十国集团成员，处于世界的核心区，它本身又是本地区的核心。土耳其和伊朗两国有能力让阿拉伯新月肥沃地带趋于中性化，这一地带的国家几十年来历经有害无益的国家安全制度，并深受社会动荡之苦。

此外，土耳其和巴西维护伊朗浓缩铀的举动，虽然可能帮助原教旨主义的伊朗获得核武器，从而造成较严重的后果，但也很难说是流氓行为。随着发展中国家越来越多人口加入中产阶级，中型国家权力在世界各地崛起。土耳其作为北约成员国，却能以非常公开和实质性的方式，使美国遏制伊朗的努力前功尽弃，这也显示了美国的虚弱。

在当今时代，常规军事力量虽然仍很强大，但比以往任何时候的威慑力都小。正是出于中型国家的本能，埃尔多安和达武特奥卢才采取行动，试图逃脱这种威慑。

对于西方来说，唯一的一线希望是：如果土耳其力量没有提升，伊朗就会成为中东的主导力量。但土耳其在中东咄咄逼人地崛起了，自奥斯曼帝国崩溃以来尚属首次。伊朗将面临来自近邻的竞争，两个国家既可做朋友，又能当竞争对手。

而且不要忘记，土耳其仍属于北约，与以色列之间不管有多么大摩擦，最起码关系未断。尽管西方难以容忍，但土耳其的伊斯兰领导地位毕竟代表一个巨大的进步，比伊朗政府的顽固要好得多。土耳其仍然可以充当以色列和叙利亚之间的调解人。而伊朗历经政治动乱，一方面政权寿命得以延长，另一方面矛盾复杂化，因此在改进政治体制方面任重道远。

随着冷战的记忆渐行渐远，土耳其和伊朗都将进一步释放自己的地域力量，在中东阿拉伯国家担任更强有力的角色。土耳其现任领导人不再执着于北约的垂青，尽管其前任把北约视为非抓住不可的一棵虚弱的芦苇。萨达姆·侯赛因在伊拉克的政权本身即是冷战的余孽，这个政权倒台后，伊朗前所未有地卷于阿拉伯世界的政治进程中。土耳其与伊朗的联合演出是一场微妙的戏码，既试图彼此抗衡，又都想把叙利亚吸引到自己的轨道。与此同时，不管目前伊拉克多么虚弱，它毕竟是一个以什叶派穆斯林为主导的国家，未来或可取代伊朗的位置。

此外，全球通信革命也给土耳其和伊朗的宗教事业帮了大忙。它让人们摒弃前嫌、超越种族，真诚地拥抱宗教，并以此作为新的身份属性。土耳其人、伊朗人和阿拉伯人都是穆斯林，他们团结在一起，反对以色列、美国和整个西方。在土耳其和伊朗之间，地理因素的影响力不断加强，中东这个巨大的四边形更加有机地联系起来，其程度近乎前所未有。

阿拉伯世界的困境

与土耳其和伊朗的情况不同，阿拉伯国家位于地中海和伊朗高原之间，在20世纪前，其存在对于世界基本没有意义。巴勒斯坦、黎巴嫩、叙利亚、伊拉克，只是地理上的表达形式，约旦更不值一提。如果我们删除官方地图上的边界线就会发现，在这像粗布涂鸦般的区域中，逊尼派和什叶派的人口族群分布与国界划分存在矛盾冲突。

在黎巴嫩和伊拉克，执政当局勉强维持；在叙利亚，专制的政府正处于民众的内外夹攻之下；约旦正处于绝对君主制统治下，但未来大概只有它会实行君主立宪制（约旦现有体制有其客观存在的理由：它与以色列有陆路边境接壤，充当了其他阿拉伯政权的缓冲国。——作者注）。当美国总统小布什推翻伊拉克独裁政权时，他一定认为自己搅动了阿拉伯世界的历史，其程度自拿破仑以来无人能比。

第一次世界大战后出现的后奥斯曼帝国制度，比以往承受着更多压力。西式民主可能不会马上接手，但某种形式的自由化必须出现。埃及革命和冷战时期那些“阿拉伯警察国家”的转变，给其提供了极大帮助，而中欧的过渡和巴尔干对共产主义的脱离，看起来竟显得轻而易举。的确，目前的地中海黎凡特地区，寡头政权轮番倒台，而四处兴起的民主政治实则无所作为。

咄咄逼人的能源优势是土耳其和伊朗领导地位的特征，也是他们的地理副产品，尽管几十年来一直在阿拉伯世界中隐而不发。**现在的阿拉伯世界之所以进入了一个具有划时代意义的政治过渡期，能源因素是一个重大原因。**诚然，2011年的政局动荡将几大政权席卷一空，也成就了通信技术力量的神话，地理因此黯然失色。但随着时间的推移，突尼斯、利比亚、埃及、也门、叙利亚和其他国家的地理，将重新显示自己的力量。

突尼斯和埃及这些古老的文明集群，自古就已立国，而利比亚和也门等只是一些模糊的地域，直到 20 世纪才自立国家。利比亚西部以的黎波里或的黎波里塔尼亚为中心，始终面向突尼斯的迦太基文明，那里有丰富和有礼的城市文化；而利比亚东部各地以班加西为中心，总是以埃及亚历山大文化为导向。也门从古代起就人口众多，生活富足，但众多山地王国总是分多合少。因此，毫不奇怪，在利比亚和也门建立现代的非专制国家，将比在突尼斯和埃及更加困难。

但是，下一阶段的冲突可能展开的地点，是地中海东部的黎凡特以及肥沃新月地带。

民主的傀儡——伊拉克

伊拉克 2003 年遭受美国入侵后，发生了深刻的政治变革，并影响到整个阿拉伯世界。伊拉克有巨大的石油储量(仅次于沙特阿拉伯，居世界第二)，有超过 3 000 万的庞大人口；地理位置处于逊尼派和什叶派伊斯兰世界交界处，与伊朗、叙利亚、沙特阿拉伯之间同等距离；此外，作为阿巴斯前朝旧都，具有重要的历史和政治意义。伊拉克还受到三大遗产的困扰，第一是扭曲的政治文化，上个世纪的伊拉克几乎有一半时间处于不同军事独裁的残酷统治下，在萨达姆时代登峰造极；第二是黑暗暴力的古代和现代历史，其延伸远远超出了近几十年的专制，势必鼓励斗狠和多疑的民族性格（这听起来有点像揭人伤疤）；第三是严重的民族和教派分歧。

伊拉克从未能独善其身。还是芙蕾雅·斯达克那句话：“埃及与人类交通路线并行不悖，和平相处，而伊拉克从早期就是边境省份，与人类的命运路线呈直角交错，冤家路窄。”美索不达米亚切断了历史上最血腥的移民迁徙路线，那时人人自危，鲜有活路，悲观情绪四处滋生。早在公元前第三个千年，近东的古代居民就为争夺美索不达米亚的控制权而不断发生战争。不管袭击是来自西部叙利亚沙漠，还是东部伊朗高原，伊拉克总是一个被不断占领的受害者，直到第一次世界大战结束都是如此。

比流血事件更厉害的是，美索不达米亚很少能建成在人口统计学上有凝聚力的国家。沿着底格里斯河和幼发拉底河流域形成了伊拉克的边境地区，这里生存着的不同群体往往是外来侵略的残留物，彼此之间不断发生冲突和重叠。正如法国东方学者乔治·鲁（Georges Roux）在《古代伊拉克》（*Ancient Iraq*）一书中特意提到的，自古以来，伊拉克的南北部和中心经常陷入苦征酣战。第一个城邦统治者是南部的苏美尔人，他们与中部的阿卡德人战斗，二者又都与居住在北方的亚述人作战；反过来，亚述人又与巴比伦人打仗。

还有八面玲珑的波斯人，他们与土生土长的美索不达米亚人混居在一起，形成另一个纷争的来源。只有最令人窒息的专制统治，才能使这个边境地区避免陷入彻底解体。正如学者阿迪德·达维沙（Adeed Dawisha）所说，“社会秩序的脆弱性，在整个历史上都是美索不达米亚这片土地的结构性特征。”在人口稠密的河谷以及没有保护的边界，族群之间相互为战，最终导致20世纪的暴政，这看似无情，实际上与古代如出一辙。其实，**一个专制政权被推翻的那一刻，总会导致持续几年的无政府状态和恐怖暴行，这正是其古代历史的回光返照，这也给伊拉克背上了沉重的历史包袱。**

美索不达米亚是奥斯曼帝国管辖最虚弱的部分，也是另一例模糊的地理表现形式，一个松散的部落、教派和种族组合，由土耳其人进一步分为几个行省，如库尔德人的摩苏尔、逊尼派的巴格达、什叶派的巴士拉，从北向南延伸。土耳其帝国崩溃后，英国试图在两河之间“塑造”一个政体，结果却弄巧成拙，导致了库尔德的分离主义、什叶派的部族主义以及逊尼派的激进主义。北部库尔德斯坦的油田与南部波斯湾港口相连接，为了从陆路和海上保卫印度，英国的战略之一是将种族和宗派势力结合在一起，然而这些势力很难通过正常的手段来安抚。

第二次世界大战后，阿拉伯民族主义兴起，伊拉克进一步分裂。该国的军官和政客都是内斗的行家：一部分人看到了伊拉克麻烦不断的身份属性，认为最好使其重归于一个单一阿拉伯国家名下，范围从马格里布到美索不达米亚；另一部分人则认为，应力排众议建立统一的、尽管在地理上不那么合乎逻辑的伊拉克，这将平息各宗派的激情。

无论如何，自 1921 年起伊拉克有近 40 年处于四分五裂状态，政治不稳定、民主形同虚设、起义此起彼伏，并以王室的名义实行半独裁统治。直到 1958 年 7 月 14 日，一场军事政变废黜了伊拉克亲西方政府，这段历史时期才算告一段落。末代国王费萨尔二世曾统治伊拉克 19 年，最终与他的家人一起惨遭扫射屠杀；总理努里·阿萨德枪杀后被掩埋，他的尸体不久又被挖出，被暴徒肢解并烧毁。

这并不是偶发的行为，而是体现出肆意妄为的暴力倾向，这往往是伊拉克政治生活的特点。事实上，整个哈希姆王室被杀，正如俄国沙皇尼古拉二世全家在 1918 年惨遭灭口一样，是一种具有深刻象征意义的犯罪，预示着随后几十年这个国家将会实施的谋杀和酷刑。对于伊拉克来说，复元所需的时间可能要许多年。

伊拉克东方集团式的专制流程始于布里格迪尔·阿卜杜勒·卡里姆·卡西姆（Brigadier Abd al-Karim Qasim)，终结于萨达姆，独裁者们一个比另一个更极端。也许，只有这样才能控制住一个由如此不同的群体和政治势力组成的国家。然而，正如达维沙所说，“历史的记忆既不是线性的，也不能累计……因此，虽然伊拉克的历史无疑是威权专制的，但也有民主的希望曙光……”伊拉克一直在苦苦挣扎着，以避免重新滑入暴政，或在宗派忠诚的负担下陷入无政府状态。从 1921 年到 1958 年，它的确尝试了某种勉强运作的民主，这一点值得铭记。此外，地理本身也受到不同解释的支配。马歇尔·霍奇森告诉我们，美索不达米亚的人口分裂倾向并非完全源于人为，也有古代历史的基础。两河流域形成的种植区块，正是中东人口构成的原因之一。

然而，在 21 世纪第二个十年里，所谓的伊拉克民主处于极端不确定的状态下，腐败、效率低下、毫无章法，政治暗杀是家常便饭。尽管拥有巨大的石油财富和美国训练的军队，至少在短期内，伊拉克仍将是一个弱国。争斗不休的政客们将倒向伊朗和沙特等邻近国家，寻求财政和政治支持，并不得不在某种程度上成为大国手中的傀儡。伊拉克可能再度成为扩大版的黎巴嫩，这个国家在 20 世纪 70 年代和 80 年代饱受内战肆虐。统治这个国家的利益诱惑太大了，因此伊拉克当权者有腐败的条件，争权夺利的内讧有可能严重而持久。对于美国来说，要想在阿拉伯世界的心脏地带建立一个亲西方的前哨，需要伊拉克这个国家内部强大，遗憾的是，至今尚没有这种迹象。

美索不达米亚受到削弱，可能给阿拉伯世界的其他国家创造了成为人口或自然资源枢纽、从而在该地区树立威信和实现领导的机会，但目前还看不出谁能担此大任。沙特具有较为神经质的特点，天性犹豫而脆弱，因为它拥有巨大的石油财富，而人口相对较少；更糟的是，沙特男性青年群体容易倾向于激进主义，更向往民主，这种倾向已在突尼斯和埃及点起革命的火花；埃及拥有阿拉伯世界最大的人口规模，在后穆巴拉克时代，政府的精力将主要投入到巩固对国家内部的控制，并照顾到人口的挑战；而对于土耳其和伊朗来说，他们正可设法利用阿拉伯世界的弱点，呼吁建立更广泛的伊斯兰世界共同体“乌姆玛”（Umma）。

这个弱点，不仅体现在遭入侵后的伊拉克身上，也体现在叙利亚。无论是在中古时期还是当代，叙利亚都是阿拉伯世界另外一个关键性的地理终端。事实上，它号称是冷战时期阿拉伯主义的心脏。

地理决定不了叙利亚

1998 年，我离开托罗斯山脉，沿东南方向从小亚细亚下行至叙利亚平原，这里点缀着松树和橄榄树，石灰岩山偶尔出现。我离开土耳其的时候，那里已是充满信心的工业化社会，民族主义找到了地理逻辑的支撑，北部有黑海，南部和西部靠近地中海，东部和东南部的山脉形成坚不可摧的天险。在这个国家里，伊斯兰教已经成了西方民主化的囊中物。但现在我行走的地方，是一块在广袤沙漠中推演的领土拼图，能将其拼接在一起的，只有阿拉伯复兴党的意识形态，以及随之而来的个人崇拜。哈菲兹·阿萨德总统的照片悬挂于每个商店的橱窗和汽车挡风玻璃，真是大煞风景。地理决定不了叙利亚的命运，土耳其也一样，但它毕竟是一个起点。

从地理和历史上我们可以看到，叙利亚人口 2 000 多万，目前和以后仍将处于阿拉伯世界动荡的中心。阿勒颇位于叙利亚北部，是一个繁华的巴扎（集市）型城市，与伊拉克摩苏尔和巴格达的历史联系比与叙利亚首都大马士革更紧密。结果，每当大马士革衰落，阿勒颇就会大显身手。在阿勒颇露天市场闲逛时，你会吃惊地感到，大马士革似乎与这里毫不相干。

在阿勒颇的露天市场里，商贩的身份五花八门，有库尔德人、土耳其人、切尔克斯人、阿拉伯基督徒以及亚美尼亚人。大马士革集市则几乎是逊尼派阿拉伯人的世界。与巴基斯坦和前南斯拉夫一样，叙利亚各教派和宗教都有特定的地理区域：在阿勒颇和大马士革之间，霍姆斯和哈马日益成为伊斯兰逊尼派的腹地；在大马士革和约旦边界之间，则由德鲁兹派穆斯林占多数；在与黎巴嫩接壤的山间要塞，是阿拉维派的大本营，他们是来自波斯和美索不达米亚的一拨什叶派残部，1 000 年前曾横扫叙利亚。

1947 年、1949 年和 1954 年，（法国殖民统治当局）试图举行所谓“自由和公平”的选举，按照地区、教派、种族界限划分票仓，进一步加剧了其间的分歧。当 1970 年老阿萨德上台时，此前 24 年里已更换了 21 届政府。他一口气执政 30 年，是阿拉伯世界的勃列日涅夫，但未能在国内建立一个公民社会，因此断绝了未来的后路。就连南斯拉夫分裂时都有一个知识分子阶层，叙利亚却没有，这使阿萨德政权显得分外笨拙。

冷战期间以及冷战后头几年，叙利亚激进的泛阿拉伯主义势力强大，几乎成为这个弱国身份的替代品。大叙利亚是奥斯曼帝国时代的地理术语，包括今天的黎巴嫩、约旦、以色列与巴勒斯坦，当今叙利亚国家的边界等于缩短了一半，由此造成大规模的暴力冲突。正如普林斯顿大学学者菲利普·K. 希提（Philip K. Hitti）所说，历史上的大叙利亚是“地图上最大的小国，论规模大小微不足道，影响却牵动世界”。其地理涵盖广博，是欧洲、亚洲和非洲的汇合点，“文明世界历史的微缩景观”。

叙利亚对希腊 - 罗马文化进一步打磨，出现了一些最辉煌的思想家，其中包括斯多葛学派和新柏拉图学派。此外，叙利亚是倭马亚帝国的根基，这是穆罕默德后第一个阿拉伯王朝，在其全盛时期，甚至比罗马的版图还要大。它也是十字军东征的主战场，这是历史上伊斯兰和西方之间上演的最大一出戏。

然而，今天的叙利亚仅仅是这个伟大地理和历史遗产的鬼魂。叙利亚人敏锐地意识到这一点，他们知道，失去黎巴嫩就等于切断了叙利亚到地中海的出口，其丰富的文化沉淀将接触不到生命的气息。1920 年，法国把黎巴嫩从叙利亚分裂出来，从那时开始，叙利亚一直拼命地要将它重新并入自己的版图。2005 年 2 月，反叙利亚的黎巴嫩总理拉菲克·哈里里被暗杀，小布什随即要求叙利亚从黎巴嫩全部撤军，这削弱了大马士革少数阿拉维派制度的政治基础。阿拉维派教徒是非正统的什叶派穆斯林教派，人口遍及叙利亚和黎巴嫩。老阿萨德的儿子巴沙尔是其教派领袖，他若想要继续掌权，不仅要做到民主化，还需要证明他的阿拉维派政府能坚决捍卫叙利亚民族利益，比多数逊尼派做得更好。

事实上，活跃在伊拉克和阿富汗的逊尼派圣战者的下一个目标可能正是叙利亚。他们视阿拉维派政权为宿敌，认为它“集专制、世俗和异端于一身”。阿拉维派政权与什叶派伊朗亲近，在 20 世纪 70 年代至 80 年代，涉嫌谋杀成千上万逊尼派伊斯兰教徒，罪不可恕。圣战组织对叙利亚后勤供给线了如指掌，因为要维持在伊拉克的圣战，必须在叙利亚有完整的网络并设置安全庇护所。

面对逊尼派圣战者的威胁，年轻的阿萨德可能别无选择，只有开放政治制度。仅仅为了顺应快速变化的社会步伐而安装的卫星天线和互联网，可能会使他的政权和教派变得比以往更脆弱。诚然，没有人能猜到后专制时代的叙利亚会是什么样。宗派主义的水有多深？它可能根本就不深，但一旦大开杀戒，人们长期压抑的宗派属性就会复苏。

后阿萨德时代的叙利亚，有可能比后萨达姆时代的伊拉克做得更好。因为前者远没有后者那么专制，叙利亚社会受损的程度还没那么严重。当我从萨达姆的伊拉克旅行至阿萨德的叙利亚时，我感觉自己似乎有所解脱，偶尔还能呼吸一下自由人文主义的空气呢。另一方面，整个冷战期间，南斯拉夫是一个比其巴尔干邻国更加开放的社会，但是种族和宗教分歧几乎毁掉了它。少数阿拉维派教徒至少保持了叙利亚的和平，而逊尼派圣战者似乎不大可能做到这一点。他们与前者同样残酷，而且毫无治国理政之方，而阿拉维派在执政 40 年期间，已经获得了不少经验。

当然，事情也可能并不会按预想的发展。叙利亚的和平与政治重生，毕竟有坚固的地理基础。要再次记住霍奇森的话：叙利亚和伊拉克这些国家，毕竟扎根于农业地带，他们并不完全是人造的。即便在目前边界以内，叙利亚仍然是地中海东部黎凡特世界① 的心脏，它意味着以商业为纽带团结起来的多民族、多宗教身份的大世界。

叙利亚出生的诗人阿里·艾哈迈德·萨义德（Ali Ahmad Said）的笔名“阿多尼斯”（Adonis），本身就是这另一个叙利亚的体现，其丰富的文明互动形成历史戏剧的核心，我们可从威廉·麦克尼尔的著作中了解一二。

阿多尼斯劝告他的同胞放弃阿拉伯民族主义，建立新的国家认同，以叙利亚本身具有的折衷主义和多样性为基础，以使 21 世纪的叙利亚与 20 世纪初的贝鲁特、亚历山大和土麦那相当。阿多尼斯与阿萨德们一样属阿拉维派，但他没有寄希望于阿拉伯主义和警察国家，而是接受普世主义，他的目光并非投向沙漠，而是面向地中海。现代叙利亚尽管痛失了黎巴嫩，仍然有相当大规模的资产，而地中海代表一个民族和教派的集成，这是在叙利亚建立稳定民主唯一的思想基础。

① 黎凡特是一个模糊的历史地理名称，指中东托罗斯山脉以南、地中海东岸、阿拉伯沙漠以北和上美索不达米亚以西的一大片地区，包括叙利亚、黎巴嫩、巴勒斯坦等地。——译者注

麦克尼尔、霍奇森和阿多尼斯对于叙利亚提出的希望的确殊途同归，这也将给地理上“大叙利亚”的其余部分，包括黎巴嫩、约旦和以色列带来深刻影响。如果阿多尼斯的民主不能在叙利亚扎根，那么不管该国是否会发生圣战反叛，都注定会成为不那么集中的、较为弱小的国家。

叙利亚也是一个青年群体崛起的国家：其人口的 36% 在 14 岁或以下。叙利亚被削弱，可能意味着贝鲁特取代大马士革成为大叙利亚的文化和经济首都，后者则不得不付出数十年之久的巨大代价，或像苏联一样自绝于现代世界。而贝鲁特南部穷苦的、有真主党倾向的什叶派将继续在人口上领先于这个城市的其余地区，同时逊尼派伊斯兰在大马士革有更多的政治影响，这意味着大叙利亚可能会成为一个比现在更不稳定的地理区域。

约旦可能在重大的变革中幸存下来，因为哈希姆王朝已经用几十年建立其国家意识，并形成一个统一的精英阶层。约旦首都安曼到处是忠于约旦国王的前朝政府部长，这些人不因内阁改组而被囚禁或杀害，但也仅仅允许他们保留财富而已。但人口统计又是一个魔咒：约旦 630 万人口中 70% 生活在城市，近 1/3 是巴勒斯坦难民，他们比东岸本地人的出生率要高些；此外，在约旦还有 75 万伊拉克难民，它成了地球上最大的难民人口收留国。

让我们再次跟随保罗·布拉肯和埃利亚斯·卡内蒂的脚步，回到封闭得让人患上幽闭恐惧症的地理真相，其中贫穷和拥挤的城市群体有自己的喜怒哀乐，并被电子媒体进一步煽动起来。在过去的 10 年当中，我们只关注伊拉克和阿富汗的暴力行为，却对所谓中东的“稳定地区”是多么不稳定视而不见。这给我们带来了巨大的潜在危险，阿拉伯变革就证明这一点。它始于吁求民间社会和个人尊严，控诉僵化的国家安全制度剥夺人们的向往。但是，未来城市化和电子通信的发展，将使公众表达愤怒的方式不那么良性克制。对现实和想象中的不公正揭竿而起的人群，是新的后现代老虎，下一代阿拉伯领导人将很难控制住。

天生冤家——巴勒斯坦和以色列

我曾多次从约旦过境到以色列。约旦河谷是地球表面上一条深深的裂痕，绵延 3 700 英里，从叙利亚向南延伸，直达莫桑比克。从约旦伊尔比德镇的浅棕色台地到约旦河，其间道路千回百转、绵延下沉，各种令人眼花缭乱的戏剧性变化层出不穷。1998 年我看到，道路两旁建着尘土飞扬的汽车修理站，摇摇晃晃的水果摊，年轻男子三三两两地抽着烟游荡。沿河床边有一条绿油油的田地，而对面以色列一侧则山势险峻。

约旦边境哨所和海关，就像在一块空地上摆满了一排排旧集装箱。界河很窄，坐上汽车分秒之间即过。边界另一侧建了一条园林绿化带分隔着交通行车线，像是西方国家随处可见的安全岛，但是，从黯淡、布满灰尘的约旦和阿拉伯世界大多数地方一下子置身此处，会感到如见奇迹。以色列移民局大厅如同美国的小型机场候机大厅，安全官们很少把身上穿的添柏岚（Timberland）名牌衬衫下摆掖进牛仔裤腰里，以便留出更多的地方别手枪。

在阿拉伯世界待了几个星期后，以色列给人的感觉如此无视传统。出入境大厅外面，新铺的人行道、长椅、旅游设施齐全，简直与西方的任何地方无差别。但它是一个空荡荡的、不友好的公共空间，根本没有人在此逗留，而阿拉伯世界则因失业率很高而满街都是游荡的年轻人。驻守岗亭的以色列人毫无人情味，没有传统的中东人那么好客热情。20 世纪 70 年代，我在以色列居住过一段时间，并曾在其军队里服役，现在我又重温了这种感觉。对于中东，以色列显得那么不协调，但它毕竟是一种生硬而坚固的事实。

对于整个伊斯兰世界来说，巴勒斯坦人的困境已经成为一种图腾，象征人类世界事务的最大不公正，他们一度非常团结，并通过大众媒体不断激起愤怒。在一定程度上，事实已变得毫无意义；观念就是全部，决定因素是地理。犹太复国主义正是思想力量的显示，以色列人和巴勒斯坦人之间，也就是犹太人和穆斯林之间围绕土地的战斗，正如土耳其人和伊朗人之间的纷争一样，是一个绝对地理决定论的案例。

“在从约旦河到地中海的占领区内，这些犹太人很快就会成为少数（按照某种算法，这已经是事实了）。一些人口学家预测，在15 年内，他们在这一地区所占人口比例，将降低至 42%。”《大西洋月刊》（*The Atlantic*）的国家版编辑本杰明·施瓦茨（Benjamin Schwarz）如是说，他在 2005 年给该杂志撰写了一篇文章，题为《以色列能活到 100 岁吗？》，从那以后，这些计算结果以及冷静的分析一直没怎么受到事实的挑战，更可笑的是，阿拉伯被占领土上的人口出生率比以色列更高，加沙地带的人口增长率是以色列的两倍，成年女性一生平均要生 5 个以上的孩子。

结果在 21 世纪第一个十年，以色列的政治、军事和情报界达成一个共识，以色列必须撤出几乎所有被占领土，或基本上成为种族隔离国家，这件事或早或晚必须实行。他们希望形成某种“围墙”效应，一条以色列自建的屏障，以期有效地隔开约旦河西岸日益膨胀和贫困的巴勒斯坦人口。

以色列地理学家阿农·索弗（Arnon Soffer）认为，围墙是“最后的绝望尝试，以拯救以色列国”；但是施瓦茨写道，在被占领土上靠近绿线的犹太人定居点，“与以色列人有太深的渊源，并很可能是太多以色列人日常生活不可或缺的组成部分，很难被抛弃……”

然而，巴勒斯坦人思想的基本原则和前提，就是“返回权”，这种观念适用于被以色列驱散的700万巴勒斯坦人，他们一出生就流离失所，还有他们的后裔，现在可能也已达500万之多。2001年，98.7%的巴勒斯坦难民拒绝接受以赔偿交换返回权计划。最后，还要考虑到生活在以色列1967年以前边界内的那些以色列阿拉伯人。以色列犹太人的人口增长率是1.4%，而以色列阿拉伯人是3.4%；犹太人的年龄平均是35，而阿拉伯人则只有14岁。

在一个理性的世界里，人们可能会希望，以色列人和巴勒斯坦人之间签订和平条约，以色列人放弃被占领土，解散大多数定居点，而巴勒斯坦人将放弃重返家园的权利。在这种情况下，“大以色列”至少将作为经济概念，将约旦河西岸和加沙地带，以及约旦、黎巴嫩南部和叙利亚南部（包括大马士革）统统吸引到身边来。但是，截至发稿时，没有哪两国人民像以色列人和巴勒斯坦人那样有如此巨大的隔阂和分歧，以至于彼此之间在政治上已无法松动。人们只能希望2011年发生在阿拉伯世界的政治地震能够督促以色列作出关键性的领土让步。

中东处在人类命运的交汇点上，地理封闭和密集的人口更是让其命悬一线。在通信、武器装备等各方面的革命过程中，地理并没有消失，反而变得更有价值、更珍贵，与越来越多的人息息相关。在这样一个世界里，普世价值必须与环境条件相结合。我们祈祷，一个哈希姆王朝的约旦和一个团结的叙利亚能够幸免于难；当然，我们也祈求结束伊朗的毛拉专政，从加沙地带到阿富汗的大伊朗地区成为一个向好的力量，而不是邪恶。

也许，在整个中东地区，天平会随之转移，真主党和哈马斯可能被驯服，以色列和巴勒斯坦的和平前景有所改善。在约旦，很难想象还会有一个比目前君主制更温和、更亲西方的政权；而沙特阿拉伯的政权则有可能成为我们的敌人。在叙利亚，民主应该一步步深化，除非大叙利亚的政治组织结构受到逊尼派圣战者破坏；如果出现 2006 年至 2007 年间在美索不达米亚发生的暴力袭击，结果就难说了。

19 世纪至 20 世纪初，欧洲领导人专注于所谓的东方问题，也就是随着奥斯曼帝国灭亡而爆发的不稳定局势和高涨的民族主义诉求。第一次世界大战解决了东方问题，却付出了灾难的代价。如今，现代阿拉伯国家制度靠着其古老的地理特征和人口分布格局形成了。对此，马歇尔·霍奇森颇具先见之明；但是，100 多年过后，在大中东所谓“一世界”的心脏地带，后奥斯曼时代的国家制度能否持久，还是不能想当然地掉以轻心。

（前奥斯曼帝国）

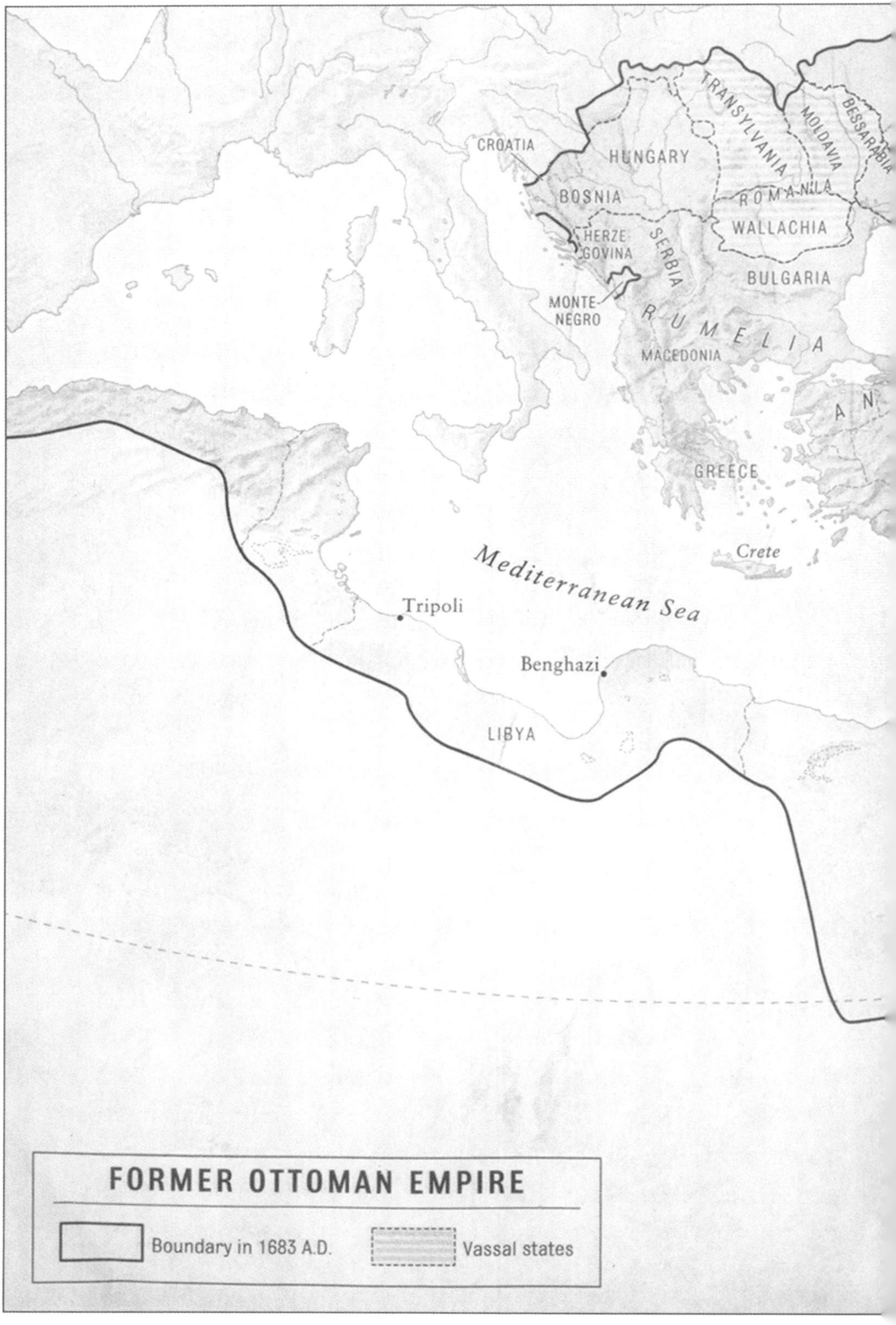
CROATIA
HUNGARY
TRANSYLVANIA
MOLDAVIA
BESSARABIA
BOSNIA
ROMANIA
WALLACHIA
HERZEGOVINA
SERBIA
BULGARIA
MONTENEGRO
RUMELIA
MACEDONIA
GREECE
Crete
Mediterranean Sea
Tripoli
Benghazi
LIBYA
FORMER OTTOMAN EMPIRE
Boundary in 1683 A.D.
Vassal states

（上图地名中文对照见第 312 页）

图名：FORMER OTTOMAN EMPIRE 前奥斯曼帝国

① CROATIA 克罗地亚　HUNGARY 匈牙利　BOSNIA 波斯尼亚
GREECE 希腊　TRANSYLVANIA 特兰西瓦尼亚　MOLDAVIA 摩尔达维亚
ROMANIA 罗马尼亚　SERBIA 塞尔维亚　LIBYA 利比亚
Cyprus 塞浦路斯　LEBANON 黎巴嫩　PALESTINE 巴勒斯坦
SYRIA 叙利亚共和国　KUWAIT 科威特　CRIMEA 克里米亚
RUMELIA 鲁梅利亚　MONTENEGRO 黑山共和国
HERZEGOVINA 黑塞哥维那
MACEDONIA 马其顿王国　GEORGIA 格鲁吉亚　KURDISTAN 库尔德斯坦
LURISTAN 卢里斯坦　AZERBAIJAN 阿塞拜疆　BULGARIA 保加利亚
DAGESTAN 达吉斯坦　ARMENIA 亚美尼亚地区
THE LEVANT 黎凡特地区　WALLACHIA 瓦拉几亚地区

② Mediterranean Sea 地中海　Caspian Sea 里海　Red Sea 红海
Sea of Azov 亚述海　Black Sea 黑海　Persian Gulf 波斯湾

③ Benghazi 班加西

④ Nile River 尼罗河　Blue Nile 青尼罗河　White Nile 白尼罗河
Jordan R. 约旦河　Tigris R. 底格里斯河　Euphrates R. 幼发拉底河

⑤ Tripoli 的黎波里　Baghdad 巴格达　Basra 巴士拉
BESSARABIA 巴萨拉比亚　KARABAGH 卡拉巴赫

⑥ TAURUS MTS. 托罗斯山脉

⑦ IRANIAN PLATEAU 伊朗高原　ANATOLIAN PLATEAU 安纳托利亚高原

⑧ ANATOLIA 安纳托利亚　Crete 克里特岛

THE REVENGE
OF GEOGRAPHY

第 15 章
“山姆大叔”的历史罗盘
墨西哥的挑战

当 21 世纪第二个十年，美国人将战略重心从阿富汗和伊拉克转移到亚太时，似乎将墨西哥遗忘在了历史的街角。作为一个与美国有着 3 000 多公里边境的国家，毒品、犯罪、人口激增正在将这个国家一步步推向深渊。即使麦金德将墨西哥与美国和加拿大一起定义为“世界岛”周围最关键的大陆卫星国，但日渐模糊的美墨边境已经为美国的未来埋下了诸多隐患。

墨西哥到底是美国体面退出历史舞台的出口，还是美国重塑“新世界”核心地位的救命稻草？作为海洋性的欧洲与大陆心脏地带之间的独立缓冲国，这个国家将会怎样影响西半球甚至整个世界的平衡？

已故牛津大学历史学家休·特雷弗-罗珀（Hugh Trevor-Roper）在1972年写道，在历史学研究领域，没有任何一批学者比法国所谓的年鉴派（Annales）有更大的“产出效应”。该派于1929年由吕西安·费夫尔（Lucien Febvre）和马克·布洛赫（Marc Bloch）创建，因为他们经常在巴黎一份名为《经济·社会·文化年鉴》（*Annales d'histoire economique et sociale*）的期刊发表文章而得名。在这些法国历史学家中，最重要的代表人物是费尔南·布罗代尔。

布罗代尔于1949年发表代表作《菲利普二世时代的地中海与地中海世界》（*The Mediterranean and the Mediterranean World in the Age of Philip II*），书中重点强调了地理学、人口学、物质和环境因素，开创了历史著述方面的新天地。布罗代尔把自然因素引入了历史学，对丰富这门学科产生了不可估量的影响，同时还恢复了地理学在学术界应有的地位。他这部两卷本巨著最令人印象深刻之处，在于大部分书稿写自第二次世界大战期间，当时他是一名德国囚犯。

在布罗代尔宏大的叙事画卷里，永恒不变的环境力量造就了延绵几十年乃至几个世纪的持久历史趋势。因此，如果不纠结于具体细节，我们关心的各种政治事件及局部战争仿佛是天注定的。布罗代尔告诉我们，欧洲北部的森林土壤富饶肥沃，那里的农民不需费什么力气就能大有收获，因此北欧社会与地中海沿岸地区相比更自由，也更有活力；地中海沿岸土地较为贫瘠，农民生活缺乏保障，这也使专制的寡头统治得以实现；此外，被榨干养分的贫瘠土壤加上变化不定的气候和频繁的天灾，也促使希腊人和罗马人不断征服探索。**我们曾自欺欺人地相信人完全能掌控自己的命运，布罗代尔则告诉我们，越是意识到自己的局限性，就越有动力尽可能地影响事情的结果。**

布罗代尔的“长时段”

在布罗代尔的地理罗盘上，地中海被标注为一个靠近撒哈拉大沙漠的海洋综合体。因此，他恢复了北非在地中海研究中的突出地位，并为我们提供了当代工人大移民的时代背景，他们从地中海南部的伊斯兰海岸迁徙到了北部以基督教为主导的地区。虽然在布罗代尔的故事里西班牙统治者菲利普二世经常是主角，但全书主旨并非在于个别历史人物如何克服艰难险阻。相反，他所讲的是在客观而深刻的结构性力量中，特定人物及其所处的社会如何得到巧妙塑造。在这个气候变化的时代，日趋变暖的北冰洋开启了商业交通的契机，而海平面的潜在上升，对于沿岸的第三世界热带国家来说无异于灾难降临；此外，是否拥有石油和其他能源性商品，正在从根本上重塑世界政治。现在，阅读布罗代尔史诗般的地域决定论著作的时机已经成熟，至少，它可以为我们所处的时代提供文学上的情境：这个星球正在迎来一个新的时代，水资源日益匮乏，日趋拥挤，资源稀缺和环境问题不断引发各种社会事件。

特雷弗 - 罗珀写道，布罗代尔和其他年鉴派人物的成就在于“把地理学、社会学、法律、思想引入一条宽阔的历史长河，使之得到丰富、更新和强化……毕竟，地理、气候和人口决定了通信、经济和政治组织”。布罗代尔与麦金德、斯皮克曼或马汉不同，他没有专门的地缘政治理论供我们探讨，但他取得的成就更大，因为他不仅是地理学家或战略家，还是一位历史学家。他的叙述有一种上帝般的特质，把人类生存的每一个细节都绘画在自然的帆布上。如果地理学某一天与文学相近，那一定是布罗代尔的杰作。从某种意义上说，他是迄今为止所有战略思想家的集大成者。

牛津大学考古学家巴里·坎利夫指出，布罗代尔对于历史认识方法的代表性贡献，或许是他提出了“时间波长变化”的概念。在这个概念的底部是“长时段”（longue duree），即地形地貌缓慢地、不为人察觉地发生变化的地理时间段，在这个阶段，景观既有变化的能力，又受到一定限制。在此之上是波长较短的“中期周期”，布罗代尔称之为“中时段”（conjonctures），即人口统计、经济、农业、社会、政治上的系统性变化。坎利夫解释说，这些基本上都是“集体的力量，是客观的，时间限定通常不超过一个世纪”。“长时段”和“中时段”表现出人类生活的大部分隐藏着的“基本结构”，而我对地理的研究和考量，所要突出的正是这些基本结构。

布罗代尔把最短的周期称为“历史小事件”（l'histoire evenmentielle），即政治和外交的每日流水账，这是媒体报道摄取的主食。他用大海作比喻：在海底最深处，庞大的水体缓慢流动，收留承纳万物；再往上面是潮汐涌动以及漩涡暗流；而最终浮在海面上，用坎利夫的话说，是“惊涛拍岸的瞬间，浪花四溅，转瞬即逝”。

由于布罗代尔的很多分析过程基于客观的时间框架之上，特别是鉴于气候变化及其对特定区域的影响，要臆测地缘政治将如何展开是不可能的。比如说，要谈论美国和欧洲一两百年后的关系是荒谬的，因为还有相当多的影响因素尚未浮出水面。布罗代尔鼓励我们不妨从远处旁观，以便平心静气地认识到自己的弱点。展卷阅读时，21 世纪第一个十年最重要的事件就会跃入我们头脑中，类似问题无可回避：在伊拉克和阿富汗的战争，难道只是海上一朵小小的浪花，又或许，源于美国命运中更深层的结构性部分？包括两次世界大战，这历史上前所未有的大规模暴行，难道也只属于“历史小事”一桩吗？布罗代尔把人类活动放在自然力量的重压之下，这方便了我们以“长时段”为基础进行思考。

为何墨西哥对美国更重要？

我之所以提到布罗代尔，是为了引出 2009 年 6 月在华盛顿召开的一次会议。那次会议提出了一个问题，迫切需要我加紧研究 21 世纪与美国相关的地理问题。它把人们的目光从一时的困境引向更宏大、更长远的领域，我想布罗代尔也会喜欢这一点。

这次会议是由新美国安全中心主办的，我当时在那里做一名高级研究员。我们分组讨论了在阿富汗和巴基斯坦需要采取的下一步骤，特别强调了对反叛势力的政策微调。与会嘉宾们跃跃欲试，都要打“阿巴”这场棒球赛的界内球。对华盛顿战略家们来说，阿富汗和巴基斯坦边境问题已经到了非解决不可的地步。然后，美国波士顿大学教授安德鲁·巴塞维奇发表了一个看法，语惊四座。我当时坐在前排，他的意思据我理解是这样的：

> 如果从一个历史学家的长远视角看待这次会议，我们可能得出结论：正当美国被深深地卷入阿富汗以及大中东其他地区局势之际，大规模的国家挫败感却在美国南部边界蔓延，这对美国近期和未来的社会发展产生的影响，比半个地球以外发

生的任何事件都要大。想想看，自20世纪80年代以来，我们在中东所有的干预实现了什么目标呢？为什么不换一种思维来解决墨西哥问题呢？如果我们把投到伊拉克和阿富汗的所有金钱、精力和技术创新改投到墨西哥，我们该有多么繁荣啊。

包含在这个简单问题里面的，是他对自冷战结束以来美国外交政策的根本性批判。这个批判的源头远远超出墨西哥，将欧亚大陆也囊括在内，但都植根于北美的地理特点。巴塞维奇的挫折感太鲜明了，因此他的逆耳忠言给人留下的印象特别深刻，甚至有凄凉的感觉。他是西点军校毕业生，越战退伍老兵，他的儿子在伊拉克战场上阵亡；但是在他的书中，巴塞维奇则俨然是一个辩论家，对东海岸精英抱有一种压倒性的蔑视，对他们让美国在海外卷入各种纠葛的行为极端不满。实际上，与他的意见不谋而合者大有人在。他们与巴塞维奇一样，在进行分析时有意识地超越了历史具体事件，着眼于长远。

当我思考这些分析家真正担心的是什么时，布罗代尔的“长时段”立刻跃入头脑。巴塞维奇，以及斯蒂芬·沃尔特（Stephen Walt）、约翰·米尔斯海默、保罗·皮勒（Paul Pillar）、马克·赫尔普林（Mark Helprin）、特德·盖伦·卡彭特（Ted Galen Carpenter），还有已故的塞缪尔·亨廷顿，这些人从哪方面看都不是外交政策分析圈中最响亮的声音，而且把他们放在同一类别本身就有点牵强附会。然而，他们不约而同地从长远的角度质疑了美国外交政策的基本方向。

沃尔特是哈佛教授，米尔斯海默执教于芝加哥大学。尽管他们的学术声望不低，他们的著作《以色列游说集团与美国外交政策》在2007年出版时却遭到粗暴对待，因为该书将支持以色列的美国势力指控为“伊拉克战争背后的始作俑者”，但那帮人个个都自视为这场战争的死对头。赫尔普林是一位小说家，以前曾在以色列当兵，他相信中国将成为美国的首要军事对手，因此主张“不留后患”，米尔斯海默对此深有同感。他们两人以及前中央情报局分析师皮勒，对于美国把资源分散投入中东“无用的战争”，同时坐视中国获得最新的国防科技深感担忧。

事实上，即使美国稳住阿富汗和巴基斯坦，中国也将会成为该地区道路和管线的主要受益者，并将部分地利用它们获取能源、战略性矿产和金属资源。卡彭特对美国面临的相关危险也发出警告，他所关注的方向主要以遭受严重暴力困扰的墨西哥为代表。而亨廷顿一生中致力于政策观察，在他生命的最后几年里，也提出了同样的预警。

将所有这些人的想法整合一下，我们就发现，他们或多或少属于外交政策圈里的现实主义派。他们得出的结论是，**美国面临三个主要的地缘政治困境：一个是中东混乱的欧亚大陆腹地，一个是崛起而自信的“超级大国”——中国，还有一个是墨西哥面临的失败困境**。只要我们在进一步军事介入中东时更加小心谨慎，就可以最有效地应对中国和墨西哥提出的挑战。也就是说，我们要从伊拉克和阿富汗脱身，越快越好；至于轰炸伊朗一事则绝不可行。这是唯一的出路，惟此美国的力量才可以再维持几十年，在“长时段”生存得尽量久一些。

当然，从长期来看这样是安全了，也有人可能会为此沾沾自喜。这些人并未考虑到没有妥善处理短期问题会引发什么样的后果，例如从阿富汗突然撤回会怎么样。是否会导致美国设在巴基斯坦北方瓦济里斯坦的情报来源中断呢？我们曾在那里用无人驾驶飞机成功打击了“基地”组织；是否会看到扎瓦希里和其他幸存的“基地”组织头面人物在半岛电视台摄像机簇拥下，胜利开进贾拉拉巴德呢？阿富汗是否会成为一个激进的塔利班国家，接受巴基斯坦三军情报局的督导？作为由此带来的后果，美国是否会失去印度这个 21 世纪的全球枢纽国家的尊重？伊朗是否会非正式地合并阿富汗西部？

此外，如果我们在 2006 年完全从伊拉克撤军，又会发生什么事？当时那里正处在暴力高峰，一些分析家却觉得非撤军不可。如果那样的话，当时那与巴尔干同等规模的教派暴行是否已经飙升到卢旺达大屠杀的水平，造成上百万人死亡，而不是一两万人？一个人该有多冷血，才会意识不到这两种不同结果对生命的影响有多巨大！此外，如果我们当时撤回，对美国的全球声誉会有什么影响？这种快速撤军又将如何进行？永远不要说事情不可能比现在更差了，它们的确会的。

当然，仓促从伊拉克或阿富汗撤出是不负责任的。不管喜欢与否，仅仅通过入侵这些地方并长期地控制它们，美国就已经为下一步发展获得了利害攸关的筹码。然而，以此为标准来评判这些分析家，以及那些在伊拉克和阿富汗问题的细枝末节上与他们看法一致的人，是不公平的。他们的信仰背后的情感源泉是：我们压根就不应该卷入这些国家的事务。不管伊拉克战争最终结果如何，清点一下美国人和伊拉克人的死亡人数，相信这数字会在几十年里给美国外交政策的辩论带来困扰，就像越南战争一样。它们绝不仅仅构成“历史小事件”而已。

可以肯定的是，这些分析家并不关心在阿富汗和伊拉克下一步要做什么。相反，他们都在问同样的问题：我们的失误成本已经是多少？我们作为一个大国，是否还有救？我们最好到哪里投入最大精力，特别是在高度选择性的军事部署和民间援助上，使美国可以帮助欧亚大陆保持力量平衡，而不是淹没在那些从一个失败国家逃离的墨西哥人群里？正如约翰·霍普金斯大学助理教授贾库柏·格瑞吉尔所说的那样：“地理隔离是战略的保佑，不应被扩张性的战略挥霍。”

然而，现在我们已经挥霍了多少？华盛顿的新美国基金会学者迈克尔·林德（Michael Lind）同意巴塞维奇的观点，认为将伊拉克战争和阿富汗战争升级是愚蠢的，但在美国是否能承担得起卷入这两场冲突的费用问题上，他与巴塞维奇分道扬镳了。林德认为，只有很少一部分国债是由国防开支造成的，对于同时打两场战争而言，这样的费用还算合理。解决美国财政偿付能力最重要的途径是减少医疗保障费用，这远比最近的帝国冒险行动要有效得多，尽管他极为反对这种冒险。事实上，看看过去帝国的一些失误，我们就能用两种视角来看待伊拉克和阿富汗战争的惨败：一方面是其对美国外交政策已经造成的影响，另一方面是我们在 21 世纪是否有能力应对来自中东、中国和墨西哥的未来挑战。

如果美国不再主导世界……

公元 1449 年，中国明朝的军队在于南下的蒙古军交锋中打了败仗，回撤途中被蒙古军队包围，水源也用光了，明军惊慌失措。格瑞吉尔写道，他们相信会得到蒙古军队的怜悯，“许多人卸下他们的盔甲，跑向敌阵前线投降”。结果，明军多达 50 万人被屠杀，明朝皇帝也成了蒙古人的俘虏。① 明军在此次交锋中的大败，是明朝长期衰落的开始。明朝从此再也不敢尝试迎击北方草原的蒙古人，就连与蒙古人的紧张对峙，也消耗了明朝统治阶层的精力。这导致了中国从亚洲海运领域的撤退，并间接地鼓励了欧洲列强进入大陆边缘地带。

幸好，在美国侵入伊拉克的军事冒险中并没有发生过那么灾难性的事件，我们在世界各地的军事和经济地位仍然是坚固的，并没有降低的迹象，更不用说撤退。我们失去了不到 5 000 人的军力，重伤 32 000 人，付出了可怕的代价，但相对于 50 万的入侵大军来说并不算多。美国陆军在伊拉克战争中承担了冲锋陷阵的作用，伊

① 指1449年的土木堡之变，当时在位的明朝皇帝为明英宗。

拉克的非常规战争经验使55万精锐现役军人得到更好的训练，有更灵活的战法，从理论上说，其适应性比以往任何时候都强，海军陆战队也是如此。美国犯了中世纪晚期威尼斯王国所犯的致命错误，但不是在伊拉克，也不是在阿富汗。

威尼斯之所以创建了一个海运帝国，不仅是因为它享有地中海贸易航线之间的绝佳地理位置，更重要的是威尼斯与意大利大陆之间有几英里的水域，保护其免受意大利大陆的骚扰，漫长沙洲旁的海域也给其提供了防入侵的屏障。威尼斯在15世纪衰落的原因之一，是其决定成为入主意大利大陆的霸权。在对维罗纳、帕多瓦、佛罗伦萨、米兰、康布雷同盟等多次发动战争后，威尼斯已不能从大陆上“致命”的强权政治平衡中脱身，这对其投射海上力量的能力产生了不利影响。

如果，当然仅仅是如果，美国习惯于动辄在大中东进行地面军事干预，那么威尼斯的教训，应该在政策制定者之间引起警惕。如果美国今后可以自我克制，将国家定义为空中和海上力量大国，它可以很容易地避免威尼斯的命运。一些持久的小规模战争可以把我们消耗殆尽，这一点并不奇怪，虽然悲剧已经太多，每隔1/3世纪我们还是会来一次误判。

2006年至2007年在伊拉克爆发的残酷冲突，不过相当于1857年至1858年反对英国的印度兵变（Indian Mutiny）。当时英国的东方主义者和其他实用主义派别想保留一个传统的印度，因此失去了一些阵地，使那些希望使印度“英国化”的基督教徒和功利主义改革者占了上风。但是，在他们试图把西方文明的成果带给南亚次大陆时，却遭遇了当地人民强烈反抗。印度德里、路克瑙和其他城市被占领，直到殖民势力重新将其夺回。这一惨败并非大英帝国的休止符，其势力反而又延续了一个世纪；但它仍然是具有标志性的转折点，英国自此从一个受传播福音欲望的强烈驱使，一心要将自己价值观强加给殖民地的专制政权，转向一个建立在国际贸易和技术基础上的更加冷静务实的帝国。

古老的历史也可提供镜鉴，让我们质疑阿富汗和伊拉克战争是否已经注定让我们身陷困境。最有名的是修昔底德在《伯罗奔尼撒战争史》第六卷里讲述的西西里远征。从雅典首次侵入西西里，到公元前 413 年锡拉丘兹海军战役的最终灾难，前后历经 14 年；从肯尼迪政府出兵侵越到西贡沦陷，直到福特总统下令撤离，同样用了这么多年。西西里战争分裂了雅典在国内的阵线，越南战争和伊拉克战争也是这样。悲观情绪和相互指责一时间使雅典陷入瘫痪，直到雅典人最终愿意认真地接受与斯巴达共存的局面，从而恢复两极冲突。

历史证明，西西里岛对于雅典的民主及其海上帝国的生存而言，根本就不是什么至关重要的因素。尽管失去了这么多，受了这么多苦难，雅典仍然有领导联盟的资源。当然，在西西里岛的冒险已被证明是伯罗奔尼撒战争的转折点，战争以雅典失败告终。

还有一个更重要的例子，那就是罗马的衰落。1976 年，爱德华·N. 勒特韦克（Edward N. Luttwak）在他的《罗马帝国的伟大战略：从公元 1 世纪到 3 世纪》（*The Grand Strategy of the Roman Empire: From the First Century A. D. to the Third*）一书中对此有详细讲述。

勒特韦克的方法，不是泛泛谈论衰落，而是从罗马的战略方面展开讨论。他首先确定了战略的三个时间阶段。第一个是胡里奥 - 克劳迪安（Julio-Claudian）体系，或称共和帝国体系，其中，围绕着意大利这个帝国核心有一连串的附庸国，他们被充分授予"整体"的罗马权力去完成帝国的意愿，而无需派遣占领军队。在这个阶段，外交而非武力是罗马权力的活性成分。当然，罗马军队最压倒性的建制是在罗马周围形成的一个"巨大的卫戍圈"。因为这些部队不需要占领附庸国，或在任何意义上进行领土防御，用勒特韦克的话说就是，"得益于固有的移动性，可自由地重新部署”。

这是罗马的顶峰时期，权力得到审慎的行使，按照节约实力的原则运行。灭火能力是现成的，随时可用于任何军事应急作战，这在地中海世界无人不知。因此，每个人都害怕罗马。这让人联想到罗纳德·里根任内的美国，大规模的军事建设已经完成，然而国防部长卡斯珀·温伯格（Caspar Weinberger）按兵不动，威望树立起来了，反倒没有了冒险的必要性。

罗马的第二个战略时间段是安东尼（Antonine）体系，实施于1世纪中叶到3世纪中叶，反映的是勒特韦克称为“疆域化”的罗马帝国。现在罗马觉得有必要在各地部署其军队，包括在附庸国内，以确保他们的忠诚，节约实力的原则因此失去了作用。不过帝国继续保持着繁荣，并有广泛的蛮族自愿接受罗马化，暂时“消除了本土的最后一丝不满”。然而，随着时间的推移，这种帝国的罗马化进程又会造成不同部落在对付罗马的共同事业上拉帮结伙，因为他们现在加入的文化不属于自己。试想全球化如何在一定意义上构成了世界的美国化，这又反过来成为一种工具，为别国挑战美国霸权提供服务。

再看看罗马大战略的第三种体系，那就是戴克里先（Diocletian）的“深度防御”。边境民族的正式联合足以挑战罗马，帝国不得不处处防守，并保持经常性的紧急部署。第二个系统的冲击应变能力至此也丧失了。随着军团临近崩溃，害怕罗马的国家越来越少。

比较一下就会发现，我们现在正处于惊人相似的时间段内，这怎不让人扼腕叹息。罗马力量稳定了地中海沿岸，美国海军和空军在全球公地巡逻，这看起来符合所有人的利益，并如罗马的统治一样被视为理所当然。在过去10年里，美国陆军和海军陆战队过度扩张，忙于奔赴地球遥远的角落，平息那里的叛乱。美国因此必须考虑制订一个大战略，以便从类似于罗马第三体系的状态恢复到第二体系或者第一体系。虽然美国没有附庸国，但它确实有盟友和志同道合的其他国家。美国需要给他们留下深刻的印象，以使他们更有效地代表美国的利益。通过积极的外交和建设并有节制地使用预备役部队，美国可以重振雄风，胡里奥 - 克劳迪安体系下的罗马将随之实现。

其实，罗马帝国的寿命很长，这足以证明其大战略是成功的，它后来陷入衰落直至动荡垮台，是由于未能适应北部新的国家集团，那其实是现代欧洲国家的轮廓。这些势力成形后，罗马帝国不论如何都会走向毁灭，但这原本可以不必发生得那么快，或不一定以那种方式发生。在其大战略的最后阶段，罗马真正的失败还在于没有建立一个体面的撤退机制，当然它的内部也已腐烂。但是，从逆向的角度来说，如果规划一个灵活的霸权出口，一个国家或帝国实际上可以延长其强势地位。**对美国而言，要准备好迎接一个名为“美国已经过时了”的新世界，没有什么比这更健康了。这样，它就会有目的地努力，而不只是为享受霸权而维持霸权。**

墨西哥——美国退出历史舞台最体面的出口？

假设美国要从历史上的主导地位退出，如何准备一个长期而体面的出口呢？与拜占庭一样，美国可避免代价高昂的干预，使用外交手段打垮敌人，把情报资源用于服务战略性目的等。回到巴塞维奇的观点，美国也可以确保自己不致于从南部遭到破坏，就像罗马从北部遭到摧毁一样。

美国东西两边毗邻海洋，北部与加拿大北极地区接壤，只有北部边境上的细长地带可供中产阶级人口居住。而西南地区则是美国最脆弱的地方。美国无论作为一个国家还是帝国，在这条边界上都正处在紧张状态。在那里，作为一个地理上有凝聚力的国家，美国的一致性受到质疑。就历史而言，美国和墨西哥的边界是广阔的，两边就像印度次大陆的西北部一样没什么差异，文明的张力在这里表现无遗。然而斯坦福大学历史学家大卫·肯尼迪（David Kennedy）也注意到，“在世界上任何两个相邻国家中，美国和墨西哥之间的收入差距是最大的”，美国国内生产总值是墨西哥的 9 倍。

美国的外交政策是国内社会条件的延续，没有任何事件对于美国社会的影响力超过历史上拉丁族群戏剧性的北上运动。墨西哥和中美洲构成日益增长的人口发电站，美国与那里有不可分割的关系。墨西哥的人口为 1.11 亿，加上中美洲的 4 000 万人，相当于美国人口的一半。由于北美自由贸易协定的限制，墨西哥出口物资的 85% 运往美国，而中美洲一半的贸易活动也针对美国。美国人的平均年龄是 37 岁，说明其人口呈老龄化趋势，而墨西哥人的平均年龄为 25 岁，中美洲人平均年龄更低（例如，在危地马拉和洪都拉斯只有 20 岁）。

美国的命运正在悄悄转变，从由东向西变为由北向南，昔日从大海到阳光海岸的大陆和爱国的神话正在慢慢褪色。预定于 2014 年开工的巴拿马运河扩建工程将进一步加快转变的步伐，加勒比盆地将敞开大门迎接来自东亚的巨轮，在墨西哥湾的美国港口城市，从得克萨斯州到佛罗里达州，将得到进一步发展。

美国南部边界漫长，其中一半是根据 1846 年至 1848 年的美墨战争条约穿越沙漠设立的人工边界线。乘巴士从墨西哥城一路北上时，我吃惊地发现跨越这条边界就像穿越约旦和以色列边界，或者越过柏林墙。在墨西哥一侧的诺加利斯和索诺拉，破损的人行道上围满乞丐，边界那头的美国国旗仿佛飘扬在另一个世界。边境检查站就设在一座小楼里，穿过去就是美国亚利桑那州的诺加利斯镇。仅仅触摸一下门把手，我就感觉“新旧两重天”。牢固结实的门把手用高品质的金属制成，玻璃橱窗清洁明亮，房间的瓷砖镶嵌得严丝合缝。这些似乎形成了一种感召力，在墨西哥呆了一个星期后回来，那里粗制滥造的基础设施简直让人不堪回首。

美国边检站房间里只有两个人：一位移民官员，另一位是海关官员。他们彼此不说话。在墨西哥和其他第三世界国家，这样规模的政府机构里总是乱糟糟的，成群的官员和闲杂人等七嘴八舌地喝着茶或咖啡说笑，分不清谁是谁；而在美国边检站，我见识了如此少的人手如何驻守岗位，又如何有效地工作。随后不久，我到以色列参观，那里的环境标准化得近乎冷酷，街道空旷，商店店标用高档聚合物制作，而不是生锈的金属和廉价的塑料制品。在墨西哥几周的时间里，我目睹了 1 亿多墨西哥人处于动荡和半无政府状态，这些安静的街道显得如此脆弱，甚至有些不自然。

汤因比在比较野蛮人和罗马人时写道，在高度发达与不那么发达的社会边界，“天平不会达到稳定的平衡，而是随着时间的推移，向边境上更落后社会的一侧倾斜”。自 1940 年以来，墨西哥人口已上升超过 5 倍，1970 年至 1995 年间几乎翻了一番，1985 年至 2000 年又增长了 1/3 以上。

墨西哥人口现在是 1.11 亿，还在以更快的速度增长。不过，美国东海岸精英对墨西哥几乎没有表现出什么兴趣。墨西哥与美国边境各州，如加利福尼亚州、亚利桑那州、新墨西哥州和得克萨斯州之间的生活挑战、大小事件、商业往来、文化互动等，在地理上远离东海岸精英的关注视野，他们的关注点集中在更广阔的外部世界，以及美国在那里的地位。

也许在精英的想象力范围中，墨西哥的位置远远低于以色列或者中国，甚至不如印度。然而，墨西哥比任何其他国家更可能影响美国的命运。墨西哥与美国和加拿大一起，构成麦金德“世界岛”周围最关键的大陆卫星国。

墨西哥的今天，美国的明天？

在墨西哥谷，曾经有一个大湖环绕着阿兹台克人的两座“威尼斯城”，即特诺奇蒂特兰和特拉特洛尔科，也就是现在的墨西哥城。这是新世界的尼罗河谷，用政治学家和历史学家亨利·班福德·帕克斯（Henry Bamford Parkes）的话说，它是连接南北美的“文明矩阵”，玉米种植从这里向南北两个大陆传播。墨西哥河谷及成长于此的国家位于大西洋和太平洋中间，它所在的中美洲与西半球两块大陆连接，形成了这个地球上伟大的文明中心之一。

然而，墨西哥与埃及不同，它没有表现出地理上的统一。西马德雷山脉和东马德雷山脉分别横卧于中部高原两侧，还有其他跨地区的山脉，包括南部的德尔苏尔马德雷山、瓦哈卡马德雷山等。

墨西哥山脉众多，如果全部夷为平地，平铺起来将相当于一个亚洲的规模。此外，尤卡坦半岛和下加利福尼亚半岛与墨西哥其他地方基本上是分离的，其本身又被分割得乱七八糟。这一背景可以帮助我们理解，为什么墨西哥北部与美国西南部逐渐统一，而与墨西哥其他地方渐行渐远。这一进程始终持续着，虽然没有公开和大肆报道，但也不可否认。

1994 年签署北美自由贸易协定以来，墨西哥北部的人口增长了一倍多。美元现在是共同的外汇单位，范围远到库利亚坎南部，靠近墨西哥城。墨西哥北部加工制造业产量占其所有边境的 87%，占美国和墨西哥总贸易量的 85%。墨西哥东北城市蒙特雷是全国最大的城市之一，与得克萨斯州银行业、制造业、能源行业紧密相连。大卫·丹尼洛（David Danelo）是前美国海军陆战队员，费城外交政策研究学院高级研究员，他对墨西哥北部进行了广泛深入的研究，并已经走遍了墨西哥边境的 6 个州。他对我说，他还没有见到过一个感觉与美国疏离的人。他告诉我：“墨西哥北部保留文化的多样性，边境北方佬自视不同于墨西哥城的混混，土话叫智兰哥（chilangos）。”

尽管如此，墨西哥北部自有其地域划分。西部低地和索诺拉沙漠一般都是稳定的；东部的格兰德河流域是最发达的地区，与美国文化、经济、水文上紧密相联，是北美自贸区最大的受益者。中心地带是山区和草原，那里是名符其实的“三不管”地带，从得克萨斯州边境城市埃尔帕索到墨西哥边境城市华雷斯市，枪战和连环杀手层出不穷，整个地区千疮百孔。

华雷斯市是墨西哥的谋杀之都，在 2010 年的头几个月就有 700 人被谋杀。2009 年，超过 2 600 人横尸街头，一个 120 万人口的城市，已有 20 多万人逃离。华雷斯所在的奇瓦瓦州每万人就有 143 人死于非命，是西半球凶杀最严重的地方之一。北部山区和草原一直是墨西哥的部落堡垒，贩毒集团、门诺教派（Mennonites）、雅奎印第安人等都在此出没，如此恶劣的边境，就连西班牙人也难以驯服。19 世纪 80 年代，这里曾是一个杰罗尼莫酋长（Geronimo）和他的“阿帕切”兵团的老窝。类似的边远高原地区往往为反叛者提供避难所，如古巴革命者盘踞马埃斯特雷山，“基地”组织和塔利班藏匿于瓦西里；这样的地形，也同样受到贩毒集团的偏爱。

事实上，与毒品有关的凶杀案大部分发生在墨西哥的 6 个州，主要集中于北方地区，这也是显示墨西哥北部与该国其他地区分离的另一个指标。2006 年，保守派的费利佩·卡尔德龙总统下令军方主导发起攻势，一举粉碎了贩毒集团。如果当时稍有手软，墨西哥城就会倒退，可能现在还无法切断与毒贩的交易，这样一来，墨西哥首都在功能意义上就可能完全失去对北方的控制，从而对美国产生严重的影响。

墨西哥联邦制是地区脱节和多山地理的直接产物，1 个联邦、31

个州、超过 1 500 个市级警察机构，使改革更加艰难。美国缉毒署前署长罗伯特·C. 邦纳（Robert C. Bonner）写道，如果黑帮获得控制权，“美国将与强大的跨国贩毒集团控制下的毒品帝国共享一条 2 000 英里长的边境，对中美洲和南美洲的稳定构成威胁”。

还要提一下塞缪尔·亨廷顿，他以无与伦比的洞察力闻名于世，他的最后一本著作《我们是谁》（*Who Are We?*），被称为直面墨西哥挑战的献礼之作，该书于 2004 年出版。

亨廷顿在书中提出，拉丁美洲的历史随着人口北移而被带至美国，并因此改变美国的国民性格。亨廷顿认为，美国是一个移民国家确系事实，但并非全部事实。它更是一个盎格鲁-新教定居者[①] 的国家，它为社会提供哲学和文化脊梁。只有采用盎格鲁-新教文化，新移民才能变成美国人。

亨廷顿继续说道，美国之所以是美国，因为它是英国新教徒定居的地方，而不是法国人、西班牙人或葡萄牙天主教徒的地盘。美国兴起于新教，其古典自由主义就建立在这个事实基础上。容忍异议、个人主义、共和主义等价值取向标准，全部从新教演变而来。“美国的信条是没有上帝的新教，而美国的民间宗教则是没有基督的基督教。”但亨廷顿也断言，随着西班牙裔美国人、天主教徒和前启蒙社会步步进逼，这个信条可能会被不知不觉地消灭殆尽。亨廷顿写道：

> 在 1830 年至 1840 年美国人通过武力从墨西哥手中夺取的那些地区，现在正逐渐被墨西哥移民夺回。这种“墨西哥化”在方式上与发生在佛罗里达州南部的古巴化有可比性，虽然

① 原义是指美国的新教上流社会，这些人属于基督新教中的长老教会、公理会、信义宗和美国圣公会等教派。此群体拥有庞大的经济、政治势力，构成美国上流社会和中上阶层的绝大部分。尽管美国社会日益多元化，但他们的文化、道德观和价值取向仍在很大程度上影响着美国的发展。——译者注

略有不同。它正在让墨西哥和美国的边界变得日益模糊，异族文化得以引入……

波士顿学院教授彼得·斯凯利（Peter Skerry）认为，亨廷顿的某个原创性见解“更令人吃惊，更有争议性”：虽然美国人倡导多样化，但“当今移民浪潮汹涌而至的时期，实际上是我们历史上最不多样化的时期”。他继续阐述并解释亨廷顿的话说：“诚然，非西班牙裔移民比以往任何时候都更加多样化，但就总体而言，由于 50% 的移民是西班牙裔或称拉丁裔美国人（Hispanic），使得整个移民队伍的多样性比以往任何时候都少得多。对于亨廷顿来说，这种减少的多样性又使同化的可能性更小。”

大卫·肯尼迪也认为，“移民潮流的变化和分散”会使同化的进程更加平滑顺畅，“然而今天，大规模的移民潮流进入特定的区域，而且有着单一文化、语言、宗教和国家源头，那就是墨西哥……美国没有经验应对西南地区正在出现的严峻形势”。可以想见，到 2050 年将有几乎一半的美国人说西班牙语。

在上述论点中，地理处于前沿位置。再来看看亨廷顿说的：“在美国历史上，没有一个移民族群提过或有资格对美国提出领土和索赔要求。但墨西哥人和墨西哥裔美国人可以提，而且也这样提了。”得克萨斯州、新墨西哥州、亚利桑那州、加利福尼亚州、内华达州和犹他州的大部分，都曾是墨西哥的一部分，直到 1835 年至 1836 年得克萨斯独立战争，以及 1846 年至 1848 年的墨西哥与美国战争。

要论同时遭受美国入侵、占领首都、吞并很大一部分领土，墨西哥是唯一的国家。因此，斯凯利指出，墨西哥人来到美国并居住在这个国家某处，那里曾经是他们的家园，因此“享有一种脚踩自家草地的感觉”，而其他移民就无缘分享。墨西哥裔美国人直到第三代及以后仍能保持他们的母语能力，远远超过其他移民，主要是因为西班牙裔社区在地理上相对集中，并从人口上体现了对得克萨斯独立和墨美战争的否定。

更重要的是，墨西哥裔的入籍归化率是所有移民群体中最低的。亨廷顿指出，国家是一个“记忆的社会”，也就是一个人对于自身历史的记忆。墨西哥裔美国人占美国人口的 12.5%，还不包括其他拉美裔，他们分散集中于美国西南部，与墨西哥相连。他们的加入第一次修改了美国人的历史记忆。到 2000 年，边境上美方一侧的 12 个重要城市中，有 6 个的西班牙裔美国人已经占到人口的 90% 以上，只有亚利桑那州的圣迭戈市和尤马市的西班牙裔人低于 50%。新墨西哥大学教授查尔斯·特鲁克西洛（Charles Truxillo）预测，到 2080 年美国西南部各州和墨西哥北部各州将联合起来形成一个新的国家。

现在，美国西南边疆趋于模糊化已成为一个地理事实，所有安全设施都不能改变。虽然我很佩服亨廷顿挑战和揭露两难困境的能力，但并不完全同意他的结论。亨廷顿认为，面对社会的部分拉美化，要对美国民族主义保持坚定信心，以保存其盎格鲁 - 新教文化和价值观。但我相信，**虽然地理不一定能确定未来，却大致地划定了什么可以实现，什么不可以。**

墨西哥与美国之间在地理、历史和人口上的有机联系太紧密了，亨廷顿一厢情愿地希望保持美国民族主义的纯洁性，基本上不可能实现。亨廷顿也对普世主义（以及帝国主义）提出讽刺，认为它们是精英的幻想。但一定程度的普世主义其实是必不可少的，不能一概贬低。我相信，在 21 世纪的进程中，一种波利尼西亚式混血文明（Polynesian-cum-mestizo）将在美国成形，其走向从北到南，从加拿大到墨西哥，而不是从东到西，像浅肤色种族孤岛一般从大西洋延伸到太平洋。这个多种族的组合将是一个广阔的城郊式国家，不管是太平洋西北的卡斯卡迪亚还是内布拉斯加州的奥马哈 - 林肯市都彼此相像，每个地方自行培育与城市的经济关系和世界各地的贸易网络，并随着技术的进步不断打破距离。在我的视野里，美国将成为全球最好最旺的商业交易免税区，成为全球精英最喜欢居住的地方。

按照罗马的传统，美国将继续使用移民法挖掘世界上最好和最聪明的人才资源，并进一步促使移民人口多样化，亨廷顿担心的墨西哥化问题有望解决。民族主义力量必然会得到稀释，但不致过分，美国的独特属性不会受到剥夺，其军事力量也不会被削弱。美国已不再是由大西洋和太平洋保护的岛国，它与世界各地的联系更加紧密，不仅是靠技术，也得益于墨西哥和中美洲的人口压力。

但这一设想的前提是，墨西哥作为一个国家不要遭遇失败。如果卡尔德龙总统和他的继任者能够一劳永逸地断绝贩毒集团的后路（说这件事非常困难，已经算是最客气的说法了），那么美国将取得巨大的战略胜利，远大于在中东可能取得的任何胜利。一个稳定而繁荣的墨西哥将与美国结成有机合作联系，这在地缘政治上将是一个无与伦比的组合。此外，后毒贩时代的墨西哥与稳定和亲美的哥伦比亚相结合，将融合西半球人口最多、第三多和第四多的国家，缓解美国对拉丁美洲和大加勒比地区挥舞大棒造成的紧张感。一言以蔽之，巴塞维奇的推理是正确的：搞定墨西哥，比摆平阿富汗更加重要。

然而不幸的是，正如巴塞维奇断言的那样，墨西哥是一个近乎灾难的国家，而且对大中东的过分关注也转移了我们的注意力。目前的局势会导致更多合法或非法的移民潮，从而创造出亨廷顿预想的恐怖局面。自 2006 年以来，卡尔德龙对毒枭的进攻已造成 23 000 人死亡，仅 2010 年上半年就有近 4 000 人死亡；此外，贩毒集团也已经进行了升级改造，军事形式的袭击屡屡出现，复杂的陷阱和封闭的逃生路线堪称专业。墨西哥安全专家哈维尔·克鲁兹·安古洛（Javier

Cruz Angulo）总结道："这些都是他们正在使用的战术……它超越了正常有组织犯罪的战略方式。"

华盛顿凯托研究所国防和外交政策研究副总裁特德·盖伦·卡彭特（Ted Galen Carpenter）也认为："如果这一趋势持续下去，墨西哥这个国家的健康发展甚至生存能力都将非常令人担忧。"贩毒集团所使用的武器普遍优于墨西哥警方，甚至可与墨西哥军方媲美。卡彭特说，这使得这些毒贩"超越了单纯的犯罪组织，变成了严重的叛军"，就连联合国维和部队也挑选暴力程度低于华雷斯和蒂华纳的地方部署。目前当地警察和政客因害怕被暗杀而纷纷辞职，墨西哥商业和政治精英们把他们的家庭送出国门，许多中产阶级家庭也离开家园飞往美国。

墨西哥现在处于一个十字路口：要么在早期阶段向贩毒集团宣战，要么陷入堕落深渊，或两者兼而有之。因为未来难料，美国方面采取什么措施将对其有举足轻重的影响。但美国安全力量却一边眼睁睁看着墨西哥局势发展，一边卷入其他臭名昭著的腐败政权和不稳定的社会，将金钱和精力投入伊拉克和阿富汗这些离美国半个世界之远的地方。

然而，与在那些地方不同，美国在墨西哥边境地区的军事介入纪录是成功的案例之一。19 世纪和 20 世纪，美国和墨西哥通过双边合作使匪患大为减少。从 1881 年到 1910 年，墨西哥总统普罗费罗·迪亚兹（Profirio Diaz）与美国总统联手决定共同在边境巡逻：墨西哥农管队与德州骑警一起追赶印第安人科曼奇部落；在亚利桑那州，墨西哥和美国士兵展开对阿帕切部落的联合行动。

今天，从地形崎岖偏远的山区和草原直到华雷斯市，挫败贩毒集团的工作是军方的重要任务，但因为美方固守 19 世纪民团法，这种合作的法律框架并不存在。美国已经在欧亚大陆投入数千万亿美，以影响其未来走向，而墨西哥与我们共享一个漫长的陆地边界，其人口是伊拉克和阿富汗总和的近两倍，面对他们陷入混局我们却显得如此被动，真是咄咄怪事。

墨西哥的未来必将影响世界

当然，人们可以认为，通过强大的边境控制，正常运转的民族主义美国可以与一个不正常的混乱的墨西哥并行不悖。短期内或许可行，但从长远来看，结果可能正如汤因比所说，天平会向比较落后的社会倾斜。换句话说，美国民族主义的保护无法达到亨廷顿期望的程度，除非墨西哥成为第一世界国家，其威胁程度才会变小，两个社会才会加快合并。**地图已经明白地告诉我们，无论以哪种方式，墨西哥和美国终有一天都将合二为一。当然，边界两侧的决策者可以用行动来决定这种合并什么条件、什么情况下发生。**引用汤因比的话来说明：

> 罗马边墙[①]一经建立，就注定了建立者灾难性的结局。与界外野蛮人不交往的政策是相当不切实际的。无论帝国政府可能作何决定，贸易商、开拓者、冒险家等人的利益将不可避免地驱使他们跨越边境。

汤因比还写道：“一个国家的普遍性价值观由创造者施予，被其臣民所接受，它可作为一个动乱时代包治百病的灵丹妙药。”“中世帝国”埃及、新巴比伦帝国、阿契美尼德的波斯帝国、塞琉斯王国、和平时期的罗马以及中国的大汉天朝都是普遍性价值观的例子，不同的

① 边墙是公元83年到260年间罗马帝国修建的一段边境防御工事，从莱茵河上的波恩延伸到多瑙河上的雷根斯堡，旨在防止日耳曼部落的侵袭，总长568公里，包括60多座堡垒和900座瞭望塔。——译者注

民族和宗教在这些地方共存同益。尤其是罗马，它解决了双重忠诚这一棘手的问题，世界城市罗马的公民身份和特定的本地化领土之间并不矛盾。因此，一个国家的普遍性价值观，在未来的某一天也将被当作灵丹妙药，对于现在墨西哥北部和美国西南边境地区所处的麻烦时代，可能也是行之有效的。这样一个国家和主权概念的巨大转变堪称神话，其意义无论怎么夸大都不过分。但是，按媒体的标准，离它的真正到来还有一个地质时期那么远。

1970 年，我搭便车横穿美国，亲身感受到可能再没有任何一个大陆，像温带的北美洲这样适宜进行国家建设。18 世纪末，阿巴拉契亚山脉为这个新生国家提供了西部边界，河谷从山脉中间横切而过，为定居者向西部渗透提供了条件。翻越阿巴拉契亚山脉，就可发现了整块的肥沃农田，19 世纪的财富由此创造，人类差异则在这个过程中消磨殆尽，独特的美国文化逐渐成形。大密西西比河流域以及海岸间的水道，拥有比世界其他地区总和还要多的通航河流里程，覆盖着世界上最大的一块连续可耕地。在西进运动的先锋抵达美洲大沙漠这一真正的障碍物之际，落基山脉东西两边横贯大陆的铁路已经建成。

战略预测公司的一份材料显示："美国大西洋沿岸拥有比西半球其他地区加起来还要多的大港口……美国人是谁并不重要，重要的是他在哪里住。"当地理学家阿诺德·盖奥特（Arnold Guyot）于 1849 年考察美国大陆时，面对内战一触即发、工业革命即将胜利的景况，他将北美与欧洲和亚洲统称为"大陆核心"，认为其注定要控制世界。但他也相信，美国将一路领先于其他两个核心，因为美国两边都处在"海洋屏"的保护下，同时又与欧亚大陆交流互动；而且，这个大陆灌溉良好的内陆地区之间彼此连接，也保证了它的发展。詹姆士·费格里夫在 1917 年写道：

美国所处的地理圈是一个“新世界”（orbis terrarum），在欧亚系统之外独占一席之地，因此具有前所未有的重要性。紧凑连贯的地形，巨大的能源储量，面临大西洋和太平洋，与欧亚大陆东西两端都有关系，任何人通过巴拿马运河后，只要调转船头即可以到两大洋的任何一边……

目前，北美大陆两大洋相挟的霸气依然存在，但另一个地理概念开始与之重叠，它起源于西班牙探险家弗朗西斯科·巴斯克斯·德·科罗纳多（Francisco Vazquez de Coronado）1540 年至 1542 年的探险之旅。他从墨西哥中西部一路向北探索，穿越亚利桑那、新墨西哥、得克萨斯、俄克拉何马和堪萨斯。刘易斯和克拉克于 1804 年至 1806 年在路易斯安那州和俄勒冈地区的勘探，把美国从大西洋带到太平洋，并由此奠定了这个现代大陆国家的领域基础，相比之下，科罗纳多的探索由南向北且在时间上占先，以自己的方式奠定了后现代国家的基础。它不受任何国家边界意识的约束，为未来那个从亚热带的墨西哥延伸至北美温带地区的普世国家提供了方向。

当然，弗朗西斯科·科罗纳多是为了寻找黄金或掠夺那些易得的财富，支配他的是中世纪的心态；但朝北进发的新拉美裔移民不是中世纪的人。他们的目的是寻找工作，而且是那些需要耗尽体力的初级劳动，他们愿意为物质利益而努力工作。他们正在被盎格鲁 - 新教徒的工作伦理改变，正像他们改造美国的盎格鲁 - 新教文化一样。

可以说，这种文化和国家间双向互动的质量和延展性，将确定美国与麦金德的世界岛之间的相互作用，任何个人作用都无法与之匹敌。美国的外交政策，在几十年的过程中时而明智时而失误，但美国的经济、文化和道德力量，甚至包括政治和军事实力，将大大取决于我们是否可以与墨西哥和加拿大发展成一个有凝聚力的、双语的“超国家”，否则就会陷入困境，被那些功能失调、日益坐大和无法无天的边境地区包围。在美国仍然占主导地位的盎格鲁 - 新教文化与其西班牙裔对手之间的文明冲突会更趋紧张，亨廷顿的担心自有其道理，他的错误在于解决方案。

我们已经从保罗·布拉肯和其他学者那里得知，地球的政治地理学日益构成一个封闭的、幽闭恐惧症似的系统。跨海洋的文化和政治交汇，将越来越多地成为有机的整体。如果美国和墨西哥的融合不能最终达到美国和加拿大已经达到的程度，如果我们在世界论坛上不能把墨西哥作为亲密可靠的盟友，它会对美国的其他关系产生负面影响。特别是墨西哥以及中美洲人口的增长速度比我们要高得多，其重要性必将随着时间的推移与日俱增。布罗代尔对 16 世纪地中海的探讨，明确解释了地理等自然力量对于时间的作用，它同样解释了墨西哥必将在未来的任何大战略中发挥核心功能。

试着将未来世界看成类似旧奥斯曼帝国微缩版的系统：用汤因比的话说，它是“地理上相互交错的社区网络”，而不是“相互隔离、心胸狭隘的国家……拼图”。每两个国家间的关系，都前所未有地影响其他关系。在未来几十年，我们会看到铁路、公路、管道通过中亚特别是阿富汗枢纽与欧亚大陆相连接，一个统一的欧亚大陆将需要统一的北美作为平衡器，其范围从加拿大北极地区直到中美洲丛林。如果不继续深化与墨西哥和中美洲的联系，我们就会看到，在欧亚大陆比以往任何时候都与我们更亲密时，墨西哥及其南部一些邻国也许会滑向敌对的外交和政治轨道。

要防止在西半球出现一个亲伊朗的委内瑞拉和其他激进国家，就要把大加勒比地区纳入自由贸易和迁徙区，其年轻人口可以为老龄化的美国提供劳动力，这些地区的发展将由美国主导。尼古拉斯·斯皮克曼写道：“全球战争，以及全球和平，……意味着各条战线和各个领域是相互关联的整体。无论他们相距多么遥远，一方的成功或失败都将对另一方产生直接和决定性的影响。”这一论断在今天听来，比 1944 年发表时更为真实，在不远的将来更是如此。

罗伯特·史特劳兹 - 胡比说：“希腊的历史，是反击亚洲人周而复始的侵略、从中求生存的斗争史。”想一想古希腊与波斯距离有多接近，而现在由于发达的运输和信息革命，欧亚大陆离我们也能有那么近。只要我们把促进西半球的团结摆在首要位置，就可确保不会有任何一个大国在东半球过分主导，从而威胁到西半球的美国。这对我们来说，将是一个容易得多的任务。

我们必须成为欧亚大陆的平衡力量，并将北美变成统一的力量，同时做到这两点，要比只做其中一点更容易。当然，保持力量的平衡必须出于特定的目的，并超越美国在物质上和经济上的保护主义；这个目的就是充分利用由东半球力量平衡提供的稳定和安全保证，其意义不亚于自由派知识分子将中欧剧变事业在全球范围内推而广之。

正如乔伊斯在《尤利西斯》中借人物之口说的，**“人的意义在于它是一种有意识的理性动物”。我们必须永远与命运作斗争，永不向地理低头，但在我们追求更美好世界的过程中，必须清醒地意识到地理的作用**。追求在后冷战时代具有普遍性的“中欧”理想，为地理研究的源起提供了灵感，也正是我收笔之际，我们所处的目标位置。无论这个目标是否可以实现，它都是永远值得争取的东西，希望届时墨西哥与我们站在一边。麦金德直觉地意识到这一点，因此他要求海洋性的欧洲与大陆心脏地带之间建立充满活力的独立缓冲国；同时，他还指出，一个世界有了平衡，也就有了自由。

（墨西哥全图）

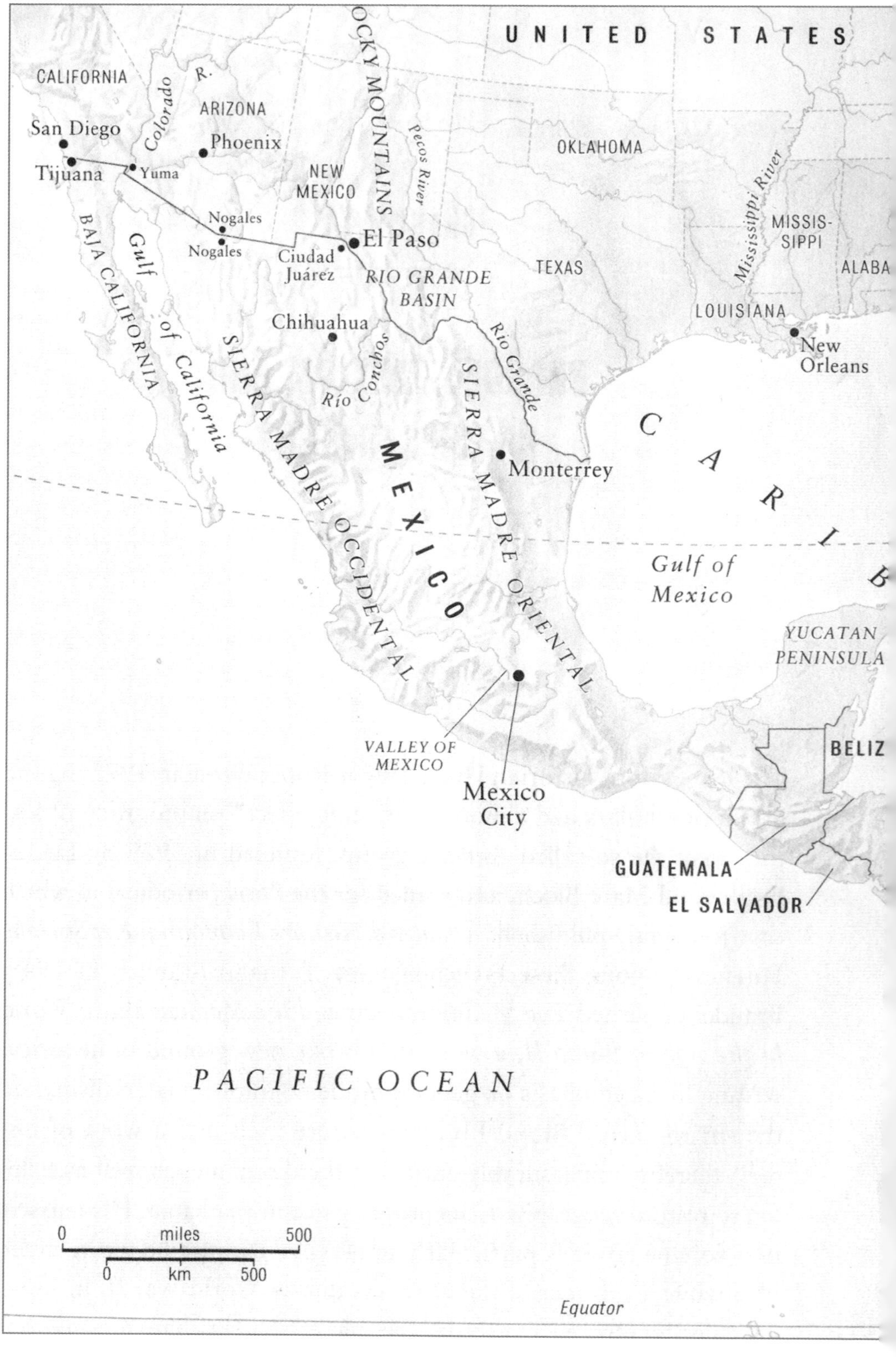

UNITED STATES
CALIFORNIA
Colorado R.
ARIZONA
ROCKY MOUNTAINS
Pecos River
OKLAHOMA
Mississippi River
San Diego
Tijuana
Yuma
Phoenix
NEW MEXICO
Nogales
Nogales
El Paso
Ciudad Juárez
RIO GRANDE BASIN
TEXAS
MISSISSIPPI
ALABA
LOUISIANA
New Orleans
BAJA CALIFORNIA
Gulf of California
Chihuahua
SIERRA MADRE OCCIDENTAL
Río Conchos
Rio Grande
SIERRA MADRE ORIENTAL
MEXICO
Monterrey
CARIB
Gulf of Mexico
YUCATAN PENINSULA
VALLEY OF MEXICO
Mexico City
BELIZ
GUATEMALA
EL SALVADOR
PACIFIC OCEAN
0 miles 500
0 km 500
Equator

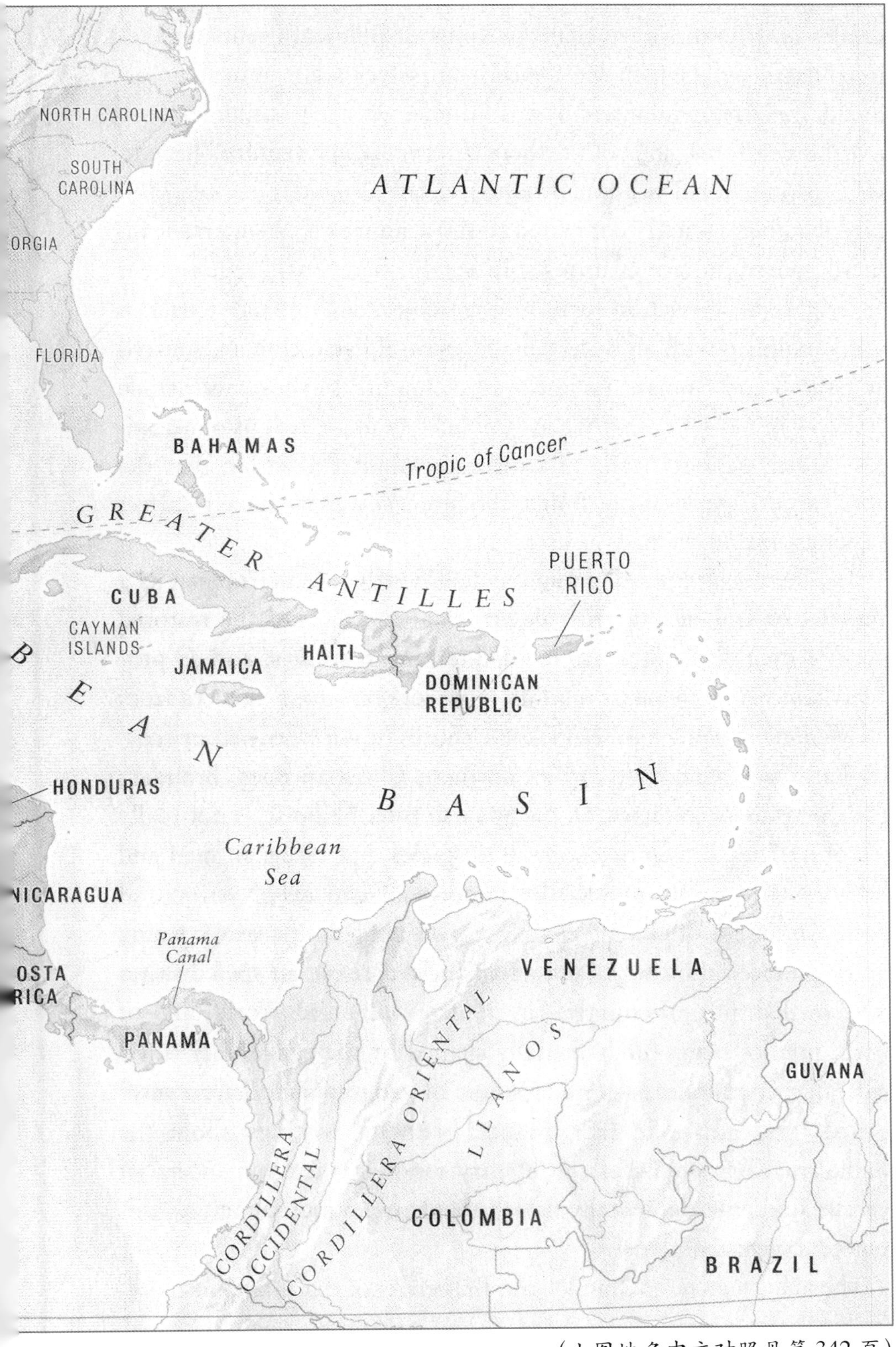

（上图地名中文对照见第 342 页）

图名：墨西哥全图

① NEW MEXICO 新墨西哥　UNITRD STATES 美国　PANAMA 巴拿马
JAMAICA 牙买加　CUBA 古巴　GUYANA 圭亚那　VENEZUELA 委内瑞拉
HAITI 海地　DOMINICAN REPUBLIC 多米尼亚共和国　GUATEMALA 危地马拉
HONDURAS 洪都拉斯　NICARAGUA 尼加拉瓜　BELIZE 伯利兹
PUERTO RICO 波多黎各　EL SALVADOR 萨尔瓦多　BAHAMAS 巴哈马
COSTA RICA 哥斯达黎加　COLOMBIA 哥伦比亚

② PACIFIC OCEAN 太平洋　ATLANTIC OCEAN 大西洋
Caribbean Sea 加勒比海　Gulf of Mexico 墨西哥湾
Gulf of California 加利福尼亚湾

③ Rio Conchos 康求河
Panama Canal 巴拿马运河

④ Pecos River 佩科斯河

⑤ Mexico City 墨西哥城　New Orleans 新奥尔良　Monterrey 蒙特雷
Rio Crande 里奥格兰德　BRAZIL 巴西城　Chihuahua 奇瓦瓦
San Diego 圣迭戈　Tijuana 提华纳　Nogales 诺加莱斯
Yuma 尤马　Phoenix 菲尼克斯
Ciudad Juarez 华雷斯城

⑥ LLANOS 亚诺斯山　CORDILLERA OCCIDENTAL 西科迪勒拉山脉
ROCKY MOUNTAINS 落基山
Valley of Mexico 墨西哥大峡谷
SIERRA MADRE OCCIDENTAL 谢拉马德雷山脉西

⑦ RIO GRANDE BASIN 里奥格兰德盆地
CARIBBEAN BASIN 加勒比海盆地

⑧ YUCATAN PENINSULA 尤卡坦半岛　GREATER ANTILLES 大安的列斯群岛
CAYMAN ISLANDS 开曼群岛

⑨ CALIFORNIA 加利福尼亚　OKLAHOMA 俄克拉何马州
TEXAS 得克萨斯州　LOUISINAN 路易斯安那州　MISSISSIPPI 密西西比州
ALABAMA 阿拉巴马州　NORTH CAROLINA 北加利福尼亚州
SOUTH CAROLINA 南加利福尼亚州
GEORGIA 佐治亚州　FLORIDA 佛罗里达州　Colorado 科罗拉多州
ARIZONA 阿里索纳州　BAJA CALIFOROIA 下加利福尼亚州

中　　资　　海　　派　　图　　书

[美] 乔治・弗里德曼　著

魏宗雷　杰宁娜　译

定价：49.80 元

绵延数百年的历史纵深
推演未来 100 年世界发展图景

弗里德曼以地缘政治为切入点，拨开层层迷雾，大胆提出人口、经济、政治等方面的分析与预测，对全球局势进行精妙解析。

在本书中，作者对美国还将统治世界 100 年信心十足，同时对美国未来面对的挑战进行了巧妙推演。未来世界局势将如何演变？大国之间的冲突是否无法避免？中国的全面民族复兴将从何处寻找突破口？本书将帮助读者精准掌控 21 世纪世界发展脉搏。

《纽约时报》非虚构类畅销书排行榜 TOP5